地铁站域商业空间自组织演变

于 洋 龚 清 姚 璇 等著

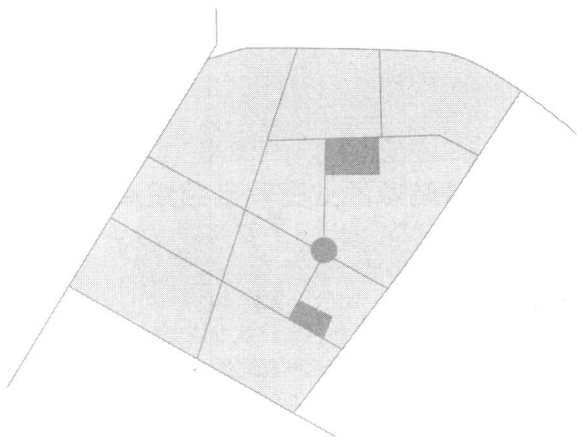

中国建筑工业出版社

图书在版编目（CIP）数据

地铁站域商业空间自组织演变 / 于洋等著 . —北京：
中国建筑工业出版社，2019.12
ISBN 978-7-112-17362-4

Ⅰ . ①地… Ⅱ . ①于… Ⅲ . ①地下铁道车站－商业建
筑－研究 Ⅳ . ①U231②TU247

中国版本图书馆CIP数据核字（2019）第270115号

责任编辑：王晓迪　郑淮兵
版式设计：锋尚设计
责任校对：王　烨

地铁站域商业空间自组织演变

于　洋　龚　清　姚　璇　等著

*

中国建筑工业出版社出版、发行（北京海淀三里河路9号）
各地新华书店、建筑书店经销
北京锋尚制版有限公司制版
北京建筑工业印刷厂印刷

*

开本：787毫米×1092毫米　1/16　印张：17½　字数：348千字
2020年11月第一版　　2020年11月第一次印刷
定价：**68.00**元
ISBN 978-7-112-17362-4
（35049）

本书出版受西南交通大学建筑与设计学院学术出版计划支持

本书研究受四川省应用基础研究计划（2016JY0111）支持

本书其他撰写人员：谭　新　钱玥希　严　杰　赵　博　吴桂虎　胡　洁
　　　　　　　　　蔡旭东　吴茸茸　胡铁耀　刘柯杉　张延鹏　范路平
　　　　　　　　　陈勇健

序 言

PREFACE

　　自组织理论是研究复杂系统的重要理论之一，我国从 20 世纪 80 年代开始将自组织理论应用于城市空间发展的研究，现已逐步发展并形成自组织城市理论学说，为研究城市空间提供了新的视角和方法。

　　随着城市经济和城市地铁交通的快速发展，地铁站域商业空间成为城市空间发展的新热点。本书以自组织理论和自组织城市理论学说对地铁站域商业空间的演变进行解读，尝试探索地铁站域商业空间演变的内在规律，从而为引导站域商业空间的合理发展提供参考。

　　地铁站域商业空间是城市商业空间的重要子系统，具有明显的客流相关性。站域商业空间系统的耗散结构特征，以及商业空间演变的非"特定"干预体现了自组织理论应用于此类商业空间演变研究的可行性，因此可借助自组织理论、自组织城市理论学说分析地铁站域商业空间自组织演变的现象、特征、规律，并对此类商业空间演变中的他组织以及他组织与自组织的关系进行解释。

　　本书选取了成都市地铁 1 号、2 号、3 号、4 号线上邻近市级商业中心、区域级商业中心、社区级商业中心、郊区级商业中心，以及一般商业空间的五类地铁站点，分析地铁站开通前后站域商业空间自组织演变的差异、地铁站对商业空间自组织演变的影响、地铁站域商业空间自组织演变的空间特征与问题等，并探讨站域商业空间演变中自组织与他组织的互动关系。基于上述研究，为更系统化地认知地铁站域商业空间的自组织演变，本书还从演变的原因、动力、外部环境、阶段特征等角度对站域商业空间自组织演变进行了分析。

　　商业空间自组织演变的主体是商家和消费者，商家与消费者之间的交互作用引导着商业空间的自组织演变。因此，书中除基于自组织理论、自组织城市理论学说对地铁站域商业空间的自组织演变进行分析外，也从商家、消费者角度探析了地铁站域商业空间自组织的演变机制。

目 录

1.1 城市空间发展的新热点

1.1.1 地铁交通快速发展

早在 20 世纪 50 年代，我国即从战备和民用角度倡导并筹备北京市的地铁建设，并在 1965—1971 年建设了北京市地铁一期工程（23.6km）。后经长期停滞，在 20 世纪 90 年代初，我国仅有北京、上海、广州等几个大城市[1]规划建设了城市轨道交通，这一时期的地铁建设也开始真正以城市交通为目的。20 世纪 90 年代中后期，一批省会城市开始筹划建设各自的地铁交通项目，渐渐开启了我国地铁交通快速发展的序幕。1999 年以后，国家政策逐步鼓励大中城市发展城市轨道交通。截至 2019 年 12 月 31 日，我国内地累计有 40 个城市建成投运城轨交通线路 6736.2km（图 1-1）。2019 年新增 25 条运营线路，运营线路总长度新增 974.8km。进入"十三五"以来，累计新增运营线路长度为 3118.2km，年均新增运营线路长度 779.6km。在 6736.2km 的城轨交通运营线路中，地铁运营线路总长度为 5180.6km，占比 76.8%[①]。据预测，2020 年我国将有 50 个城市拥有城市轨道交通[2]，其中大部分仍将是城市地铁。随着地铁交通的迅速发展，城市内部的地铁线网愈发密集，轨道站点将普遍地"植入"城市空间，使人们的生活变得更加舒适与便利。

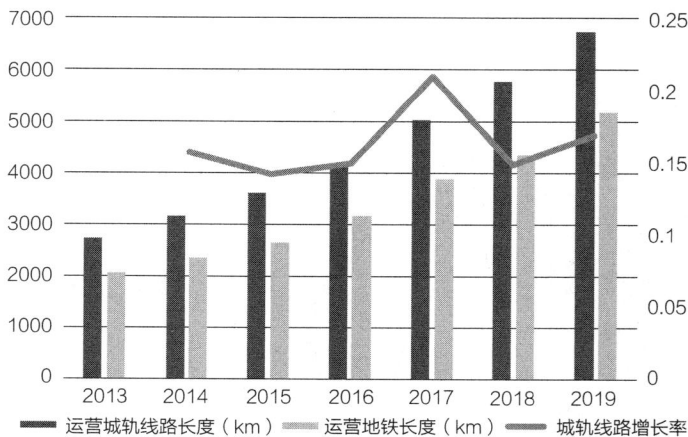

图 1-1　2013—2019 年全国城市轨道交通运营长度

---

① 资料来源：中国城市轨道交通协会。

　　2010 年 9 月，成都市地铁 1 号线一期线路开通运营，使成都市成为我国西部第一个开通地铁的城市。其后，成都市于 2012 年、2015 年、2016 年、2017 年相继开通了地铁 2 号线、4 号线、3 号线、7 号线、10 号线，2019 年又开通了地铁 5 号线、10 号线二期两条线路。总体来说，自 2016 年起成都地铁建设进入了高峰期，根据《成都市轨道交通线网规划（修编）》2019 年成都地铁新开通运营里程 105.9km，2019 年 12 月 27 日成都地铁 5 号线与 10 号线二期开通后，地铁日均客运量达 417.6 万乘次，占城市公共交通（含常规公交和轨道交通）出行量的 49% 左右。规划 2016—2020 年期间，成都市每年至少开通 2 条地铁线路[3]（表 1-1），总计开通地铁线路 13 条，运营里程达 500km，中心城区 50% 的区域每 500m 半径范围内均有地铁站。根据中国城市轨道交通协会的统计数据，到 2030 年，规划线路 29 条，包含 14 条普线、10 条快线、3 条市域铁路线、1 条市域内控制线（简阳线）、1 条市域外线路（资阳线），总长约 1709km。

　　随着城市化进程的不断深入，人们对于交通的需求也不断增加，地铁凭借其快捷、安全、运量大、运输效率高等优势迅速发展起来，逐渐在城市公共交通中占据最重要的地位，地铁站点作为地铁线网中的节点，聚集着大量的人流，因此也将成为城市发展的聚焦点。

2016—2020 年间成都市地铁线路建设情况　　　　表 1-1

建设情况	地铁线路	实际 / 预计开通运营时间
已建成线路	地铁 1 号线 3 期（南段、北段）	2018 年 3 月
	地铁 3 号线 1 期	2016 年 7 月
	地铁 3 号线 2、3 期	2018 年 12 月
	地铁 4 号线 2 期（东段、西段）	2017 年 6 月
	地铁 7 号线	2017 年 12 月
	地铁 10 号线 1 期	2017 年 9 月
在建线路	地铁 5 号线 1、2 期	2019 年 12 月
	地铁 6 号线 1、2、3 期	2020 年 12 月
	地铁 8 号线 1 期	2020 年 12 月
	地铁 9 号线 1 期	2020 年 12 月
	地铁 10 号线 2 期	2019 年 12 月
	地铁 17 号线 1 期	2020 年 10 月
	地铁 18 号线 1、2 期	2020 年 6 月
	地铁 19 号线 1 期	2020 年 10 月

建设情况	地铁线路	实际 / 预计开通运营时间
计划建设线路	地铁 3 号线 4 期	暂无
	地铁 5 号线 3 期	
	地铁 6 号线 4 期	
	地铁 8 号线 2 期	
	地铁 9 号线 2 期	
	地铁 10 号线 3 期	
	地铁 13 号线 1 期	
	地铁 15 号线 1 期	
	地铁 17 号线 2 期	
	地铁 18 号线 3 期	
	地铁 19 号线 2 期	
	地铁 27 号线 1 期	
	地铁 29 号线	
	地铁 30 号线 1 期	
	地铁 33 号线 2 期	

来源：成都地铁开通时间与里程表 [EB/OL]. https://mcmcrt.china-emu.cn/Chengdu/Bigpic/?Detail-10-Show.html.

1.1.2 地铁站域成为城市空间发展热点

地铁是城市公共交通的重要组成部分，承担了城市 30%～50% 的客流量（表 1-2），地铁站的站域成为可达性高、人流密集的地区，这为城市空间发展和环境改善提供了契机。

2015—2019 年部分城市轨道交通日均客流量（万人）   表 1-2

年份 城市	上海	北京	广州	深圳	重庆	南京	武汉	成都
2015 年	841.0	936.0	644.0	255.0	173.0	196.0	120.0	93.0
2016 年	931.8	1002.5	680.5	354.0	190.0	227.6	196.3	154.0
2017 年	969.2	1035.0	768.7	396.2	203.6	267.8	253.9	214.3
2018 年	1017.2	1054.4	835.4	451.0	250.3	307.0	306.9	317.4
2019 年	1063.0	1082.5	905.7	552.8	284.6	315.6	334.9	417.6

来源：中国城市轨道交通协会

在地铁发展初期，由于地铁规划与城市的土地利用规划相互分离，地铁站与站域的土地没有得到有效整合，地铁站点的外部效益尚未充分发挥。当进入发展的新时期，存量规划、城市内涵式发展及土地利用与交通相结合等城市发展理念开始深入人心，地铁站域逐渐成为城市空间发展的热点。许多学者围绕地铁站点进行了研究，例如张巍、孙毅楠、汤鸿飞[4]研究国内外城市地铁站点周边房地产开发模式，提出重庆市可采用的两种地铁站域房地产开发模式，即物业联合开发模式与土地圈层开发模式；蒋钊源[5]提出了地铁站点周边区域的城市设计要素，并对其进行了侧重设计；侯静轩、苑思楠、盛强、何捷[6]建立了城市尺度人流预测模型和区域尺度人流预测模型，在实证研究的基础上从理论角度出发分析了地铁站点及周边人流的影响因素；周家中[7]基于成都 2 号线西沿线的样本数据，验证了成都市地铁 2 号线西沿线对城市住宅价格的影响。

此外，围绕地铁站点进行的规划实践活动也有很多。例如，早在 2011 年东莞市就明确将轨道站点周边 800m 范围内的土地列入严格控制和管理的对象，对范围内的土地进行整合，控制开发总量和开发强度，使站点周边成为城市的经济增长点；同年，重庆市规划局颁布了《主城区轨道站点周边储备用地控规修改》文件，对 20 个站点周边的储备用地进行统计，推动其向居住、商业功能转化，以提高站点周边土地使用价值。

在上述政策引导下，站域住房的商业价格在市场作用下大幅增长（表 1–3），站域空间不仅成为城市政府的发展对象，也是房地产企业及居民个体密切关注的对象。地铁站点的发展能改变周边土地的使用性质，优化土地的功能结构，而且站域的开发强度往往较大，不仅能起到疏解交通、引导人流车流集聚的作用，还可以增强地块的辐射能力，带动人口和经济的增长。这是由于轨道交通使城市的可达性变高，居民的活动范围随之变大，因此城市中心区的部分人口被疏散，居住用地和工业用地分开，而商业和服务业将在轨道站点影响范围内高度集聚，最终实现城市土地的优化配置[2]。譬如在上海明珠线一期工程周边 500m 范围内，1999 年的居住用地面积较 1990 年增长了 14.85%。又如位于广州 2 号线最北端的嘉禾望岗站和位于 8 号线最东端的万盛围站，在地铁规划和建设期内，这两个站点周边土地开发程度较低，多以非建设用地为主，而在 2010 年 9 月嘉禾望岗站和 2005 年 12 月万盛围站建成投入使用后，由于交通通达性提高，往来市区变得便利，周边最终建成了大量小区，站域土地使用类型随之发生改变[8]。

轨道交通对房地产增值的影响　　　　　　　　　　　　　　　　　表 1-3

距地铁站点的距离 /m	100	700
房地产增值	37.8%	19.5%

来源：聂冲，温海珍，樊晓锋. 城市轨道交通对房地产增值的时空效应 [J]. 地理研究，2010, 29(5): 801-810.

1.1.3　零售商业空间大变革

城市形成早期，人类在聚居活动的同时逐渐产生了剩余劳动产品，于是人们将剩余劳动产品进行交换。随着手工业的发展，物物交换频率变高，便出现了商品，产生了"集市"，形成了城市商业空间的雏形。随着交通运输工具的发展进步，人的活动范围逐渐变大，集市的规模也随之变大，原本分散的市场有了联系，商品也流通得更广，城市的商业空间也在一步步进化。

进入近现代后，工业化的推进使得城市商业空间类型开始丰富起来，出现了商业街、购物广场等零售商业空间。随着城市化进程加快，人们的需求不断增加，从满足消费者生产生活需求转向满足消费者对于商业空间休闲娱乐的需求，进而出现了百货商店、超级市场、便利店等多种类型的商业空间百花齐放的局面。例如在改革开放初期，上海便形成了以 CBD 为核心，区域型商业中心和社区型商业中心共同发展的具有等级性的商业空间布局形式[9]。

零售业是将商品销售给消费者用以满足日常生活的商业。零售商业出现的时间很早，在西方的资本主义社会形成前就出现过，最早出现在城市地区，后来逐渐扩大蔓延至乡村地区。早期的零售商业模式大致分为两种，分别是固定商店和流动商贩。前者主要是在一固定地点售卖商品；后者主要是商贩步行或者借助交通工具在大街小巷吆喝售卖。这两种模式在城市地区都非常常见，但由于乡村地区地广人稀，人口不集中，因此以流动商贩为主。后来农村的经济逐渐发展起来，在集镇地区才逐渐出现了固定商店。在资本主义社会中，零售商业得到了广泛发展，尤其在城市中比较密集，形成许多以零售商业为主的繁华区域和商业街道，出现了大型的、专业化程度高的优质服务商店，并有百货公司、超级市场、邮购公司等各种不同的商业形式，随着社会经济的发展和新技术革命的兴起，又出现了购物中心、电视商城等。在社会主义社会中，零售商业也得到较好的发展，零售商业的主体是建立在生产资料公有制基础上的社会主义性质的商业，它与前资本主义和资本主义零售商业不同，是以满足人民需要和维护消费者利益为主要目的的。

从改革开放至今，我国的零售商业发生了一系列的变化。20 世纪 80 年代，体制和机制的巨大变革导致传统的批发零售体系被打破，原有的商业流通格局发生了很大变化，商业零售业和批发业成为改革的先行者，一些专业店、社区商店、百货店和批零兼营的市场随之产生并发展。随着改革开放的进一步推进、体制机制的进一步变革，我国社会生产力明显提升，这一时期尽管总体上居民消费仍处在温饱阶段，但消费总量和结构已发生明显变化，这同时也促进了零售业态和零售商业结构的变革。1992 年党的十四大召开，明确提出改革的目标是建立社会主义市场经济体制。1993 年党的十四届三中全会提出让市场配置资源发挥基础性作用，提出建立统一开放竞争有序的市场体系，改革目标的确立和市场配置资源的基础作用极大地推动了我国市场经济的发展，也推动了零售业的创新和快速发展。这一阶段，我国多种新型零售业态出现，如 20 世纪 90 年代中期，连锁经营方式出现并得到较快发展[10]。

现阶段城市发展到了新的高度，零售商业空间正经历着业态和商业模式的大变革，商业空间面临重组和更新。一是商业业态的发展。在零售商业业态中，新兴商业逐步取代传统商业。如连锁超市逐渐取代杂货店，大卖场和购物中心逐渐取代百货店，并初步形成了超级市场、便利店、专卖店、购物中心、仓储商店等新兴业态共同发展的商业格局[11]。新型商业的发展，推动了传统商业空间模式的改变，原来间隔式的小规模商铺及路边个体零售店逐渐减少，新兴的大型商业综合体及连锁店如雨后春笋般"冒出"，能更好地满足现阶段人们对于商业空间的需求。二是消费模式的改变。消费是整个经济发展过程中极其重要的环节，随着生产方式的不断进步，人们的消费方式、消费内容、消费水平也发生着显著的变化，新的消费习惯正改变着传统的消费方式。随着互联网的普及和电子商务的发展，网络消费模式迅速成长，成为现代消费的主导模式[12]，大幅削弱了实体零售的营业额（图 1-2），电子商务成为众多消

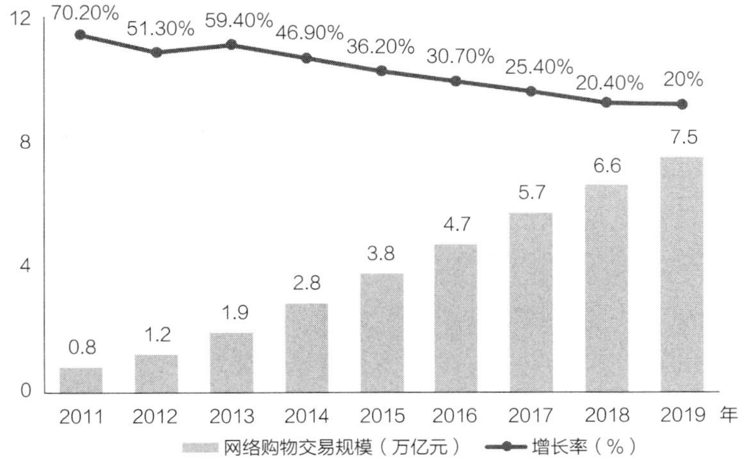

图 1-2　2011—2019 年中国网络购物市场交易规模
来源：艾瑞咨询：2015 年中国网络购物市场交易规模统计分析 [EB/OL].
[2016-05-10]. http://www.askci.com/news/hlw/20160510/1016407947.shtml.

费者和商家新的交易渠道。实体商店和传统营销模式面临严重挑战，零售商业空间面临重组。然而，和实体商业相比，电商极大地减弱了零售商业带给消费者的"体验感"。在面对当今实体经济和电商的激烈竞争时，零售商业如何抓住新的发展机会，利用其能提供"购物体验"的优势进行变革，需要更多深入的研究。地铁站域商业空间同样要应对零售商业空间大变革的挑战。

1.2 如何解析地铁站域商业空间演变

1.2.1 问题的提出

2015年底中央召开了第四次城市工作会议，明确将"尊重城市发展规律"这一原则置于城市发展的首位，并指出此前的中国城市发展、规划实践存在许多主观意志主导、违背科学规律的错误行为，未来新一轮的城市建设应在尊重城市发展规律的前提下进行。城市是一个复杂的社会、经济、空间结合体，其发展规律大多为经验性规律，大致包括城市经济发展规律、城市社会发展规律、城市人文发展规律、城市空间发展规律及城市生态资源平衡规律等五大类[13]，此外由于时空的差异性，城市发展规律也具有较大不同，因而对城市发展规律的认识和把握比客观自然规律更难[14]。

与城市发展规律相对应的是城市发展自组织。规律包括自然界的客观规律和社会经济发展的经验性规律，自组织同样分为自然系统自组织和人在系统自组织。自然系统自组织同自然规律一样，具有客观性，是自然系统的基本属性，从根本上引导着自然系统的演变。人在系统自组织是指由人类参与的系统中人与人之间的相互作用关系，也指人与人之间由于相互作用所反映的各类社会经济发展规律，因而可以说要认识城市发展规律，就需要研究城市发展的自组织机制（图1-3）。

地铁站点基于其良好的交通区位和大量的人流等优秀触媒①潜质，触发周边城市用地、城市空间及建筑功能重新整合。而商业空间不同于居住用地、办公用地及其他功能用地类型，具有很强的外部依赖性，对客流、交通区位等因素的变化反应敏感。为了追求最大收益，商业空间依外界环境因素变化而不断调整。地铁站域商业空间是

---

① 触媒：即催化剂，是化学学科术语，是一种与反应物相关、通常小计量使用的物质，在化学反应中能减缓或加速反应速度，而自身在反应过程中不被消耗。"触媒"潜质指事物具有潜在的能够引起周边事物发生反应的特征。

地铁站点触媒和商业空间这一环境敏感体在空间上的结合，两者相互作用形成了一个相对完整的系统（图 1-4）。

在地铁站域空间成为城市发展热点的浪潮中，站域商业空间以其良好的市场潜力和商业价值成为政府、企业和商家关注的焦点，如何使此类商业空间成为一个真正充满活力的价值高地，除合理的规划和政策引导外，需首先对该空间演变发展的现象和规律进行认识。

地铁站域商业空间的演变是一个异常复杂的过程，张勇强在研究城市空间演变的过程中，创新性地引入了系统自组织理论，通过理论和实证研究相结合的方式，初步形成了自组织城市发展观，并揭示出城市演变包含两种内在机制：其一为城市空间的自组织规律，即城市空间按照一定规律自发地形成和发展；其二为人为的他组织规划干预，即城市空间受人们的规划控制逐步形成和发展。现代城市演变的总体规律是在内外环境的支撑和限制下，城市空间自组织和他组织共同作用于城市空间的演变[15]。

图 1-3　规律与自组织的关系

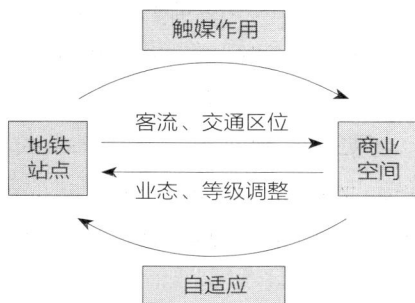

图 1-4　地铁站点与站域商业空间的相互作用

因此可以假设，地铁站域商业空间的演变也是空间自组织和规划他组织共同作用的结果。一般而言，规划他组织对地铁站域商业空间的控制和改造作用较容易被理解和认识。而对于空间的自组织机制，通常只是模糊地将其界定为空间内在的自发动力机制，人们尤其是城市规划领域的研究者、学生和从业者对空间自组织的认知缺乏，造成规划行为"肆意妄为"，阻碍了城市空间的健康发展（图 1-5）。

为此，段进[16]、武进[17]、张庭伟[18]、唐子来[19]等学者尝试从不同角度对城市空间演变的内在规律进行研究，这些研究中大多出现过"自组织""自构""自我组织"的概念，但总体上尚未完全建立起对城市空间自组织规律的认识[15]。之后，张勇强博士[20]、何跃博士[21]将自组织理论引入城市空间研究中，逐步确定了自组织城市发展观和自组织城市理论学说，为城市空间演变的研究提供了全新的视角。本书仅以地铁站域商业空间为研究对象，借鉴自组织理论、自组织城市理论学说，探索此类商业空间演变的内在规律，以认识和了解地铁站域商业空间自组织演变的特征和规律。

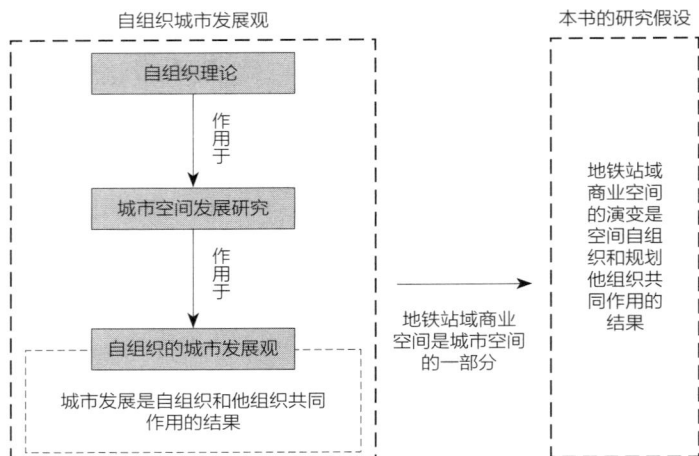

图1-5　研究假设

　　由于地铁站域商业空间靠近地铁站点的属性，其商业空间的演变呈现一定特殊性。对某一特定地铁站域的商业空间而言，地铁开通前与地铁开通后商业空间的自组织演变是存在差异的，不同等级、不同类型地铁站域商业空间的自组织演变也不同。为了更好地探索此问题，本书尝试对成都市地铁站点进行分类（分类标准主要依据站域商业空间的等级和规模），选取典型站点对地铁开通前后商业空间的自组织进行研究，探究地铁站点对站域商业空间自组织演变的作用。

1.2.2　研究目标

　　（1）地铁站域商业空间是城市商业空间的重要组成部分，靠近地铁站的特殊区位使此类商业空间及其演变呈现出特殊性。为此，本书尝试对地铁站域商业空间的自组织演变进行研究，借助自组织理论及自组织城市理论学说，认识站域商业空间自组织演变的特征。

　　（2）地铁站域商业空间的自组织是外在条件（如城市规划、城市管理等）约束下的不完全自组织，其空间形态不同于完全自组织作用形成的商业空间，带有明显的规划他组织作用的印记。因此，本书选取成都市五种类型地铁站点的站域商业空间，分别分析其商业空间演变中的自组织现象，研究其商业空间自组织演变的特征及问题。

　　（3）对地铁站域商业空间而言，自组织演变自始至终存在于地铁开通前与开通后的发展过程中。伴随着地铁站的开通，站域商业空间发展的外部环境发生很大改变，使商业空间自组织演变行为在地铁开通前后存在差异。因此，本书着重分析地铁站开

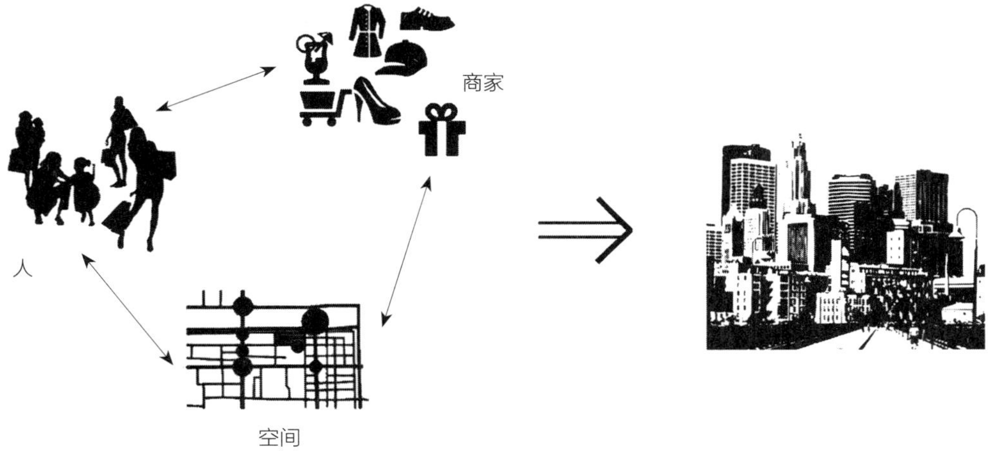

图 1-6　基于人（消费者）、商家间自组织作用的商业空间研究

通前后站域商业空间的自组织演变现象及演变的差异，总结地铁对站域商业空间演变的影响。

（4）不同等级商业中心的基础和条件不一，其商业空间发展与地铁站点的相互作用机制便不同。因此，本书分别选取五种不同等级规模地铁站域商业空间的自组织演变进行研究，分别是成都市级中心型地铁站点、区域中心型地铁站点、社区中心型地铁站点、城市郊区中心型地铁站点和一般型地铁站点，分析地铁开通前后不同类型站域商业空间自组织演变的差异。

（5）自组织源于人类的创造性活动，商业空间的自组织归根到底是空间行为主体——消费者和商家基于一定规则的相互作用（图 1-6）。为此，本书从自组织演变主体（消费者、商家）的角度，基于对自组织演变原因、演变动力、演变阶段性特征的分析，探析地铁站域商业空间自组织演变机制，以更系统地认知此类商业空间自组织演变的规律，从而引导其健康发展。

1.2.3　研究思路

地铁站域商业空间的自组织演变机制是很模糊和复杂的研究内容，不是利用简单的还原论或单一视角理论和方法就可以对其进行认知的，需借鉴复杂系统研究的理论和方法。20 世纪 60 年代末开始建立并发展起来的自组织理论是研究复杂系统的重要理论，我国规划界自 20 世纪 80 年代以来开始将自组织理论运用于城市空间发展的研究，并取得了一些成果[21]，初步形成了自组织城市理论学说。本书试图在借鉴前人研究方法和成果的基础上，对地铁站域这一特殊商业空间的自组织演变机制进行探索。

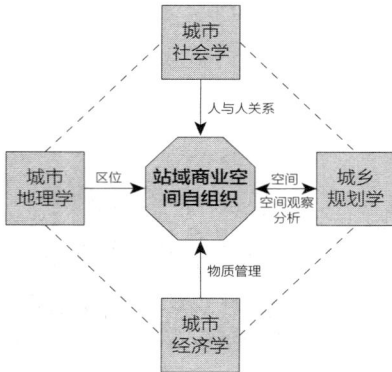

图 1-7　与商业空间自组织研究相关学科

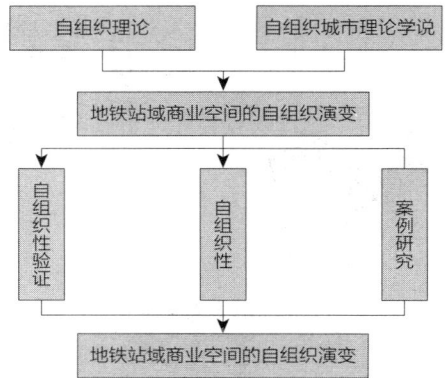

图 1-8　研究思路

自组织理论是适用于耗散系统研究的理论，应首先对研究对象——地铁站域商业空间的耗散结构特征进行验证，然后将自组织理论的核心概念运用于研究对象，分析探索地铁站域商业空间的自组织演变特征。

为了区分城市社会学、城市地理学及城市经济学对商业空间自组织演变的研究（图 1-7），本书将落脚点转向商业空间、自组织演变的形式等角度，尝试采用案例研究的方法，选取成都市 10 个典型地铁站，分析站点开通前后站域商业空间的自组织情况，总结归纳分析出自组织商业空间的特性，将自组织的内涵落实到物质空间。

最后从演变的原因、动力、阶段特征等角度系统性地认识地铁站域商业空间自组织的演变机制，并尝试基于空间行为主体视角构建其自组织演变框架（图 1-8）。

1.2.4　研究内容

地铁站域商业空间自组织演变研究，是以地铁站点周边的商业空间为研究对象，基于地铁站点的触媒属性及商业空间的高度敏感性，研究站域商业空间在地铁开通前后自组织演变的过程。本书以自组织理论为指导，同时涉及商圈理论、微区位理论及城市地理学等多学科知识，对城市空间微观层面上的地铁站域商业空间自组织演变进行探索研究，主要内容包含以下六个部分：

第一部分：绪论。介绍本书的研究背景、研究思路及相关研究综述（包括地铁站点、城市空间演变分析方法、自组织理论运用于城市及商业空间的自组织演变等四方面的相关研究综述）等。

第二部分：重要概念及相关理论。对地铁站点、站域商业空间、自组织与他组织等重要概念及相关理论进行阐释。

第三部分：地铁站域商业空间演变的自组织性。对地铁站域商业空间的耗散结构特征进行验证，借鉴自组织理论的相关概念对地铁站域商业空间的自组织演变进行认识。

第四部分：以成都市的 10 个不同类型的典型地铁站点为例，分析地铁开通前后站域商业空间自组织演变的差异性以及地铁对自组织演变的影响，并对自组织演变的商业空间特征及问题进行总结。

第五部分：在对自组织演变特性、自组织商业空间特征认识的基础上，结合自组织理论、自组织城市理论学说对地铁站域商业空间的自组织演变机制进行探索研究，包括自组织产生的原因、地铁"基核"的作用、自组织演变的动力及演变机制等。

第六部分：总结与展望。对地铁站域商业空间发展提出意见建议等。

由于书中涉及的理论、概念较多，研究思路较复杂，对"空间"的研究角度不同于一般的城市规划空间研究，为方便理解阅读，在此将书中易于混淆、模糊的内容进行解释说明：

（1）书中所研究的商业空间不是规划专业经常所指的空间形态、空间结构等，而是指商业业态、商业等级及商业规模。因为空间形态、空间结构等商业空间大多是城市规划他组织的结果，商业自组织很难影响到这个层面。商业自组织所能作用的范围仅是商业业态、商业结构及商业规模等，进而反映在商业经营发展层面。所以书中对空间结构、空间形态等的直接描述较少。

（2）本书所研究的地铁站域是指在合理的步行范围内地铁站点周边受到地铁站建设辐射影响的地面区域。

（3）本书所研究的"自组织"指地铁站域商业空间演变中自组织的现象和作用，是商业空间自发的、不受外部特定干预而进行演变的过程，是商业空间演变的内在机制，也是商业空间演变规律的内涵之一，不带有"设计性质"。

（4）对现代城市发展而言，他组织起着很重要的作用，地铁站域商业空间的演变亦是自组织和他组织共同作用的结果，自组织和他组织不是相互对立存在的，它们是相互作用的关系。故在重点研究自组织以外，对他组织内容也会进行一定阐述。

1.2.5　研究方法

1）归纳分析法

归纳分析法是一种常用的研究方法，按照从个别到一般的思路，通常是在分析几个事物后，归纳出事物所共有的特征，由此得出相应结论或对论点进行论证。归纳分析法和案例研究法通常一起使用，其相互关系是：基于案例研究进行分析归纳。如本书对站域商业空间自组织演变特征的研究中，首先针对多个典型案例进行分析，然后归纳出站域商业自组织演变的空间特征及问题，体现了从个别到一般的研究思路。

2）图解分析法

图解分析法指用简单的图示语言直接明了地将事物之间的复杂关系表达出来，以方便研究者和读者理解。本书研究内容涉及多个主体，如地铁站点与商业中心、消费者与商家，同时各主体间又存在复杂的作用关系。采用图解分析法能帮助读者厘清各主体之间的关系，同时也能避免烦冗的文字表达，提高本书的易读性。

3）案例研究法

案例研究是从客观存在出发，通过对具体案例进行全面、深入地观察来回答事物"是什么""怎么样"的问题，以定性研究为主，研究结果带有一定的主观性。案例研究法所选取的案例要具有较好的代表性和针对性，本书中选取了10个典型站点——春熙路站、骡马市站、人民北路站、省体育馆站、蜀汉路东站、万年场站、犀浦站、四河站、桐梓林站和磨子桥站。从站点的区位看，遍及成都市中心区、主城区及郊区。从站域商业等级看囊括了城市中心型、区域中心型、社区中心型、郊区中心型和一般型5类，因而可以说本书选取的这10个案例站点具有较好的代表性和针对性。

4）问卷调研法

问卷调研法是社会调查中常用的数据收集方法。本书在案例研究中，为给商业空间的自组织演变提供更真实、更有说服力的证据，利用问卷对地铁站域商业空间客流的结构、消费特征，商家在地铁开通前后的经营状况进行了调研，得到了很多有用的数据资料和信息，使研究有了一定的数据和现实支撑。

5）多学科交叉的方法

学科交叉指研究中运用了自然科学或人文社科中两个或两个以上门类的学科知识。城市规划以城市空间为主要研究对象，城市空间从来不是单纯的物质空间，一方面它是城市各类经济活动的载体，另一方面它的发展也是社会经济活动作用于空间的投影，因而城市空间

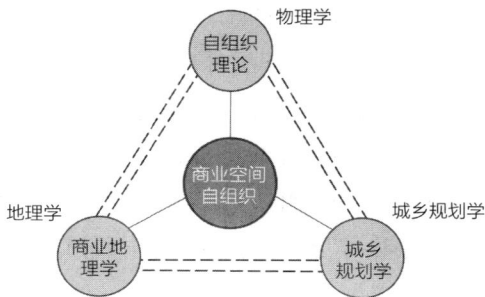

图 1-9　本书研究所涉及的学科门类

发展研究中经常涉及城市社会学、城市经济学、城市地理学的相关知识，学科交叉是城市规划专业的常用研究手段之一。本书运用跨学科的研究方法将自然科学中的自组织理论用于分析地铁站域商业空间演变，同时也运用了很多商业地理学的知识，再结合城市规划的专业知识共同探索地铁站域商业空间自组织演变的规律（图1-9）。

6）自组织理论分析法

自组织理论分析法指运用自组织理论体系的相关知识对研究对象进行分析研究。自组织理论体系是由一系列理论组成的理论群，其产生于自然物理学科，但对其他很

多自然和社会科学具有普遍的适用性，随着自组织理论的不断完善和发展，已发展成为研究复杂系统的重要理论。国外很早就开始运用自组织理论来研究城市，形成了一些相对成熟的理论，如耗散城市、协同城市、混沌城市等。国内这方面的研究起步晚，现初步形成了自组织城市理论学说。本书借助自组织理论、自组织城市理论学说对地铁站域商业空间的自组织演变进行研究，分析商业空间的自组织性、自组织演变的特征，对商业空间的自组织演变进行解读。

1.2.6　研究框架

本书研究框架如图 1-10 所示。

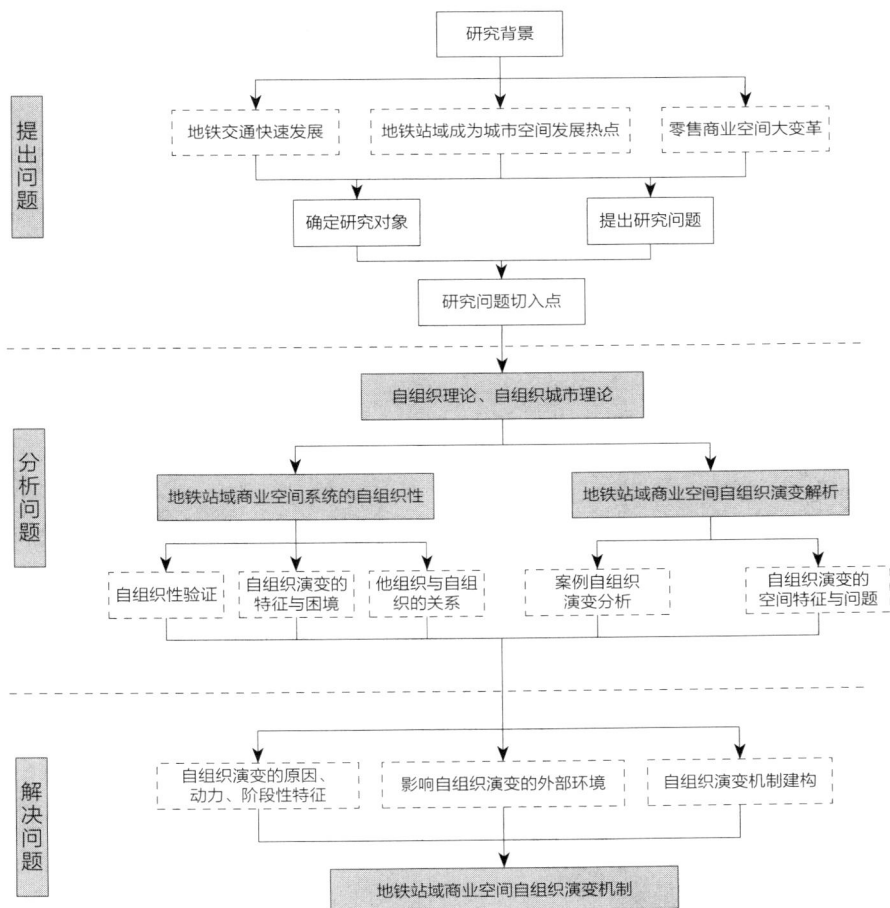

图 1-10　研究框架

1.3   地铁站域商业空间演变溯源

1.3.1   关于地铁站点的研究

现有文献关于地铁站点的研究较多，对这些文献进行归纳，可大致分为四大类：地铁站点本身的研究、地铁站点周边环境的研究、地铁站点的空间效益研究、地铁商业的研究。

1）地铁站点本身的研究

关于地铁站点本身的研究大多为对站点基础特征的研究，是后续相关研究的基础，包括对地铁站点分类、地铁客流特征及地铁换乘方式等的研究。

（1）铁站点分类

对于地铁站点的分类研究，基本来源于交通运输、城市规划、地理学三个学科领域。交通运输和地理学学科研究中，以定量分析为主，如李向楠[22]采用因子分析和K均值聚类分析相结合的方法，将成都1号线地铁站分为5类；尹芹、孟斌、张丽英[23]利用北京市2013年3月份周一到周五的地铁刷卡客流数据，引入客流特征的时间序列聚类方法，对北京市195个地铁站点进行了分类。

城市规划领域以定性研究为主，大多是基于站点节点和场所属性的分析对站点进行分类。如吴娇蓉、毕艳祥、傅博峰[24]在对郊区轨道交通站点分类中，主要考虑了站点区位条件、站点周边地区土地利用性质、开发规模和强度等规划属性。随着规划学科的发展，除定性分析外，也开始导入定量分析，如段德罡、张凡[25]从站点影响区域内的用地特征出发，计算了各站点的用地优势度和用地均匀度指数，结合站点的区位特征和交通功能，采用定性、定量相结合的分析方法，对城市轨道交通站点进行类型划分。

（2）站点客流

对地铁客流特征的研究是地铁站设计、客流管理的基础，现有研究涉及客流量、客流换乘、客流敏感性、客流预测、客流特征（客流结构、客流空间特征）等方面。传统研究主要采用现场调研的方式。随着大数据时代的到来，基于各类客流数据挖掘的研究越来越普遍，如王俊杰、谭倩、王璞[26]基于北京地铁工作日的刷卡数据和北京地铁网络GIS数据，以网络流理论为支撑，挖掘地铁在平日稳定客流下的小时时段使用规律；王多龙、李得伟[27]通过天津轨道交通AFC数据库，对天津地铁3号线客流特征进行分析。杨彬彬[28]通过手机信令数据进行基于地理位置的时空特征分析，对轨道交通乘客出行路径进行识别，从而得出轨道交通客流特征。

上面这些定量客流研究主要见于交通运输学科，城市规划领域通常将地铁客流与周边土地利用结合起来研究，分析周边土地与站点客流的相互关系。如金昱[29]通过建立多项 Logit 回归模型，从土地利用、交通等方面定量分析影响客流时变模式的显著因素，为站点周边用地规划和交通设施规划提供参考，促进土地利用与交通的协调发展；王淑伟[30]利用北京市电子地图兴趣点、轨道交通刷卡等数据，从用地与交通的互动关系出发，结合对乘客的出行调查，探索站点周边用地对于轨道站点的乘降和通过两部分客流的影响机理。

（3）地铁换乘方式

目前关于地铁换乘的研究主要集中于换乘客流特征、换乘空间设计、换乘模式研究三方面。换乘客流特征研究中，包括客流换乘方式比例、换乘时间、出行目的、客流产生区域及地铁站点周围常规公交等各方面的研究[31]；站点换乘空间的设计具有明确的空间、客流针对性，通常是在轨道交通站点衔接换乘空间影响因素理论分析的基础上，结合实地调研，对衔接换乘空间设计要点、设计原则的探索[32]；关于地铁换乘特征和模式的研究主要是为轨道交通衔接换乘设施规划设计提供参考，例如钟泽东[33]采用意向调查的方法研究不同类型地铁站点乘客的出行属性和衔接换乘设施的特性，并对影响乘客选择衔接换乘方式的因素进行探讨，运用层次分析法建立地铁乘客的衔接换乘设施选择模型。

2）地铁站点周边环境的研究

地铁站点周边环境的研究包括站点周边土地开发、站点周边城市形态及空间设计、站点公共空间营造等。通过大量文献阅读发现，站点周边土地开发研究不可避免地与 TOD 理论相关联，大多是基于 TOD 理论指导下的土地适宜优化策略或土地开发模式的探索研究（表 1-4）。

地铁周边土地开发的相关文献　　　　　　　　　　表 1-4

文献	主要研究内容
《城市轨道交通站点周边土地利用优化策略研究——以成都市地铁 1 号线为例》廖俊	从站点周边土地利用方式的优化、站点周边城市立体空间综合开发的优化以及其他出行方式与地铁接驳的优化三个层面，总结出站点周边土地利用的优化策略
《地铁沿线土地利用与城市发展互动性研究——以天津为例》陈伟佳	地铁沿线土地开发对城市发展的指导性研究（对城市空间布局、对用地因素的影响），引导站点周边的开发
《城市轨道交通站点周边土地开发模式研究——以沈阳地铁站点周边用地开发为例》郭大奇、高峰、李晓宇	从土地的混合使用，开发空间的预留，开发强度的确定，换乘设施的布局，路网的细化，步行设施的增设六个方面对中心城区的站点周边土地进行优化调整
《长春市快速轨道交通站点周边用地开发模式研究——以地铁 1、2 号线为例》赵红梅、刘涛	从对 TOD 的认识与理解入手，着重对各类站点周边区域的用地属性确定、高度控制、开发强度确定等规划设计难点提出一套较为完整的技术方法

续表

文献	主要研究内容
《南京不同区位的地铁站点地区发展演进初探》巫丽娟、孙世界	探析地铁站点对地区发展的不同作用（对新区的推动作用、对中心区的优化作用、对历史街区的双重作用），最后针对不同区位地铁站点提出相应的发展策略和建议
《哈尔滨市轨道交通一期工程沿线土地利用模式探讨》高集星	珠链式的土地利用模式、TOD公交导向的土地利用模式和土地利用集约化用地模式等用地模式

　　站点周边的城市设计研究主要针对我国地铁站点现状开发中存在的空间环境破碎、站点效益没有完全释放等问题，进行站点周边空间形态整合和站点周边一体化设计的研究，以期更好地发挥站点综合效益。这些研究也大多是通过对相关理论（TOD、城市触媒理论、点轴理论）及优秀案例的学习借鉴，进而结合实际的规划探索（表1-5）。

地铁周边城市设计的相关文献　　　　　　　　　　表1-5

文献	主要研究内容
《城市轨道交通站点周边空间形态整合浅析——以南京为例》谢灿	从三个层面（法律规范、土地利用、空间整合建议）提出了空间形态整合改善建议和内容，并结合案例提出了4种整合模式
《城市轨道站点周边一体化城市设计探讨——以北京M15号线顺义段沿线站点周边城市设计为例》颜韬、任亮平、高宏宇	"一体化设计"思想需整合土地、交通和空间等要素；以北京M15号线顺义段沿线站点周边城市设计为例，从一体化换乘系统、立体化的城市空间及城市功能复合化三方面进行一体化设计
《地铁站点周边区域城市设计研究》蒋钊源	划定站点周边城市空间类型——交通、商业、居住、游憩，然后确定周边区域城市设计中的控制因素，以北京大兴线和亦庄站为例进行设计
《地铁站点周边地区城市设计研究——以武汉光谷广场站为例》王前骥	学习地铁站点周边地区城市设计的概念及相关理论，总结国内外地铁站点周边地区城市设计的成功经验，挖掘其对我国地铁站点周边地区综合开发的指导价值——竖向的立体化开发模式以及横向的网络化开发模式
《地铁沿线站点城市设计与空间效益互动的探索——以杭州地铁1号线为例》吴为、阳作军	地铁站点城市设计和开发模式没有一套固定、现成的理论，根据当地、当时经济发展和实际情况，对一些成功经验和理论（TOD、地铁导向式土地开发）的借鉴
《植入城市的生长"点"——关于武汉市中南路地铁站点周边城市设计方案的探讨》吴昊	对地铁站综合开发的一些理论进行了研究，然后以中南路地铁站及其周边的开发为例，通过结合相关理论（TOD理论、城市触媒理论）以及分析区域现状，从城市设计的视角探讨了地铁站及周边地区地上、地下空间开发以及整合的方法
《基于TOD的北京轨道交通站点周边地区城市设计研究》王兆辰	按照功能属性的不同，对TOD理念下轨道交通站点周边地区的相关城市空间元素进行分类；对这些空间元素的现状问题进行分析，然后针对这些现状问题进行再设计（微观），最后针对不同城市功能空间，进行相应的设计侧重

站点公共空间研究包括两个层次：站点公共空间、站域公共空间。规划领域对站点公共空间的探索，主要是对以人为本的设计、空间组织模式及空间环境适应评价等的研究；站域公共空间研究，更注重其作为城市公共空间的社会、经济效益，以及周边城市环境、城市公共空间、城市交通的整体性研究及空间设计（表1-6）。

地铁公共空间的相关文献

表1-6

文献	主要研究内容
《基于当代文化背景下的现代城市地铁公共空间环境设计特征——以北京地铁站点空间设计为例》杨晓、戴莹	通过人性化、形态化、系统化的地铁公共空间功能设计，创造艺术化的空间环境
《城市地铁站点的公共空间研究——以长沙地铁站点为例》陈帅	基于相关理论和实际地铁项目，得出了地铁站点与邻近公共空间综合开发导则
《以地铁站点为例——浅析地下公共空间的环境设计》宋季蓉、陈岩、臧慧	地下公共空间的人性化设计
《广州地铁站内公共空间环境使用后评价研究》偏燕青	从乘客的角度对地铁站的空间尺度及装修环境、功能及流线设计、信息指引及配套设施、物理环境四个方面进行使用评价研究
《地铁站域公共空间整体性研究》黄骏	从城市空间和城市交通两个角度，研究站域公共空间系统整体性发展的理论和实践方法
《香港地铁站点地下公共空间区位及空间组织模式研究》蒋巧璐	以香港地铁站点地下公共空间为例，梳理其在区位及空间组织方面所蕴含的特征及产生原因，为我国大城市地铁站点地下公共空间规划建设提供借鉴

3）地铁站点空间效益的研究

站点空间效益指站点建设对周边城市空间的经济、社会、环境等方面的影响，包括定量的效益测度和定性的效益分析，其效益主要体现在对周边土地利用效益及影响范围两方面。

（1）站点周边土地利用效益

地铁站点周边土地利用效益的研究集中于房地产经济与管理、经济地理及城市规划领域。如王静雪[34]通过建立站点周边土地利用效益评价指标体系，采用层次分析法计算评价指标权重，对站点周边的土地利用效益进行了评价；尹晶萍[35]利用特征价格模型分析轨道交通对沿线住房价值的增值效应和时间效益，从开发商利润最大化角度建立住房市场价量关系的理论模型，探讨轨道交通对周边土地开发强度的影响作用。除定量的空间效益分析外，吴为、阳作军[36]也从定性的角度探讨了站点周边城市设计与空间效益的互动关系。

（2）影响范围

地铁站点影响范围即站点开发利益影响范围，包括对土地价值影响及客流吸引范围两方面的研究，以定量分析为主。如冯陶钧[37]通过对城市轨道交通与土地的交互影响分析，在阿纳斯与维特的研究基础上创建了属性价格估算方法，构建了城市轨道交通对土地价值影响范围的估算模型。

站点客流吸引范围的研究成果相对较多，主要探讨各种接驳方式、步行环境对客流吸引范围的影响。如戴洁、张宁等学者[38]为研究步行环境对站点客流吸引范围的影响，分析了影响步行出行者的各类因素，将这些因素转为可测量的变量并运用Logit方法建立模型，由此确定轨道交通站点的步行接驳范围。

各类接驳方式的研究中，周昭明、查伟雄[39]基于聚集效应建立了轨道交通站点客流吸引范围模型，通过实例进行分析，得到交通站点对常规公交客流的合理和最大吸引时间，从而确定不同类型站点的客流吸引范围；赵金宝[40]在研究中，综合考虑步行者的诸多因素，建立了基于步行距离的城市轨道交通站点辐射区范围框定模型；秦观明[41]基于轨道交通与常规公交到达城市中心区广义费用相同的原理，建立客流吸引范围模型；王佳、胡列格[42]在分析城市轨道交通站点公交客流吸引范围概念的基础上，利用聚集效应理论建立客流吸引范围模型。

此外，李向楠[43]选取出行者因素和站点因素，通过距离衰减模型和多元回归模型对站点直接吸引范围进行研究，并基于单线模型的构建对站点间接吸引范围进行研究；许琦伟、褚冬竹[44]对轨道交通站点影响域边缘空间进行了研究，以期优化影响域边缘空间和扩大轨道交通站点的影响范围。

4）地铁商业的研究

地铁商业包括地下商业、站点商圈及商业综合体，现有研究中比较成熟的是从人文地理、经济地理的视角，基于实地调研和计量模型的研究方法从微观层面对站点商圈零售业的研究（表1-7）。

对站点零售商业的相关研究   表1-7

文献	主要研究内容
《地铁站点可达性、客流与站点商圈零售商业结构关系研究——以广州市为例》王宇渠、陈忠暖、覃水娇	运用回归模型分析不同地铁站点可达性、客流与站点商圈零售商业空间结构的相关关系
《地铁站点周边的商业集聚及其影响因素》陈忠暖、冯越、江锦	基于实地调研与空间分析方法对比站点商业集聚的共性与差异，并通过对商家的问卷调查分析其影响因素
《基于信息熵的地铁站点商圈零售业种结构的研究——以广州15个地铁站点商圈为例》黄晓冰、陈忠暖	用Shannon信息熵理论，借助熵值及其均衡度和优势度模型理论，探讨地铁站点的类型、开通时间和区位对站点商圈零售商业业种构成的影响，揭示它们之间存在的内在联系

文献	主要研究内容
《轨道交通建设对广州市零售商业活动空间影响的研究》蔡国田	总结轨道交通对零售商业活动空间影响机制，总结广州市轨道交通 1、2 号线沿线零售商业活动空间的特征
《城市地铁站口零售商业集聚类型划分的探讨——以广州为例》方向阳、陈忠暖	以广州为例，在分析站口区位特征的基础上，分别从形态、层次结构、业态三个方面对站口附近的地面零售商业集聚进行类型划分的探讨

除对站点零售业的研究外，林耿、张小英、马扬艳[45]以广州市为例，分析了地铁开发对沿线商业业态空间的影响，表明地铁开发强化了商业空间的等级分异，城市中心区商业中心的集聚效应得到加强，而城区和郊区商业空间的分异进一步加大。

在规划领域方面主要是对地铁商业空间规划、站点周边环境使用评价的探索，如冯菁[46]对地铁枢纽站内的零售商业、地下商业步行街以及商业综合体三种商业模式与地铁枢纽站的衔接及规划布局方式进行探索；董超[47]基于 TOD 理论与相关案例研究，总结了 TOD 模式下地铁站点地上商业空间规划设计方法；王宇宁、运迎霞[48]通过对城市轨道交通站点周边商业环境特征的研究，构建了城市轨道交通站点周边商业环境的定量评价体系。

除学界对地铁商业的研究外，很多咨询机构也对地铁商业的商业价值、发展趋势进行了研究，这些研究具有很强的针对性和实效性，对站点商业的发展具有很好的现实指导意义。如 2009 年易居中国研究中心通过对全国 9 个城市地铁站点商业的调研，深入分析了地铁商业发展的现状以及未来的发展趋势，对不同站点商业经营业态进行了深入分析，以探索最具潜力的地铁商业物业和开发模式[49]。

关于地铁商业的相关研究，目前主要集中在地铁商业特征、地铁商业空间规划探索及地铁商业价值三方面，对地铁商业空间演变的研究较少，也极少涉及对站点商业空间演变原因的剖析。因而作者在前人研究的基础上着眼于地铁站域商业空间演变的研究，力图弥补此方面的研究缺失，探索此类商业空间演变的内在机制。

1.3.2　城市空间演变的分析研究

城市空间是城乡规划学、城市地理学、城市社会学等多个学科共同研究的对象，不同学科对其理解存在一定差异。目前关于城市空间的研究涉及空间物质形式与影响因素、空间形态的深层结构和发展规律、城市形态要素构成等方面。城市空间分析方法指对城市空间的结构特征、形成与演变等进行认识的手段和方法，大致分为两类：一是传统的定性城市形态研究方法，二是利用定量研究工具的新研究手段及方法。

传统的城市空间研究方法受认知、技术水平的制约，以定性研究为主。对单个城市空间形态特征及发展演变的研究一般采用图示解释分析法、文献分析法等，如通常在城市设计的空间形态分析中提到的基地分析、心智地图、标志性节点分析、序列视景、空间主体法等，这些定性研究结果具有一定主观性。

20 世纪 90 年代以来，随着地理信息系统技术及系统论的发展，GIS 和 RS 技术、分形理论、CA 理论、城市自组织研究等新的研究手段和方法被大量运用于城市空间演变的研究中（表 1-8）。RS 技术能通过遥感图像获取大量的空间数据，GIS 可对这些数据进行挖掘、分析处理，提取有用的分析信息，因而 RS 与 GIS 的结合成为研究城市空间演变的重要手段；随着分形理论的繁荣发展及分形几何学的思想普及，学者们开始探索城市空间形态所隐含的自然规律，城市形态的分形研究成为城市地理学研究的热点；由于静态研究不能概括空间演化的动态综合过程，需要寻找一种新的能反映演化动态过程的研究方法，冯洛伊曼元胞自动机的出现很好地解决了这一问题。自 20 世纪 90 年代开始，元胞自动机被广泛用于城市增长、扩散和土地利用演化模拟方面，目前已形成了一系列城市 CA 模型。城市自组织研究则是 2000 年由以色列特拉维夫大学地理与人文环境系学者波图戈里集成的一套理论体系。他在专著《自组织与城市》中综合了耗散城市、混沌城市、分形城市等理论研究，并深化了城市自组织、自组织规则、协同城市的研究[50]。

国外关于城市空间演变分析方法的研究　　　　　　　　　表 1-8

城市空间形态分析方法	相关文献及学者	主要内容
分形理论	巴蒂（Batty）、朗利（Longley）《分形城市：形态和功能的几何学》	城市边界、城市用地、城市结构和城市人口区域面积的异速生长等的模拟与研究
	拉姆（Lam）、科拉（Cola）《地理学中的分形》	分形地理学与城市形态，成为指导城市形态分形研究的理论专著
自组织理论	波图戈里《自组织与城市》	深化了对城市自组织、自组织规则、协同城市的研究，集成了城市自组织研究
	康泽恩（M.R.G. Conzen）	城市空间演变具有周期性，每完成一个周期循环，空间系统本身将经历一次从平衡态向不平衡态的过渡
	埃里克森（R.A. Erickson）	把城市的空间扩展与功能空间扩展、社会变化相联系
元胞自动机	怀特（White）、恩格伦（Engelen）、克拉克（Clarke）等	在元胞自动机的基础上，提出了系列城市 CA 模型

来源：尚正永. 城市空间形态演变的多尺度研究 [D]. 南京：南京师范大学，2011.

国内关于城市空间演变的研究方法主要是借鉴和引入国外的成果，主要有 GIS 和 RS 空间分析、分形理论、CA 模型及城市自组织的研究。此后，景观生态学理论与方法被引入城市形态研究，景观格局指数被用来测算城市空间形态（表 1-9）。

国内关于城市空间演变分析方法的研究　　　　　　表 1-9

城市空间分析方法	相关学者	主要内容
基于城市设计的空间形态分析方法	王建国	基地分析、心智地图、标志性节点分析、序列视景、空间主体法
二维平面形态测定方法	林炳耀	利用特征值、数理统计、自相似理论与技术、模糊数学理论与突变论等 4 种方法，实现城市形态计量
GIS 与 RS 技术	张勇强、李江、段杰等	城市形态网络拓扑分析、形态相关要素的相关性分析、城市土地利用变化与科技扩展分析
分形理论	陈彦光、冯健等	基于分形理论的城市土地利用形态、空间结构、城市边界、景观形态等的分析
自组织理论	顾朝林、陈彦光、张勇强等	城市空间增长的形态依赖原理、城市空间发展的自组织、城市土地利用的信息熵规律等
元胞自动机	周成虎、黎夏、徐建刚等	真实城市系统模拟（土地演变、人口分布）、基于 CA 的城市发展方案和辅助城市规划
景观生态学理论及方法	李宪坡、白淑军、李团胜等	利用景观格局指数定量测算城市空间形态

来源：尚正永. 城市空间形态演变的多尺度研究 [D]. 南京：南京师范大学，2011.

1.3.3　自组织理论在城市研究中的运用

自组织理论和方法运用于城市的研究起源于西方，早在 1970 年中期艾伦基于耗散结构分析就已证明：城市是突现于局部行为的自组织结构的深刻范例[51]。伴随着一系列自组织理论的诞生，相应的自组织城市——耗散城市、协同城市、混沌城市、分形城市、细胞城市、沙堆城市、FACS 和 IRN 城市的研究——兴起。

2000 年以色列波图戈里（Juval Portugali）教授在其专著《自组织与城市》[52]中对"自组织城市"主要思想进行了系统总结，得到了哈肯（Harmann Haken）的高度赞赏。这些不同类型的自组织城市理论分别从不同角度基于数理模型研究了城市复杂系统的自组织特性[53-57]（表 1-10）。

自组织城市类型及研究重点　　　　　　表 1-10

自组织城市类型	理论基础	基础理论的发展者	研究重点
耗散城市	耗散结构论	艾伦及其合作者	城市自组织现象形成与产生的条件
协调城市	协同理论	卫里奇、哈肯、波图戈里及其合作者	城市自组织现象的动力学问题

续表

自组织城市类型	理论基础	基础理论的发展者	研究重点
混沌城市	混沌数学	邓德里诺等	城市自组织的演化路径
分形城市	分形几何	班迪、隆雷、弗兰克豪斯	城市自组织的形态结构
细胞城市	细胞自动机模型	库柯勒里及其合作者	模拟城市自组织过程
沙堆城市	自组织临界模型	班迪及其合作者	城市规模分布
FACS 和 IRN 城市	细胞空间模型	波图戈里及其合作者	模拟城市自组织过程

来源：陈彦光. 自组织与自组织城市 [J]. 城市规划，2003（10）：17-22.

除了关于"自组织城市"整体系统的研究外，自组织理论也开始用于城市内部子系统的研究，如城市人口系统的自组织性、城市等级系统的自组织性、区域城镇分布的自组织性。同时基于对自组织城市的认识，20 世纪 90 年代中后期西方学者们创新性地提出了自组织规划的思想，使规划师在城市生长与形态方面的思考方式发生了巨大变化，很好地协调了"规划"与"不可规划"的矛盾[52]。

与国外在自组织城市领域的研究相比，国内的基础理论研究相对滞后，但基于对国外先进理念的引入，开展了类似的研究活动，并结合具体城市进行应用，取得了较好的成果。总体来看，国内相关研究主要包含了城市群、城镇体系、城镇、城市内部子系统四个层次，在此本书将自组织运用于城市内部子系统的研究进行了整理（表 1-11）。从该表可以总结出一些研究趋势，城市空间、人口、经济系统的研究主要集中在 1990—2000 年左右，而后陆续进行了城市交通、环境系统和规划自组织的研究，近年来研究深入到城市内部不同功能区的研究。同时，随着新农村的建设，乡村社区自组织的研究也逐渐兴起。

自组织理论应用与城市内部子系统的研究   表 1-11

研究对象	学者	理论基础	研究内容	研究时间
城市空间发展	段进、张勇强	自组织理论群	城市空间发展的自组织演变规律	1992—2001 年
城市人口分布	王放、苏小康	耗散结构	城市人口系统自组织	1991 年、2003 年
	陈彦光	分形几何	城市人口分布、密度的分形特征	1999 年
城市交通系统	姜克锦	耗散结构	城市交通系统自组织和他组织复合演化过程	2008 年
城市环境系统	孙本经	协同学、耗散结构	人—环境系统的协调发展	1989 年
	苏小康	自组织理论群	在城市环境系统中的应用研究	2004 年
城市经济系统	沈华嵩	自组织理论群	城市经济系统自组织机制	1991 年
城市功能区	刘金云等		商业区、居住区、绿地等功能空间的演化	2013 年、2015 年
城市规划	陈彦光	分形几何	城市化自组织临界过程	2004 年

来源：程开明，陈宇峰. 国内外城市自组织性研究进展及综述 [J]. 城市问题，2006（7）：21-27.

1.3.4　关于商业空间自组织演变的研究

商业空间自组织是在微观层面对商业空间自组织演变的研究，现关于商业空间自组织的研究较少，主要见于城市规划、房地产管理等学科领域。

王颖[55]在其学位论文中对自组织商业空间形式进行了探索，首先基于自组织理论得出自组织商业街的概念、特征、类型等，然后以九华山路商业街为例，探索其自组织演变发展机制和生成规律；徐璐、褚筠[56]以自组织为切入点，对深圳市西丽路临时商业空间的形成演变进行了分析，阐释了临时商业空间自组织的利弊与他组织介入的关系，为今后发展提供了可行性建议；周俊、林青山等学者[57]基于克鲁格曼模型，证明了我国新兴区商业地产发展的自组织特征，并基于该模型提出了新兴区商业地产发展的建议。

这些研究对商业空间的自组织演变进行了初步探索，为商业空间的研究开拓了新的视角。本书在上述研究的基础上，以地铁站域商业空间为研究对象，对其自组织演变进行探索。

参考文献

[1] 欧阳洁，钟振远，罗竞哲. 城市轨道交通发展现状与趋势[J]. 中国新技术新产品，2008（18）：32.

[2] 吴宇. 我国城市轨道交通在建线路总长超4400公里[EB/OL].（2016-06-15）. http://www.mot.gov.cn/guowuyuanxinxi/201606/t20160614_2043745.html。

[3] 2016年至2020年期间　成都每年至少开通两条地铁[EB/OL].（2016.01-01）. http://sc.sina.com.cn/news/b/2016-01-01/detail-ifxneept3496058.shtml.

[4] 张巍，孙毅楠，汤鸿飞. 城市地铁站点周边房地产开发模式研究[J]. 建筑经济，2014, 35（08）：92-96.

[5] 蒋钊源. 地铁站点周边区域城市设计研究[D]. 长沙：中南大学，2013.

[6] 侯静轩，苑思楠，盛强，等. 地铁线路及站点周边人流量空间预测模型研究[C]//全国高校建筑学学科专业指导委员会、建筑数字技术教学工作委员会. 数字建构文化：2015年全国建筑院系建筑数字技术教学研讨会论文集，2015：13.

[7] 周家中. 成都市地铁站点距离对周边住宅价值的影响[J]. 计算机应用研究，2013, 30（11）：3265-3268.

[8] 谭章智，李少英，黎夏，等. 城市轨道交通对土地利用变化的时空效应[J]. 地理学报，2017, 72（5）：850-862.

[9] 谷月. 我国大城市商业空间发展趋势研究[D]. 长春：吉林建筑大学，2016.

[10] 申杰. 从百货商超到智慧零售：中国零售业的40年变迁之路[J]. 中国质量万里行，2018（10），16-17.

[11] 管驰明. 商业业态变革背景下城市商业空间重组[J]. 北京工商大学学报（社会科学版），2008（1）：24-28.

［12］徐印州. 当前城市商业的变革与转型发展［J］. 商业时代，2014（13）：4-7.

［13］陈建军. 城市发展规律三思［N］. 浙江日报，2016-03-30（015）.

［14］张京祥. 正确认识城市发展规律的经验性特点［EB/OL］.（2016-02-01）［2016-05-21］. http://www.planning.org.cn/news/view?id=3639.

［15］张勇强，段进. 城市空间发展自组织与城市规划［M］. 南京：东南大学出版社，2006.

［16］段进. 城市空间发展论［M］. 南京：江苏科学技术出版社，1999.

［17］武进. 中国城市形态：结构、特征及其演变［M］. 南京：江苏科学技术出版社，1990.

［18］张庭伟. 1990年代中国城市空间结构的变化及其动力机制［J］. 城市规划，2001（7）：7-14.

［19］唐子来. 西方城市空间结构研究的理论和方法［J］. 城市规划汇刊，1997（6）：1-11，63.

［20］张勇强. 城市空间发展自组织与城市规划：深圳为例［D］. 南京：东南大学，2003.

［21］何跃. 自组织城市新论［D］. 太原：山西大学，2012.

［22］李向楠. 城市轨道交通站点分类的聚类方法研究［J］. 铁道标准设计，2015（4）：19-23.

［23］尹芹，孟斌，张丽英. 基于客流特征的北京地铁站点类型识别［J］. 地理科学进展，2016，35（1）：126-134.

［24］吴娇蓉，毕艳祥，傅博峰. 基于郊区轨道交通站点分类的客流特征和换乘系统优先级分析［J］. 城市轨道交通研究，2007（11）：23-28.

［25］段德罡，张凡. 土地利用优化视角下的城市轨道站点分类研究：以西安地铁2号线为例［J］. 城市规划，2013（9）：39-45.

［26］王俊杰，谭倩，王璞. 城市轨道交通客流突增研究［J］. 铁道科学与工程学报，2015（1）：196-202.

［27］王多龙，李得伟. 天津地铁3号线客流特征分析［C］// 中国土木工程学会城市轨道交通技术工作委员会、世界轨道交通发展研究会. 2015中国（天津）区域轨道交通发展及装备关键技术论坛暨第24届地铁学术交流会论文集，2015：9.

［28］杨彬彬. 基于手机信令数据的城市轨道交通客流特征研究［D］. 南京：东南大学，2015.

［29］金昱. 城市轨道交通站点客流时变特征及其影响因素研究：以上海为例［J］. 现代城市研究，2015（6）：13-19.

［30］王淑伟. 站点周边用地特性对轨道客流影响机理研究［D］. 北京：北京工业大学，2015.

［31］易婷，陈小鸿，张勇平，等. 上海市地铁站点客流换乘特征分析［J］. 忻州师范学院学报，2004（2）：108-112.

［32］万川源. 城镇轨道交通站点衔接换乘空间设计研究［D］. 成都：西南交通大学，2015.

［33］钟泽栋. 地铁车站衔接换乘交通特性研究［D］. 北京：清华大学，2012.

［34］王静雪. 城市轨道交通站点周边土地的利用效益研究［D］. 青岛：中国海洋大学，2015.

［35］尹晶萍. TOD视角下轨道交通对住房价值和土地开发强度的影响分析［D］. 杭州：浙江大学，2015.

［36］吴为，阳作军. 地铁沿线站点城市设计与空间效益互动的探索：以杭州市地铁1号线为例［C］// 中国城市规划学会. 规划50年：2006中国城市规划年会论文集（上册），2006：5.

［37］冯陶钧. 城市轨道交通车站对土地价值影响范围的研究［D］. 成都：西南交通大学，2012.

［38］戴洁，张宁，何铁军，等. 步行环境对轨道交通站点接驳范围的影响［J］. 都市快轨交通，2009（5）：46-49.

［39］周昭明，查伟雄．基于常规公交的轨道交通站点吸引范围研究［J］．交通科技与经济，2014，16（6）：83-86.

［40］赵金宝．城市轨道交通站点辐射区基础理论及其应用研究［D］．南京：东南大学，2015.

［41］秦观明．城市轨道交通接驳方式选择及客流吸引范围研究［D］．哈尔滨：哈尔滨工业大学，2010.

［42］王佳，胡列格．城市轨道交通站点对常规公交客流的吸引范围［J］．系统工程，2010（1）：14-18.

［43］李向楠．城市轨道交通站点吸引范围研究［D］．成都：西南交通大学，2013.

［44］许琦伟，褚冬竹．轨道交通站点影响域边缘空间相关问题初探［C］//中国城市规划学会城市交通规划学术委员会．2016 年中国城市交通规划年会论文集．2016：8.

［45］林耿，张小英，马扬艳．广州市地铁开发对沿线商业业态空间的影响［J］．地理科学进展，2008（6）：104-111.

［46］冯菁．地铁枢纽站附属商业空间规划研究［D］．武汉：湖北工业大学，2015.

［47］董超．TOD 模式下地铁站点地上商业空间规划设计研究［D］．西安：西安建筑科技大学，2014.

［48］王宇宁，运迎霞．城市轨道交通站点周边商业环境特征与评价：以天津市为例［J］．地域研究与开发，2014（5）：72-76.

［49］克而瑞（中国）研究中心．地铁商业财富解读［R］．易居中国研究中心，2009.

［50］尚正永．城市空间形态演变的多尺度研究［D］．南京：南京师范大学，2011.

［51］ALLEN P M, MICHÈLE S. Urban evolution: self-organisation and decision-making［J］. Environment and planning A.1981（13）：167.

［52］PORTUGALI J. Self-Organization and the city［M］. Berlin：Springer Verilog, 2000.

［53］程开明，陈宇峰．国内外城市自组织性研究进展及综述［J］．城市问题，2006（7）：21-27.

［54］陈彦光．自组织与自组织城市［J］．城市规划，2003（10）：17-22.

［55］王颖．城市自组织商业街空间形式探索研究［D］．合肥：合肥工业大学，2013.

［56］徐璐，褚筠．深圳市西丽路小型临时商业空间自组织研究［C］//中国城市规划学会，重庆市人民政府．规划创新：2010 中国城市规划年会论文集，2010：10.

［57］周俊，林青山，崔峰．自组织性对新兴社区商业区位的影响［J］．重庆工商大学学报（西部论坛）：2005（Z1）：64-65.

第

2 章 重要概念与相关理论

2.1 重要概念辨析

2.1.1 地铁站点

1）地铁站点的概念

地铁即地下铁路，是城市公共交通的重要组成部分，主要由地铁线网和地铁站点构成，是全封闭的空间系统，仅靠地铁站点与城市进行联系，实现客流的集中和疏散。轻轨亦是城市轨道交通的一种，在日常生活中，由于与地铁外形较为相似，人们较易混淆两者。地铁与轻轨主要依据线路的单向客运能力及车辆的大小进行粗略的划分，而不是根据线路主要是否在地下来进行划分，一些地铁线路由于经济、环境或工程技术的制约，线路会由地下转为地面或高架。

地铁站点的分类标准有很多（表 2-1），在城市规划领域，一般根据站点与城市的关系进行分类，如依据站点周边的土地利用类型，大致分为公共中心区站点、居住区站点、交通枢纽站点、工业园区站点、混合区站点、文教区站点、景点区站点；依据站点的交通功能，可分为中间站、区域站、换乘站、枢纽站、联运站、终点站。根据研究需要，本书将结合站点在城市中的区位进行分类，然后根据各站域商业空间的发展状况进行细分。

	地铁站点分类标准			表 2-1	
标准	站点与地面的相对位置	站点的运营性质	站点站台形式	站点客流	站点周边土地开发情况
站点类型	地面站、地下站、高架站	中间站、区域站、换乘站、枢纽站、联运站、终点站	岛式车站、侧式车站、岛侧混合车站	大型站、中等站、小型站	居住型站点、商业性站点、交通枢纽型站点

2）地铁站点的属性

（1）节点和场所的双重属性

城市地铁站点已不仅具有交通功能，且与周边土地空间一起被赋予了更多的城市功能。贝尔托利尼（Bertolini）将地铁站点的性质总结为"节点—场所"模型[1]，认为站点具有连接交通流、经济流、信息流等的节点价值，而周边地区是其加强联系的潜力空间，具有场所价值。节点与场所两者之间存在相互影响、促进等复杂关系。站点可达性的提升会提高周边空间的开发潜力，周边土地再开发实现的场所价值跃升会激发新的交通需求，因此轨道交通站点作为节点与场所的双重特征得以持续正向反馈（图 2-1）。

可以说，节点和场所是地铁站点的两个基本属性。节点是基于城市宏观层面的认识，包含交通节点和空间节点两层含义，反映了站点的交通区位和地理位置（图 2-2）。而一些节点可以发展成为提供高可达性的综合平台，聚集多样公共服务设施和开敞空间，成为功能复合、内涵丰富的场所空间，反映了站点空间功能开发与人流集散的特性（图 2-3）。

（2）有良好的城市触媒潜质

"触媒"一词最初出自化学，是"固体催化剂"的别称，能够改变反应物化学反应的速率而自身不被消耗。20 世纪 80 年代末，"触媒"被美国建筑师韦恩·奥图（Wayne Attoe）应用在城市研究领域中。奥图提出和剖析了"城市触媒"，并将其定义为：策略性引进的新元素，可以复苏城市中现有的元素且不需彻底地改变它们，而且当触媒激起这样的新生命时，它也影响了相继引进的城市元素的形式、特色与品质，目的在于促使城市构造持续与渐进的改革。最重要的是，触媒并非单一的最终产品，而是一个可以刺激与引导后续开发的元素[2]。

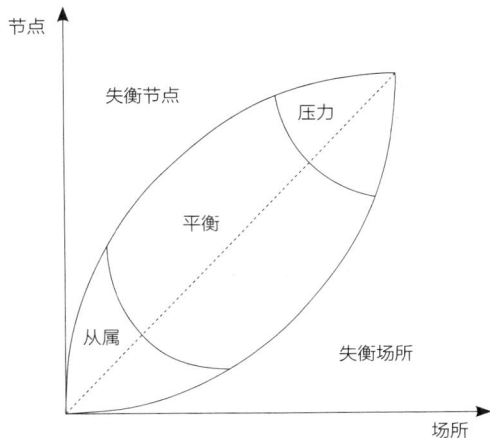

图 2-1　节点 - 场所模型
来源：BERTOLINI L.Spatial development patterns and public transport: the application of analytical model in the Netherlands[J]. Planning practice & research, 1999, 14(2): 199-210.

图 2-2　地铁站点在城市宏观层面的节点属性

图 2-3　地铁站点微观层面的场所属性——站点出入口广场成为人们休息的空间

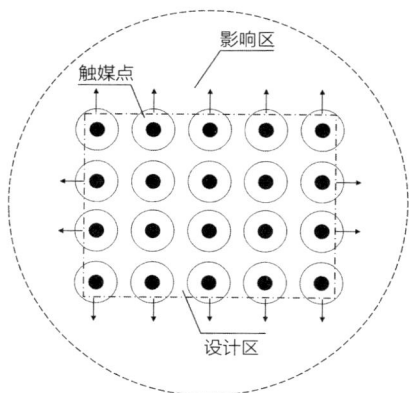

图 2-4　触媒对项目自身与周边的影响示意图
来源：洪亮平. 城市设计历程 [M]. 北京：
中国建筑工业出版社，2002.

图 2-5　触媒作用过程
来源：荣玥芳. 城市事件触媒理论解读 [C]// 中国城市规划学会. 生态文明视角下的城乡规划：2008 中国城市规划年会论文集，2008：9.

轨道交通站点作为触媒体，其触媒作用表现如下：①城市中的诸多地铁站点散布于城市空间中，并作为刺激与引导城市空间开发或设计的元素，催化城市空间发展（图2-4）；②地铁站点依附地铁交通快速、准时的特征，站点周边相对其他地区有更好的交通可达性，土地的交通区位优势明显，根据土地经济学原理，区位条件的改善必然带来土地价值的提升，促使站点周边土地的集约高效利用[3]。地铁站点集散的大量客流给站点周边发展带来巨大的发展机遇，能在一定程度上扩大、繁荣周边商业（图 2-5）。

但需要注意的是，对于不同类型的站点，由于周边元素的不同，站点与周边空间要素的相互作用关系具有差异，其触媒作用与过程也不尽相同。如郊区与市中心站点周边的商业空间类型不同，而站点作为一个新引进的触媒体，会对周边商业空间带来不同的发展机遇。

（3）对周边环境的依赖

地铁站点与周边环境存在着复杂的相互作用关系。一方面，地铁站点的交通功能为周边地区带来了大量的客流和发展机遇；另一方面，地铁站点表现出对周边环境的依赖性。

地铁的建设以及运营本身需要高昂的费用，为实现地铁交通的可持续发展，需保证较高的搭乘率。站点周边适宜进行较高密度、较集约的空间开发，规划布置吸引大量人流的文化、商业等设施，如购物中心、超市、城市综合体等，并与其他交通设施之间保持良好的换乘关系，使得周边空间的社会、经济价值得到进一步提升，为地铁站点提供充足的客流。这样，地铁与周边环境便可形成良性循环，实现优势互补、互利共赢。

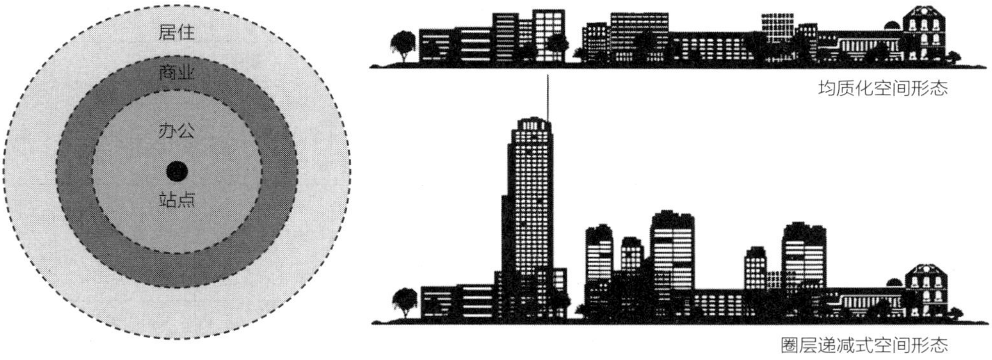

图 2-6　站点周边土地圈层布局及示意

（4）站点周边土地圈层布局

地铁交通具有高出行效率、可达性好等优势，对城市土地利用产生了巨大影响，对站点周边城市土地带来了空间、社会、经济等效应，与之伴随的是站点周边土地价格的上升。一般而言，距地铁站点越近，土地价格越高。通常开发商会以高密度的开发强度来平衡高额的土地成本，因而越靠近站点，土地开发强度越高，从而形成以站点为空间开发最强点向外开发强度圈层递减的圆锥形空间形态。

根据土地使用者的竞租曲线及不同功能用地对交通区位的灵敏度，站区的功能用地布局呈现一定规律。研究表明，办公对交通可达性的要求最高，商业次之，居住排列最后。因而站点周边的功能用地布局大致可以抽象为以站点为圆心，办公、商业、居住用地渐次环绕的圈层模型（图 2-6）。

2.1.2　地铁站域商业空间

1）地铁站域商业空间的概念

地铁站域商业空间是指以地铁站点为中心的一定空间范围内分布的商业设施，即通常所说的地铁商业。地铁商业按其空间位置，可分为地下商业和地面商业两种，地下商业根据商业规模、经营位置又细分为三种[4]（表 2-2）。本书所研究的站域商业空间指地铁出入口附近的地面商业设施，这些商业设施可能是地铁站点开通前已形成的商业空间，也可能是地铁站点开通后才聚集形成的新兴商业空间。

2）地铁站域商业空间的形式

地铁站域地面商业空间按形态可分为四种：斑状、条带状、面状及团块锥体状[5]（表 2-3、图 2-7）。

地下商业的类型   表 2-2

类型	点式商业	通道内商业	条式、面状商业
特点	地铁站厅内部零星的商业网点，面积小，以即时性消费商品和专业服务为主	采取"花车"等形式	以大众潮流服饰、小食餐饮和电子产品为主，以大中学生以及追求时尚的年轻一族为目标消费人群

来源：陈雅凤. 浅析地铁商业的定位和商业模式 [J]. 商情，2016（19）：140.

轨道交通站域商业空间集聚形态   表 2-3

集聚类型	定义	典型站点
斑状	一些食杂店零散地分布在地铁口附近	犀浦地铁站
条带状	商业聚集在于地铁线路平行、重合或垂直的街道上	犀浦地铁站
面状	商业沿站口周围的街道向站口集聚	蜀汉路东站
团块锥体状	地铁上盖的大型购物中心	省体育馆站

来源：方向阳，陈忠暖，蔡国田. 广州地铁站口零售商业集聚类型分析 [J]. 热带地理，2005（1）：49-53.

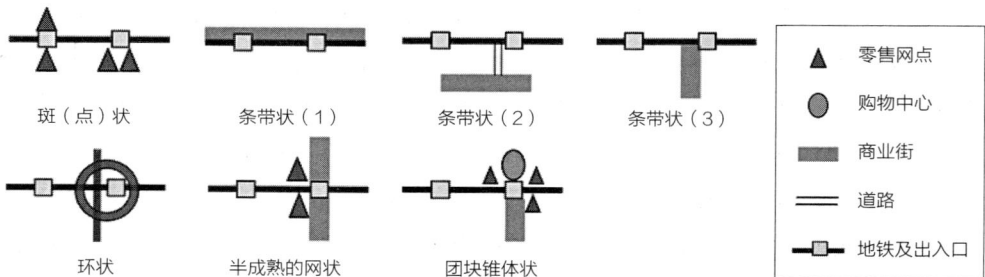

图 2-7 站域商业空间聚集形态
来源：方向阳，陈忠暖，蔡国田. 广州地铁站口零售商业集聚类型分析 [J]. 热带地理，2005（1）：49-53.

斑状商业空间处于站域商业空间发展初期，空间形态很不稳定，可能在城市发展中被吞没，也可能直接进阶为团块锥体综合体，或者逐渐向条带状、面状商业空间演变[5]；条带状和面状是最常见的地铁站域商业空间类型，如成都地铁 2 号线的犀浦站、蜀汉路东站等，当商业空间发展为面状时，其聚集程度已达到相当规模，商业形态较成熟，进一步发展的潜力小，相比之下条带状商业空间发展潜力更大；团块锥体状适用于重点商业空间，以商业综合体为主，如成都地铁 2 号线的省体育馆站和春熙路站。

3）地铁站域商业空间范围界定

一般研究中，地铁站点的影响范围根据适宜步行距离和合理交通距离大致分为三个圈层：以站点为圆心，半径 200m 内为核心影响圈层，半径 200～500m 为直接影响圈层，半径 500～800m（郊区为 500～1000m）为间接影响圈层。

商业空间对区位、客流等外界环境变化反应敏感，且客流都是通过步行在商业空间范围内进行选择，因而站域商业空间应在适宜步行的距离（500m）范围内。

庄焰在对站点周边商业地价的研究中[6]，利用局部线性回归分析得出：地铁站点半径 550m 范围内商业地价随距离的增大而明显下降，并在 350m 和 550m 处商业地价产生突变，因而可以得出地铁对商业地价的一次影响半径为 350m，二次影响半径为 550m，半径 550m 外的商业地价受到其他因素的影响。

商业地价是反映地铁站点对商业空间影响程度的重要指标，因而本书借鉴庄焰对地铁站点周边 350m、550m 距离的选取，将地铁站域商业空间的范围初步抽象为以站点为圆心，350m 或 550m 为半径的圆形区域（市区 350m，郊区 550m；重要站点 550m，一般站点 350m），然后结合站点周边的城市建设现状，如道路、地块完整度等，对圆形影响范围进行修正，划定具体的地铁站域商业空间范围。

下面以犀浦地铁站为例，介绍站域商业空间范围的划定方法及步骤。

步骤一：以犀浦地铁站为中心，以 350m、550m 为半径画圆，得出理论上的站域商业空间范围（图 2-8）。

步骤二：在上述圈层商业空间范围内进行现场调研，了解各地块的功能性质、圈层商业空间状况，并提取出主要道路（图 2-9）。

步骤三：将理论的站域商业空间范围与现状调研情况进行叠加，剔除在建用地、闲置土地、单位用地及封闭用地等地块，得出实际的地铁站域商业空间范围（图 2-10）。

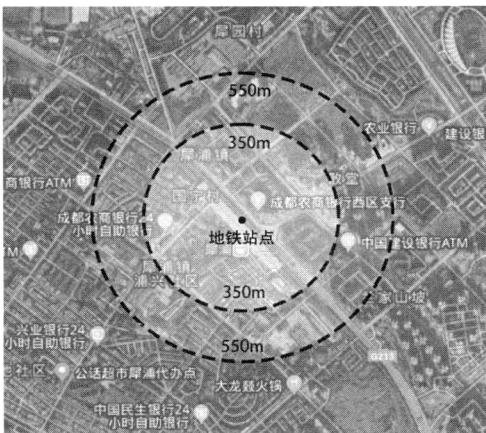

图 2-8　以地铁站点为圆心，350m、550m 为半径的空间范围

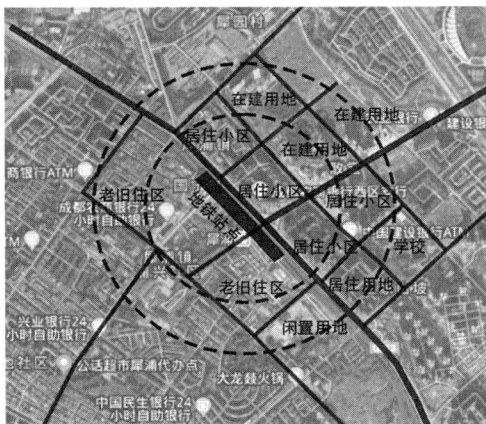

图 2-9　梳理空间范围内的路网及地块性质

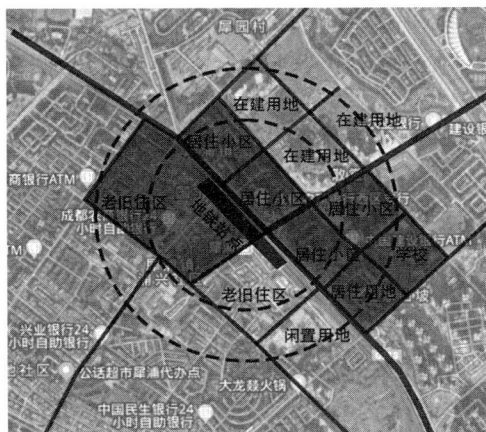

图 2-10　结合路网、地块性质、圈层范围划定的站域商业空间范围

4）地铁站域商业空间的特征

（1）区位优势明显

靠近地铁站点的商业具有一定的区位优势，站域商业空间的发展带来了较多的外部正效益。一方面，地铁站点提高了站域商业空间的交通可达性，吸引了周边带有交通、购物等多种目的客流人群，带来了潜在的消费人群，为商业空间注入了更多的活力；另一方面，地铁的修建为原商圈注入了新的元素，原商圈得到强化，辐射能力和范围扩大，可能会升级为更高级的商业中心，进而吸引更多的客流人群；第三，在城市新区，地铁促进了周边土地的开发与建设，各类服务配套设施开始向地铁站点周边聚集，逐渐发展成为片区中心，为站域商业空间的发展创造了良好的外部环境。

需要注意的是，不同类型站域商业空间的区位优势具有差异性，与自身城市的社会经济发展状况、周边空间发展潜力等有很大关系。另外，同类型站域商业空间的用地结构、政策因素等的不同也会表现出不同的区位优势。

（2）对外界环境变化反应敏感

商业的发展依赖于外界环境的支撑，所以商业天然地对外界环境特别是市场环境变动反应敏感，站域商业空间同样如此。地铁客流总量的增减、客流结构的构成、消费模式、消费需求等的变化都会影响站域商业空间的经营效益。

在现代社会，商业的外部环境正发生着剧烈变化，社会、经济不断地快速发展，全球化、信息化、高科技化等不断地影响着市场，冲击着商业空间原有的经营条件与模式，给商业空间的发展带来更大的机遇和挑战。外部环境瞬息万变，竞争日趋激烈，而只有那些能不断调节自身去适应外部环境的商业空间，才能在激烈竞争的市场中生存与发展，最终实现可持续发展。

2.1.3　自组织和他组织

"组织（organization）"是现代科学领域广泛使用的概念，系统学中的组织指系统在某种组织力的作用下实现从无序到有序的过程和结构。"自组织（Self-organization）"是自组织理论的核心概念，指系统在没有外界特定干预的情况下自发、自主形成的有序结构和过程，既指形成的有序结果，也指自主自发演变的过程。这里的"没有外界特定干预"指系统的结构和功能并非外界强加给系统的，是外界以非特定的方式作用于系统的，即系统在内外矛盾的作用下自行组织、自行创生、自行演化，自主从无序走向有序，以及从低层级有序向高层级有序演化的过程和模式[7]（图2-11）。

自组织是自然系统的基本属性和主要演变形式，自然界中很多趋向复杂性的生命现象都是典型的自组织问题，如生物进化论、遗传学、胚胎学等[8]。自然系统的自

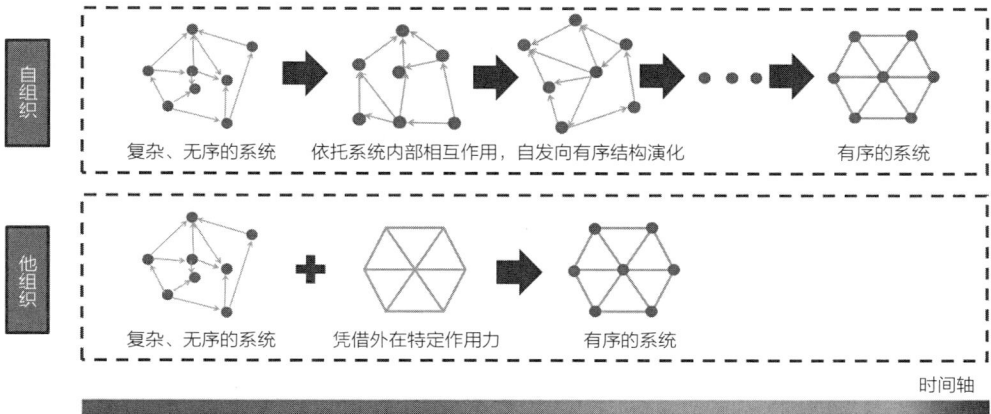

| 自组织 | 复杂、无序的系统 | 依托系统内部相互作用，自发向有序结构演化 | 有序的系统 |

| 他组织 | 复杂、无序的系统 | 凭借外在特定作用力 | 有序的系统 |

时间轴

图 2-11　自组织过程与他组织过程的区别

组织具有盲目性，加上自组织过程中的非线性、非平衡特征和外界的"扰动"，导致自组织过程和结果的"偏离"和不可预测，由此可以引入人工系统他组织的调控机制，对自组织进行调控，减少自组织现象的"偏离"。

"他组织（hetero-organization）"是相对自组织而言的，其广泛存在于人工系统中，组织力来自系统外部，是系统外界为实现一定目的对系统进行特定干预而形成的有序结构和过程，同自组织一样是结果与过程的统一。人工系统分为两类：一是由人类创造出的系统，如电脑、电视、城市规划图、飞机模型图等；二是人类参与其中的系统，如城市、经济市场等，在这种人工系统中既有自组织也有他组织（图 2-11）。

在人工系统的组织中，他组织作用一般占主导。一方面，对于人类创造出的人工系统，基本是工程师或设计师按一定目的制造出来的，是完全他组织的系统；另一方面，对人类参与其中的人工系统（即人在系统）而言，又包含两种情况：一是人在系统的他组织，二是人在系统的自组织。前者是指以他组织为主导的人在系统，他组织者的目的、行为影响着系统的变化，如人工培育的苗木、动植物等。后者是自组织为主导的人在系统，如人类参与其中的自然系统（河流、湖泊、山川等）及城市、团体、企业等社会系统[8]（图 2-12）。

人在系统自组织与自然系统自组织是有一定差异性的。首先，客观世界的自组织可以分为有意识自组织和无意识自组织，受人类有意识活动影响的自组织为有意识自组织，不受人类有意识活动影响的自组织为无意识自组织，人在系统的自组织基本都属于前者，而自然系统中的自组织属于后者。本书的研究对象为商业空间自组织，属于人在系统的自组织。在人在系统的自组织中包含了具有主观能动性的"人"的要素，"人"能按照一定目的对人在系统进行改造，使系统的自组织又包含他组织的作用，使人在系统的自组织比自然系统的自组织更为复杂。

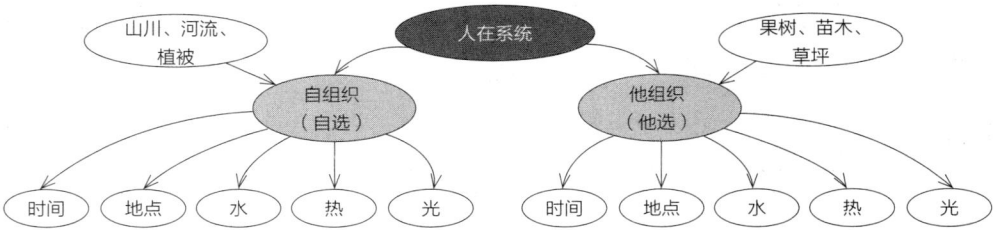

图 2-12 以自组织为主导的人在系统与以他组织为主导的人在系统的区别

与自组织和他组织相关的概念还有自组织作用、他组织作用以及自组织演变、他组织演变，这些概念在书中经常被使用，在此对这些概念进行解释：自组织作用指系统内部各子系统间相互作用而形成的作用力，其作用于系统导致系统发生变化的过程和结果称为自组织演变。同理，他组织作用指外界特定地作用于系统的作用力，其作用于系统导致系统发展变化的过程和结果称为他组织演变。

2.1.4 商业空间自组织与商业空间他组织

商业空间是城市及城市空间系统的重要组成部分，在理解商业空间自组织与他组织之前，应首先对城市自组织和他组织的基本内涵和观点进行认识。

1）城市自组织与他组织

学界普遍认为城市的形成及演化是自组织和他组织共同作用的产物，但在城市的本质是自组织还是他组织产物的问题上存在分歧。

城市是一个聚集时空、社会、经济、政治等各个因素的复合人在系统，就城市整体及发展演变的整个历史过程而言，不是人类意识所能主导的，是内外因素共同作用下自主、自发的演变发展过程。在大尺度的时空领域，人们关于城市的各种他组织规划设计，总是被现实的城市发展所消解、融合，变成影响城市发展的因素之一，而不是主导城市发展的决定因素。而对于城市局部或某一特定发展时期等微观层面，如城市空间布局、城市灾后重建等，他组织起着主导作用[8]（图 2-13）。

2）商业空间自组织与他组织

本书所研究的地铁站域商业空间是城市空间系统中微观层面的研究对象，其形成和演化同样带有自组织和他组织作用的印记。

商业空间是现代城市空间系统的重要组成部分。商业空间他组织指城市规

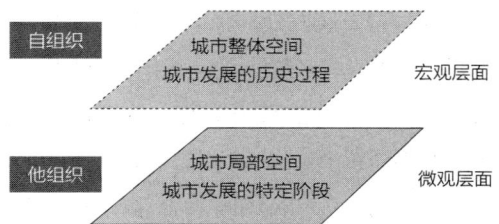

图 2-13 城市发展中的自组织和他组织的作用层面

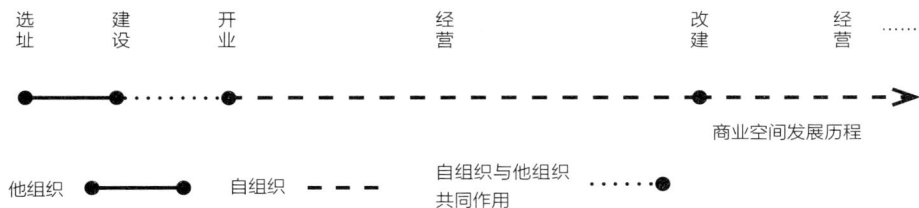

图 2-14　商业空间发展过程中自组织与他组织作用的阶段

划或商业规划从中观层面对商业空间的组织和安排，主要表现在：他组织以规划的形式决定了商业空间在城市中的位置、商业规模及性质；商业空间的物质形式与空间结构是按规划设计进行建设的；规模较大的商业空间，如商业综合体、商业街区等，通常会对商业发展进行策划并按一定要求进行店铺招商，从而引导商业的具体发展。商业空间他组织一方面为商业发展创造了物质空间条件，同时也为商业空间发展进行了一定指引（图 2-14）。

　　商业空间自组织指促进商业空间演变的内在动力，其实质是商业空间内部即消费者和商家在一定目的导向下的活动，并作用于商业空间的结果和过程。表现为商业空间内部业态构成、业态等级的演变及商业空间经营状况的好坏，在一定程度上决定了商业空间的可持续发展。

　　现实中，城市商业空间并不会完全按规划、策划进行发展，一些前期投入较大的商业空间在经营一段时间后可能出现不可逆转的萧条，而另一些商业空间也可能打破原有的商业规划壁垒，呈现蓬勃发展的态势。如占据成都市春熙路优良商业口岸的"第一城"、香槟广场、春熙大厦及 101 购物中心，在经营不久后，人流越发稀少，商业萧条以至倒闭关门；而成都市犀浦地铁站 B 出口前的商业空间，在地铁开通后，自发进行了商业业态的更替及商业空间的扩散，商业空间突破了原来的规划范围。

　　对于商业空间的自组织和他组织而言，不存在占主导地位的组织力量，但自组织是商业空间演变的内在持久动力，追求他组织和自组织的同向复合发展是实现商业空间可持续发展的保证（图 2-15）。

　　3）商业空间自组织性与自组织作用

　　文中经常涉及商业空间自组织性与自组织作用这两个概念，因此先对这两个概念进行解释。自组织性是具有自组织能力系统的特性，商业空间的自组织

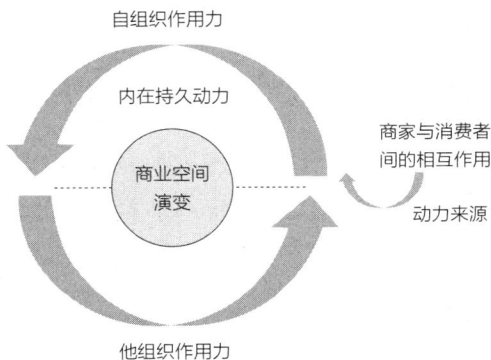

图 2-15　商业空间演变的作用力

性就是指商业空间能在外界"非特定"干预作用下，自发形成有序结构的特性，这种特性是由商业空间系统内部消费者和商家的行为规律所决定的。

商业空间的自组织作用，指商业空间内部各主体、各子系统相互作用并作用于商业空间演变的过程。因而总结起来，自组织性是一种特性，而自组织作用是指作用的过程。

对于商业空间而言，其"无序"指商业空间受到外部环境扰动后，消费者与商家在需求和供给上不能实现很好的平衡，导致商业空间效益没有得到有效发挥。同理，"有序"指商业空间内部经过一段时间的调整后，消费者和商家在需求和供给上得到了平衡，商业空间效益得到了有效发挥。

2.1.5　商业空间自组织与自组织商业空间的区别

自组织的商业空间指未受城市宏观或局部规划作用影响，以满足市场需求为目的而完全自发形成的商业空间，其源于老百姓、服务于老百姓。主要包括三种空间类型：

（1）自由式自组织商业街，如居住区附近自发形成的餐饮、生活用品商业空间；

（2）历史沿革下的自组织商业街，形成于历史并延续至今的商业街，如北京前门大街（图2-16）；

图2-16　1901年的前门大街

来源：http://www.sohu.com/a/150472357_826165.

（3）专业性自组织商业街，某些应特殊要求产生的自组织商业街，如旅游景区形成的纪念品一条街[9]。

在快速城市化背景下城市商业空间迅速拓展，不存在完全意义上自组织发展形成的商业空间，现代城市商业空间的演变是自组织和他组织共同作用的结果。

商业空间的自组织指商业演变过程中自组织的成分，其客观地承认了商业空间的演变是自组织和他组织共同作用的结果，他组织为商业空间演变进行宏观引导，自组织让商业空间充满生机和活力。本书重点探讨地铁站域商业空间演变中的自组织成分，认识商业空间发展的内在规律，促进商业空间的繁荣和可持续发展（表 2-4）。同时借鉴何跃[8]对"城市自组织"与"自组织城市"的论述，"商业空间自组织"是对自组织演变事实的判断，而"自组织商业空间"是以自组织为原则的价值判断。在规划主导的商业空间发展年代，我们至多能认识到商业空间发展中的自组织现象，对商业空间自组织进行经验描述，而真正以自组织为原则进行的商业规划和商业发展，还有待人们进一步认识和发展。

商业空间自组织和自组织商业空间的比较　　　　　　　表 2-4

	空间演进过程	空间演变参与主体	空间特征
商业空间自组织		消费者、商家	有机、充满活力
自组织商业空间		消费者、商家、政府	形成空间时间短、初期空间活力缺乏

2.2　相关理论概述

2.2.1　自组织理论

1）自组织理论的内涵

以 20 世纪 60 年代耗散结构理论的诞生为先导，先后产生了协同学、超循环理论、突变论、混沌理论、分形理论，这些理论在很短的时间内相继问世并不断发展，形成了自组织理论群（图 2-17），为研究复杂系统提供了新方向[10]。

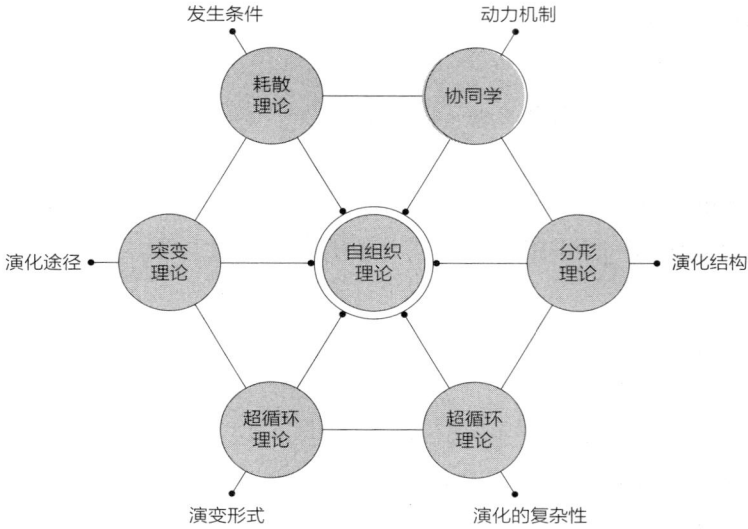

图 2-17   自组织理论群示意图

来源：李鹏. 基于自组织理论的城市居住空间演化研究：以郑州市中心城区为例 [D]. 上海：同济大学，2009.

自组织理论的基本思想为：开放系统在系统内外两方面因素的复杂非线性作用下，内部要素中某些偏离系统稳定状态的涨落可能得以放大，从而在系统中产生更大范围的涨落，使系统从无序到有序，从低级有序到高级有序[11]。开放系统的发生、发展有其自组织性，其演化的根本力量来自系统内部。

2）自组织理论的主要内容

自组织理论并不是一个独立的理论，是由多个理论组成的理论群，这些理论从不同角度对自组织现象的产生、演变及发展进行了解释（表 2-5）。

自组织理论群——各理论要点   表 2-5

理论	创始人	内涵	关键点
耗散结构理论	普利高津 （I. Prigogine）	自组织发生的条件	系统开放；远离平衡态；自催化的非线性相互作用；涨落作用
协同学	哈肯	自组织的动力机制	竞争与协同；序参量
超循环理论	艾根	自组织的演化过程	相互作用；因果转化
突变论	勒内·托姆 （Rene Thom）	自组织的演化形式	原因连续的作用有可能导致结果的突然变化
混沌学	约克	自组织的复杂性	确定的随机性；初始条件的高度敏感性；表现的无序与内在的决定论机制结合
分形理论	曼德尔布洛特	自组织的演化结构	系统部分和整体的相似性

来源：张勇强. 城市空间发展自组织与城市规划 [M]. 南京：东南大学出版社，2006.

（1）耗散结构理论——产生条件

1967 年普利高津提出了耗散结构理论，主要用于讨论系统从混沌向有序转化的机理、条件和规律，该理论指出：一个远离平衡的开放系统，不论它是自然系统还是社会系统，都能与外界不断交换能量和物质；当外界条件使系统的变化达到一定阈值时，系统就可能从原本的无序状态，转变成为一种功能或时空上的有序状态[2]。这种需要耗散物质和能量才能维持的有序结构就是耗散结构，系统在一定条件下自行产生的组织性和相干性，即为自组织现象。

耗散结构理论阐明了自组织现象产生的条件，第一次科学系统地揭示了自然界演化的过程，阐明了系统实现自组织的内外条件，是判断一个系统是否是自组织系统的依据[12]。

系统的耗散结构具有 4 个显著的特征，包括系统的开放性、非平衡性、非线性以及涨落（表 2-6）。其中，开放性是系统自组织演变的前提条件，使系统能够与外界不断地进行能量和物质的交换；非平衡性是促进系统有序演进的必要条件，使得系统要素之间、系统与外界之间形成"势差流"，使系统具备与外界交换的势能和需求；非线性作用是系统自组织演化的内在动力，系统内部复杂要素之间的相互作用机制使系统呈现出不规则、不成比例的演变；涨落是系统自组织的原初诱因，由于不同的元素在演化的方式、速度等方面存在差异，同一元素在不同瞬间的演化方式、速度存在差异，必然会体现为系统自组织过程所固有的千差万别，而这种作用将推动系统由无序向有序演进。

系统的耗散结构特征　　　　　　　　　　　　　表 2-6

特征	作用	地位
系统的开放性	与外界不断进行能量和物质交换	系统自组织演变的前提条件
系统的非平衡性	形成"势差流"	促进系统有序演进的必要条件
非线性作用	系统内部复杂的相互作用	系统自组织演化的内在动力
系统内部涨落	推动系统由无序向有序演进	系统自组织的原初诱因

耗散结构理论发展至今，众多学者在物理、化学、经济、社会、生态等诸多领域对其进行了研究与探索。在城市研究领域中，该理论的应用主要体现在城市风险、城市产业、城市系统等方面。王光辉[13]建立了城市的耗散结构模型，对城市风险问题的形成和演化机理进行了建模分析；黄溶冰[14]针对矿业城市的产业结构现状，以耗散结构理论为依据，对政府政策、投资环境、中小企业、技术创新、人才培训等环节在产业转型中的作用进行了分析，阐述了产业耗散结构的形成机制；徐君[15]构建了

资源型城市 PESER 系统结构，通过分析资源型城市系统的耗散结构特征，指出资源型城市系统涨落的八大外源触发因子和七大内源激化因子；杨山[16]从耗散结构的视角，通过解析系统熵结构，进一步探究和理解港城系统发展的演变机理，得出港城系统有序发展的本质是港城系统及港口系统、城市系统的负熵流输入；李国敏[17]从系统论的角度出发，将城市系统看作是由经济、人口、资源和环境四个子系统耦合而成的开放型的耗散结构系统，构建了基于耦合协调度的城镇化质量评价模型，并运用数据包络分析法和主成分分析法进行了客观赋权。

（2）协同学理论——自组织的动力机制

20 世纪 70 年代，德国理论物理学家哈肯提出了协同学理论，重点阐述了各系统间、内部要素间的相互作用，揭示了系统如何通过内部子系统间的竞争及合作形成有序结构。从微观上看，子系统之间实现了联系和统一；从宏观上看，系统离开了均匀分布的平衡态，形成了步调、格局、时空结构稳定的有序状态[18]。

系统的非平衡性及各子系统对外界环境的不同反应，必然导致子系统间的竞争，使系统远离平衡态，并推动系统向有序结构演化。此时一些子系统或元素由于内在的相似性而实现相互协调、合作，其中部分协同现象被联合放大，形成了能保持系统整体状态和趋势的序参量[10]。

另外，协同学理论说明了系统从无序转化为有序状态的过程与机理所需具备的条件：①序参量对系统演变的最终状态或结构起主导作用，在系统演化过程中自始至终都起作用，并且得到多数子系统的响应，起着支配子系统行为的主导作用；②系统内子系统间的有机联系和积极配合是系统有序发展的重要条件之一。只有当子系统之间形成的协同、系统关联作用占主导地位时，系统才可能呈现出一定的有序结构；③除了系统内部协同作用的机制外，还需要外部环境提供适当的控制参量，为系统自组织结构的形成与有序演化提供保障；④反馈机制是系统实现有序的重要保证。任何一个开放系统要维持一定的稳定性，实现其自身的目标都离不开反馈调节[19]。

协同学理论的研究被广泛应用于工业工程、社会科学、教育治理、企业管理、城市研究等不同的领域。城市研究领域中，协同学理论的运用主要体现在城市土地利用、生态城市、城市规划方法、城市化系统等方面。其中，王雪莲[20]以协同学理论为视角，研究了当前我国城市土地利用过程中存在的一些问题，并且依据协同学理论提出重视序参量的建议；杨健[21]从城市色彩规划的角度将传统的规划单元定义为协同学中相互协作和竞争的个体，运用人工智能的协同模型简化问题，从而获得一种自下而上的色彩生成模式，以及与传统的规划方法相结合的色彩生成机制；李静[22]基于协同学系统分析思路，深入分析了城市化系统与城市生态环境系统间交互胁迫的作用机理；孙宇[23]对城市综合交通枢纽与邻接区协同规划模式进行了研究。

（3）超循环理论——演化过程

超循环理论最初由德国科学家艾根（Manfred Eigen）在 20 世纪 70 年代提出，是研究细胞的生化系统、分子系统与信息进化等的理论。

超循环理论将系统间非线性作用的表现形式理解为循环，根据作用的复杂性分为循环、催化循环、超循环三个层次，不同的循环层次与相应的发展水平对应。循环即周而复始，系统间相互作用、因果转化构成循环，是超循环理论的基本出发点。这种循环可以理解为：A 作用于 B，B 反过来作用于 A，如此反复构成了一个简单的封闭循环（图 2-18）。催化循环在循环基础上增加了系统自复制功能，即把 A、B 分别当作自催化剂，在循环过程中 A、B 能不断产生出自己，具有自复制增殖的能力。超循环在催化循环的基础上扩展为：A、B 两个系统都能实现自催化增殖，同时 A、B 系统可以互为催化剂，帮助对方增殖[10]（图 2-19）。

目前，超循环理论在经济、农业、信息科技、城市研究等领域都有了不同的研究进展。城市研究领域中超循环理论主要被运用于对区域、城市经济的研究。如段汉明[24]从循环经济的视点，分析了城市系统中的超循环基础，认为城市超循环体系可分为企业、产业、城市、区域四个层面，每个层面循环的体系、模式、功能、效果均不相同；闫晓红[25]对银川平原城市超循环系统进行了分析评价，探讨了该区域城市超循环发展的基础和存在的问题；李慧明[26]建立了包括企业清洁生产的企业小循环、生态工业园区的园区中循环、与周边区域协调互动的城市区域大循环、发挥港口优势的国际超循环等多层次的循环经济体系。

（4）突变论——演化形式

20 世纪 70 年代，托姆在《形态发生动力学》中阐述了突变理论的基本思想。突变理论的核心思想强调系统变化过程中的间断或转换。突变论研究的是从一种稳定状态变化为新的稳定状态的现象及规律。该理论认为，若系统处于无变化状态时，它就

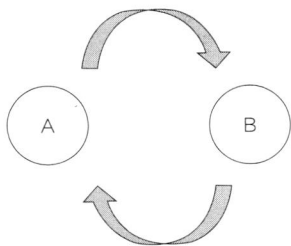

图 2-18　循环图示
来源：张勇强. 城市空间发展自组织与城市规划[M]. 南京：东南大学出版社，2006.

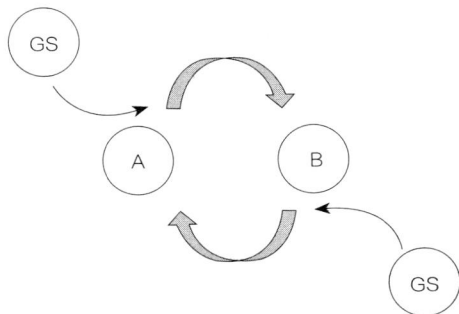

图 2-19　超循环图示
来源：张勇强. 城市空间发展自组织与城市规划[M]. 南京：东南大学出版社，2006.

会趋于一种理想的稳定状态，或者说至少处在某种稳定的状态范围内。系统受到外界的作用或影响时，它最开始会试图通过反作用来吸收外界压力，若作用力较小，系统便会恢复原先的理想状态。若作用力超过一定阈值，突变就会发生，系统则可能会演化为新的稳定状态，或另一种状态范围，在此过程中，系统不可能回到原来的稳定状态。

马克思主义哲学关于量变与质变的解释，证明了事物的发展是渐变与突变的结合，渐变是发展过程中在时间和空间上的连续性，发展速度缓慢，因而发展状态相对稳定。突变是一种间断的、跳跃式的发展，不具备渐变的连续性。自组织理论认为在系统演化中，原有连续的作用可能导致结果的突然变化，通过系统控制变量的连续渐变将导致系统状态的不连续突变，所以系统演变是渐变与突变的统一[10]。

目前，突变论被应用在物理学、生物学、经济学和社会学等诸多研究领域。在城市研究领域方面，申金山[27]基于突变理论，建立了城市空间拓展的多目标决策模型；张鲜化[28]采用多目标突变决策理论，结合赣州市的地理位置状况、气候特征等实际情况对其城市空间可能发展的4个方向进行了方案的排序选优，得出了最优方案，提出了当前赣州市合理的空间发展方向；侯敏[29]运用多目标突变决策论解决城市规划中主城区发展方向决策的问题；西山[30]将突变论应用在城市历史文化资源上，从生物学的角度，对城市历史文化资源的重新开发利用进行阐释。

（5）混沌学——演变的复杂性

1975年混沌理论在美国数学家约克与我国学者李天岩共同发表的论文中被提出，而后召开的第一次国际混沌大会标志着混沌科学的产生。

传统意义上的"混沌"即乱七八糟、混乱无序，自组织理论将"混沌"看作对事物一种发展状态的认识。混沌是由系统内部相互作用而导致的不规则、不可预测的行为，是确定性和随机性的统一。确定性指系统表面随机的行为，并不是简单的无序，而是隐藏着内在的秩序。

混沌现象揭示了系统演化的过程：混沌（平衡态）—有序—混沌（非平衡态）。表明系统的有序来自无序，有序有可能转化为更高级的混沌[31]，有序中包含混沌，混沌中包含有序。混沌理论拥有随机性、敏感性、分维性、普适性、标度律性等特征（表2-7）。

系统的混沌学特征　　　　　　　　　　　　　　表2-7

特征	具体表征说明
随机性	体系处于混沌状态是由体系内部动力学随机性产生的不规则行为，常称之为内随机性
敏感性	系统的混沌运动，无论是离散的或连续的，低维的或高维的，保守的或耗散的，时间演化的还是空间分布的，均具有一个基本特征，即系统的运动轨道对初值的极度敏感性

续表

特征	具体表征说明
分维性	混沌具有分维性质，是指系统运动轨道在相空间的几何形态可以用分维来描述
普适性	当系统趋于混沌时，所表现出来的特征具有普适意义。其特征不因具体系统的不同和系统运动方程的差异而变化
标度律性	混沌现象是一种无周期性的有序态，具有无穷层次的自相似结构，存在无标度区域。只要数值计算的精度或实验的分辨率足够高，则可以从中发现小尺寸混沌的有序运动花样，所以具有标度律性质

来源：MBA 智库百科. 混沌理论 [EB/OL]. https://wiki.mbalib.com/wiki/ 混沌理论.

（6）分形理论——演化结构

20 世纪 70 年代中期，美国哈佛大学数学系教授曼德尔布洛特（Mandelbrot）创立了分形理论。分形理论基于几何学诞生并迅速发展，与混沌理论和孤立子理论成为非线性科学的三大支柱。自组织理论认为，混沌的结构是一种分形结构。从几何角度看，分形就是那类具有不规则形状，内部具有层次结构与不均匀性以及各种层次的空洞和缝隙的几何形体[31]。

分形理论有两个重要概念，即自相似性（Self-similarity）和分维数（Fractal dimension）。自相似性又称无标度，即每一个局部放大后与整体一样，整体缩小又与各个局部相同。分维数是描述分形体特征最基本的量，是整数维的一种推广，介于拓扑维和空间维之间[32]。

分形理论在经过 40 年发展后，已被广泛应用在数学、物理学、地貌学、经济学、材料学、城乡规划学等诸多领域，成为当今众多研究领域的前沿热点。城乡规划领域的分形研究主要体现在区域城镇体系、城市空间形态、城市空间结构等方面。区域城镇体系方面，伍笛笛[33]采用分形理论对四川城镇体系以及城市群进行计算和分析，描绘了四川城镇体系及城市群规模结构、空间分布方面的特征，对以往的四川城镇体系及城市群普遍性的定性研究予以定量上的支撑和完善；卢明珠[34]基于统计学和分形理论，对武汉城市圈城镇体系的城镇规模级别分布维数、空间关联维数、空间集聚维数等分形维数进行了计算与分析。城市空间形态方面，詹庆明[35]以福州市为例，提出综合分形理论和空间句法，对不断演变的城市空间形态进行定量分析和对比研究；姜世国[36]根据分形理论，用半径法研究了北京城市形态，并根据集聚分形的标度区建立了一种新的城市范围定义。在城市空间结构方面，梁辰[37]结合分形几何、空间重心等理论，综合考虑临港产业集聚发展过程中城市社会人口、产业经济等多方面因素，探讨了港口城市空间结构演化现象，归纳总结了港口城市空间结构的演变规律；车前进[38]基于迭代原理的城市形态分形研究方法，运用分形维数（相关维数、半径维数、膨胀维数）和标度曲线，定量分析了徐州城市空间结构的演变规律。

　　3）对本书的借鉴意义

　　地铁站域商业空间的自组织演变是一个非常复杂的过程，自组织理论作为研究复杂现象（特别是微观层面复杂现象）的重要理论体系，对自组织现象产生的条件、内在动力机制、演变过程及途径都进行了很好地阐释。因此，也必然能为地铁站域商业空间的自组织演变研究指明方向。

2.2.2　自组织城市理论学说

　　自组织城市理论也称为自组织的城市发展观，是基于自组织理论来研究城市发展过程的自组织现象和规律的理论学说。目前国内外关于自组织城市理论学说的研究时间不长，处于探索的初级阶段，理论学说的内涵有待进一步补充。近三四十年来，很多学者围绕城市系统自组织开展了丰富的理论和实证研究，为自组织城市概念、理论及相关研究奠定了基础，主要研究成果如下[10]：

　　（1）任何城市都是一个复杂而巨大的自组织系统，其发展过程是自组织的过程；

　　（2）城市系统的自组织具有耗散、协同、突变、混沌、分形、细胞性等多种表征；

　　（3）现基本成形的自组织城市理论包括耗散城市理论、协同城市理论、混沌城市理论、分形城市理论、细胞城市理论、沙堆城市理论及 FACS 和 IRN 城市理论；

　　（4）城市、城市发展都是自组织的，我们应该以自组织理论来研究城市并指导城市规划、城市建设和城市管理；

　　（5）自组织理论本身是一个不断发展和完善的理论体系。

　　未来随着政府职能的简政放权、市场力量的发展及公众参与意识的提升，城市规划与城市建设等公共事务多元治理的时代即将到来，自下而上的自组织城市理论及城市规划将迎来发展的春天。

2.2.3　其他相关理论

　　1）商圈理论

　　商圈是以提供商品或服务企业的所在地为中心，沿着一定方向和距离能够辐射顾客的地理范围[39]。商圈理论是企业商家在经营管理中的常用理论，主要包括：引力模型、中心地带模型和饱和理论[40]。

　　（1）引力模型

　　美国学者莱利（Relly）于 1929 年提出了零售引力法则，其中心思想指两个城市从中心地带吸引顾客的数量与两个城市的人口数量成正比，与两个城市距中心地带的距离成反比，莱利引力模型首次为商圈的量化和衡量提供了方法[41]；1948 年保罗·康弗斯（Paul Converse）对莱利模型进行了修正，以确定两城市之间的顾客到任意一个城市购物的分界点；1964 年美国学者以大型零售店（购物中心）为研究对象，测算特定地点的某个消费者到某个零售店（购物中心）购物的可能性，研究表明：零售店的规模越大、竞争力越强，顾客到店购物的可能性越大；顾客购物时间越长或距离越大，来店购物的可能性越小；1987 年美国学者布莱克（Black）引入多因素作用模型对顾客到店的影响因素进行分析，表明除商店规模外，商店形象、气氛、服务及顾客来店的交通时间、交通成本、机会成本等都会对零售商店的吸引力造成影响[42]。

（2）中心地带理论

德国地理学家沃尔特·克里斯塔勒（Walter Christaller）于 1933 年发表了中心地带理论，该理论提出了限程和限需两个概念[43]。限程指消费者为了购买商品而愿出行到距离较远的商圈，表明了店铺所能达到的最大市场区域范围；限需指店铺为保证收支平衡所需的最少顾客数量，即店铺的最小市场需求范围，店铺要盈利其限程必须大于限需[44]。根据限程和限需的相互关系，可以很好地解释为什么经营必需品和服务的商铺应在距离上靠近消费者，而经营专门产品和非必需品的商铺可以适当远离消费者。

中心地带理论揭示了客观存在的地域经济规律，并在理论的建立过程中做出了一系列假设。克里斯塔勒提出了包括市场原则、行政原则和交通原则在内的支配中心地体系形成的三个条件或原则（图 2-20～图 2-22）。在不同原则的支配下，中心地网络呈现不同的结构，而且中心地和市场区大小的等级顺序有着严格的规定，即按照所谓 K 值排列成有规则的、严密的系列[45]。

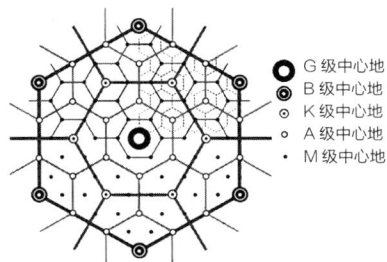

图 2-20　市场原则基础上的中心地系统
来源：马水静. 基于中心地理论的北京城市街道活力研究 [D]. 北京：北京工业大学，2009.

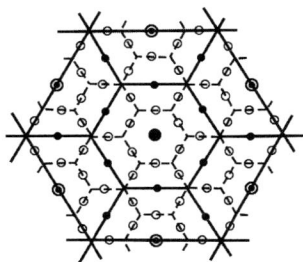

图 2-21　行政原则基础上的中心地系统
来源：马水静. 基于中心地理论的北京城市街道活力研究 [D]. 北京：北京工业大学，2009.

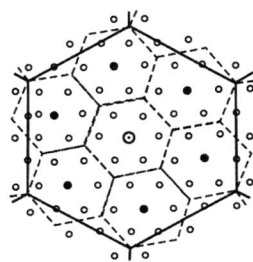

图 2-22　交通原则基础上的中心地系统
来源：马水静. 基于中心地理论的北京城市街道活力研究 [D]. 北京：北京工业大学，2009.

（3）零售饱和指数理论

零售饱和指数理论是通过计算零售市场饱和指数，来测定特定商圈内某一零售商店类型每平方米的潜在需求。饱和指数是需求和供给的比值，用以测量商圈内零售商店的饱和程度、需求和供给的相互关系及市场潜力。一般来说，饱和指数越大表明该商品零售潜力越大，饱和指数越小意味着零售潜力越小[46]。

这些商圈理论对企业策略的制定、商铺的选址和日常经营有很好的指导意义，是研究宏观及中观层面商业空间演变的重要理论基础。

2）商业微区位关联理论

微区位是城市生活空间与人文地理学各分支学科交叉研究所涉及的研究对象，是微观层次的区位。商业微区位指具体某一商业空间在城市（镇）街道空间范围内的位置，一般以认知区位因素（道路、人、商圈）为主，从消费者行为视角对商业空间进行分析[47]。

（1）商业微区位关联的概念及解析

商业微区位关联指商业个体在城市街道（区）范围内进行区位选址时，所呈现的相互关系，是由商业空间的经济外部性决定，主要指零售商业在长期经营中通过区位间相互吸引或相互排斥的趋势[48]（短期的零售商业空间竞争一般是通过价格调整的方式，不能很好体现出相互间关联性）。商业微区位关联是商业地理学中微观商业区位、商业空间结构及商业空间演变的内在作用机理[49]。

商业关联不同于产业关联，商业空间之间不存在明显的投入与产出关系。以消费者为中介，不同商家共同面对同一消费者，任何商家的存在都会对其他商家产生"需求外部性"，表现为减少或增加消费者需求[48]。

商业空间关联不同于商业空间集聚。商业空间集聚指某一商业主体在一定区域范围内的分布状态高于平均分布密度，由此形成一定的规模，体现了个体与群体的关系；商业空间关联指商业主体个体在空间上的相互联系，反映了各商业主体对外部效益的利用和影响。同时空间集聚表示了主体在空间上的分布状态，反映了主体间的相互联系，是空间关联的空间表征（空间关联的空间表征包括集聚和分散）[49]。

（2）商业空间关联的类型及内在因素

商业空间关联可以分为消费者主导型、商品主导型及结构主导型三类[49]：①消费者主导型：商业设施围绕消费者主体形成的关联，不同消费群体周边会形成与之关联的商业空间，如火车站周边围绕大量旅客关联形成的餐饮、旅馆、网吧、特产店等商业空间。②商品主导型：经营同类商品或多种互补商品形成的专业性或综合性关联，如各种专业化的小吃街、古玩街、建材街等，以及集购物、娱乐、餐饮为一体的大型百货商场。③结构主导型：商店之间由于庇护、互补或互斥等结构关系形成关联，如靠近大商场、名店的中小商店，依托前者影响力吸引客流。同时，商店选址中应避免商品与消费者心理等方面的互斥关联，如殡仪馆周边应避免娱乐性商业空间。

从上述关联类型可以看出，消费者和商品是形成商业空间关联的内在因素，一方面商品依据等级和类型，不同等级商业中心进行不同等级的商业配置，同类或互补型商品依据发展需要实现空间上的集聚或分散；另一方面不同消费群体的消费行为不同，根据消费者的不同消费需求关联形成商业集群。

（3）商业空间关联分析的意义

商业空间关联分析能揭示商业街、购物中心的内部结构，对优化整体商业空间、提高空间经营效益、促进商业规划和决策的科学性等具有重要的作用，同时对商业设施的选址有重要实际指导意义。

3）TOD 理论

20 世纪 50 年代以来，美国规划界为应对"汽车城市"（以小汽车为主要出行交通方式的城市）无序蔓延状况进行了大量探索，彼得·卡尔索普（Peter Calthorpe）在新城市主义"步行口袋"（Pedestrian Pocket）[①] 概念的基础上，引入大运量公交系统，逐步生成以公共交通整合城市混合用地的 TOD 土地开发模式。该模式很好地契合了"新城市主义"者对传统街区的渴望以及塑造紧凑和具有活力的社区的呼吁。

1993 年卡尔索普在其著作《未来美国大都市——生态·社区·美国梦》中提出了 TOD 规划设计的纲要：TOD 是指一种混合型的社区发展模式，在以公交站点和核心商业区为圆心，半径 2000 英尺（约 600m）的范围内，将住宅、零售、办公、开放空间和公共设施等有机地布置在一个适宜步行的环境内，方便居民和工作者的各种出行方式（公交、自行车、步行或小汽车）。概括起来，一个典型的 TOD 社区包括公交站点、核心商业区、公共开放空间、居住区等用地[50]（图 2-23）。

随着 TOD 理论的逐步发展，其内涵不断扩展。广义的 TOD 指以任何交通设施为主导的城市开发活动，包括铁路、公交线路、公路等。狭义的 TOD 主要指以公共交通设施为主导的开发。随着 TOD 理论的普及，公交村落、公交支持开发、公交友好型设计等与之相似的概念[51]也相继诞生。

社区微观层面上，联合开发（Transit Joint Development，TJD）是 TOD 在社区层面的延伸，路易斯·基弗（Louis E. Keefer）将 TJD 的发展理念理解为：紧邻公交服务设施和站点设施并利用其市场和区位优势的房地产开发[52]。总结起来，目前对 TOD 的理解主要涉及社区发展模式和城市结构布局两个层面[51]，即对城市空间结构发展的引导及社区层面的土地利用研究。

① 1987 年卡尔索普与马克·麦克（Mark Mack）提出了步行口袋的概念。步行口袋是在公交站周围半径 400m 区域内集中居住、零售和办公功能，通过自身内部的功能安排与建筑设计来减少对汽车的依赖。

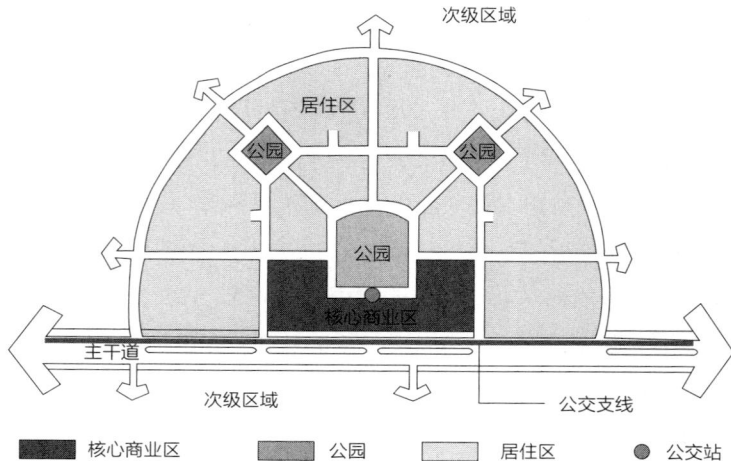

图 2-23 典型"TOD"社区用地功能图
来源：庄宇，张灵珠. 站城协同：轨道车站地区的交通可达与空间使用 [M].
上海：同济大学出版社，2016.

4）商业地理学

商业地理学是研究商业活动地理现象和规律的学科，它主要研究：①商业活动的地理现象；②商业活动与自然、经济、社会文化环境的关系；③商业活动的空间组织或地域结构规律等商业活动的地域特点。从学科从属关系看，它属于地理学中经济地理下的一个分支学科。但从它的发展历程看，它的产生又远早于经济地理学，是古代地理学中最早分化出来的分支学科之一。

商业地理学产生于 15 世纪左右，随着地理大发现和欧洲资本主义经济的出现，商业地理学用来描述在当时的历史背景与环境因素下与商品生产有关的地理因素，如各国、各地区的物产及资源分布、集散中心、贸易关系等。第一次世界大战后，对商业地理的研究逐步扩展到对世界各地的商业、贸易、消费、运输等一系列经济现象的综合研究，商业地理学逐渐成为部门经济地理学的分支学科。20 世纪初，商业地理学开始把数学计量方法带入到具体的实证研究当中，产生了以模型分析为基础的空间行为理论模式。至 20 世纪 30 年代，中心地理论的提出强化了商业企业空间分析方法，商业地理学形成自身独特的地理体系开始转变为现代商业地理学。20 世纪 60 年代开始，消费者行为对商业空间组织的重要性逐渐被国外学者所认可，学者们开始研究消费者行为差异对商业空间组织的影响。20 世纪 80 年代后，消费者行为学和心理学开始在商业地理学研究中得到运用，学者们分析了城市消费特点与零售商业发展模式的相关性，得出不同时期城市居民消费特点对商业布局的影响[53]。

我国对于商业地理研究的理论探讨兴起于 20 世纪 80 年代，这一时期主要偏重于对商业职能、商业中心类型、级别和区位选择的研究，并多以中心地理论为基础，对我国的一些大城市进行实证和演绎，验证商业设施的供给状况。现今，我国对商业地理的研究主要有五大趋势：一是对 CBD 及主要商业中心的规划研究，主要是对商业区的历史演变、定位、建筑风格、布局和功能搭配如何应用于振兴商业街的研究；二是对商业地理学的人本化研究，主要以消费者为中心，特别是对大都市商业的时空研究；三是商业的变化对商业地理发展的影响研究，主要研究新技术的革新、商业产业的投资结构发生变化如何使得商业的就业构成和流通形态发生变化；四是对虚拟空间和虚拟商业的探索，研究虚拟商业如何与实体商业进行更好的衔接与互动等；五是对商业地理信息系统的应用研究。随着地理商业技术的广泛应用和地理数据的长期积累，其在区域性经济和商业活动中的研究地位越来越重要[54]。

　　本书涉及的理论较多，研究主体包含自组织、商业、地铁站点三个方面。首先自组织理论是整本书的理论基础，没有自组织理论，自组织城市理论学说便无从成立。自组织城市理论学说是书中很多重要观点的来源，商圈理论、商业微区位理论、TOD 理论、商业地理学等也指导作者对地铁站域商业空间演变进行深入具体的研究（图 2-24）。

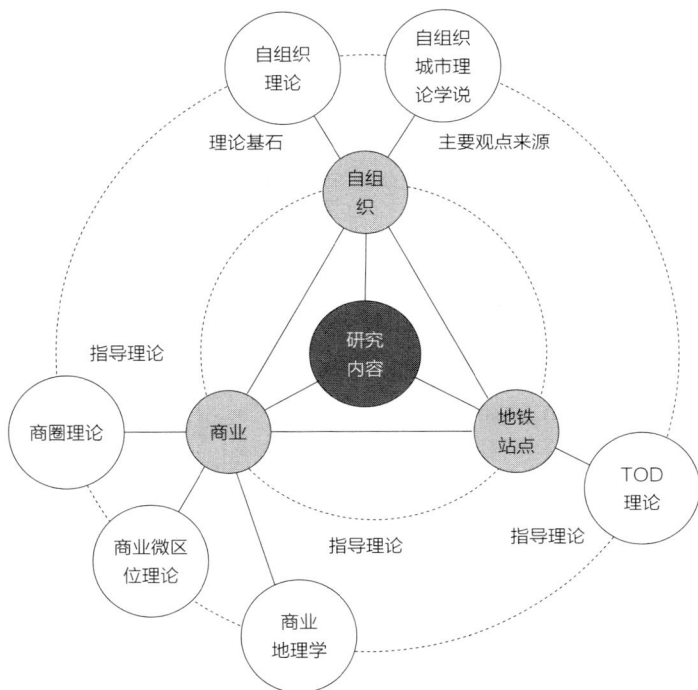

图 2-24　本书相关理论关系

参考文献

［1］ BERTOLINI L.Spatial development patterns and public transport:the application of analytical model in the Netherlands［J］. Planning practice and research, 1999, 14 (2)：199–210.

［2］ ALLEN P M, MICHÈLE S. Urban evolution:self-organisation and decision making［J］. Environment & planning A, 1981 (13)：167–183.

［3］ 孙滢. 基于城市触媒理论下的远郊地铁站及周边区域规划研究［D］. 北京：北方工业大学，2015.

［4］ 陈雅凤. 浅析地铁商业的定位和商业模式［J］. 商情，2016 (19)：140.

［5］ 方向阳，陈忠暖，蔡国田. 广州地铁站口零售商业集聚类型分析［J］. 热带地理，2005 (1)：49–53.

［6］ 庄焰，郑贤. 轨道交通对站点周边商业地价的影响［J］. 中国土地科学，2007 (4)：38–43.

［7］ 袁晓勐. 城市系统的自组织理论研究［D］. 长春：东北师范大学，2006.

［8］ 何跃. 自组织城市新论［D］. 太原：山西大学，2012.

［9］ 王颖. 城市自组织商业街空间形式探索研究［D］. 合肥：合肥工业大学，2013.

［10］ 张勇强. 城市空间发展自组织与城市规划［M］. 南京：东南大学出版社，2006.

［11］ BATTY M. New ways of looking at cities［J］. Nature, 1995, 377 (6550)：574–574.

［12］ 邹佳旻. 基于自组织理论的乡村社区营造策略研究［D］. 厦门：厦门大学，2014.

［13］ 王光辉，刘怡君，王红兵. 基于耗散结构理论的城市风险形成及演化机理研究［J］. 城市发展研究，2014, 21 (11)：81–86.

［14］ 黄溶冰，胡运权，吴冲. 耗散结构视角下的矿业城市产业转型路径［J］. 西安交通大学学报（社会科学版），2005 (4)：34–38.

［15］ 徐君. 基于熵理论的资源型城市转型与产业演替机理研究［D］. 成都：西南交通大学，2007.

［16］ 杨山，潘婧，季增民. 耗散结构视角下连云港港城系统演进机理及规律研究［J］. 地理科学，2011, 31 (7)：781–787.

［17］ 李国敏，匡耀求，黄宁生，等. 基于耦合协调度的城镇化质量评价：以珠三角城市群为例［J］. 现代城市研究，2015 (6)：93–100.

［18］ 李松，崔大树. 关于城市空间耗散结构研究的文献综述［J］. 经济论坛，2011 (6)：180–182.

［19］ 付燕荣，邓念，彭其渊，等. 协同学理论与应用研究综述［J］. 天津职业技术师范大学学报，2015, 25 (1)：44–47.

［20］ 王雪莲，汪波. 基于协同学理论的城市土地利用协调发展研究［J］. 中国地质大学学报（社会科学版），2007 (1)：63–67.

［21］ 杨健，戴志中. 城市色彩规划中的协同学问题解决模式：以重庆市为例［J］. 新建筑，2010 (2)：131–134.

［22］ 李静，李雪铭. 大连市城市化与城市生态环境发展协调性评价与分析［J］. 现代城市研究，2008 (2)：29–35.

［23］ 孙宇. 城市综合交通枢纽与邻接区协同规划模式研究［D］. 成都：西南交通大学，2017.

［24］ 段汉明，苏敏. 循环经济视点下的城市超循环体系［J］. 现代城市研究，2006 (2)：5–10.

［25］ 闫晓红. 银川平原城市超循环系统的构建［D］. 西安：西北大学，2011.

［26］ 李慧明，吴莉莉，王磊. 特大型老工业城市的循环经济路［J］. 环境经济，2009 (4)：29–33.

［27］ 申金山，吕康娟，张晓阳. 基于突变理论

的城市空间拓展决策方法与应用［J］. 河南科学, 2005（6）: 61-64.

［28］张鲜化, 陈金泉. 多目标突变论在城市空间发展方向决策中的应用［J］. 南方冶金学院学报, 2005（3）: 51-55.

［29］侯敏, 张有坤. 多目标突变论在城市用地发展方向决策中的应用: 以抚顺市为例［J］. 特区经济, 2008（1）: 54-56.

［30］西山. 文明极化: 城市基因突变论［J］. 建筑与文化, 2012（9）: 105-107.

［31］沈晓峰. 混沌初开: 自组织理论的哲学探索［M］. 北京: 北京师范大学出版社, 1993.

［32］焦世泰, 王世金. 基于分形理论的城市区域空间结构优化研究: 以兰州—白银城市区域为例［J］. 西北师范大学学报（自然科学版）, 2011, 47（3）: 103-109.

［33］伍笛笛. 基于分形理论的四川城镇体系及城市群研究［D］. 成都: 西南交通大学, 2008.

［34］卢明珠, 尹发能. 武汉城市圈城镇体系空间分形研究［J］. 地域研究与开发, 2013, 32（4）: 64-68.

［35］詹庆明, 徐涛, 周俊. 基于分形理论和空间句法的城市形态演变研究: 以福州市为例［J］. 华中建筑, 2010, 28（4）: 7-10.

［36］姜世国, 周一星. 北京城市形态的分形集聚特征及其实践意义［J］. 地理研究, 2006（2）: 204-212, 369.

［37］梁辰, 王诺, 佟士祺, 等. 大连临港产业集聚与城市空间结构演变研究［J］. 经济地理, 2012, 32（8）: 84-90.

［38］车前进, 曹有挥, 马晓冬, 等. 基于分形理论的徐州城市空间结构演变研究［J］. 长江流域资源与环境, 2010, 19（8）: 859-866.

［39］邓浩菁. 商圈理论在快餐连锁店选址的应用［D］. 昆明: 云南大学, 2012.

［40］侯丽敏, 郭毅. 商圈理论与零售经营管理［J］. 中国流通经济, 2000（3）: 25-28.

［41］LEVY M, WELTZ B A. Retailing management［M］. Richard D. Irwin, Inc., 1992.

［42］GOLDEN L L, GHOSH A, MCLAFFERTY S Location strategies for retail and service firms［J］. Journal of the Chemical Society Chemical Communications, 1979, 3: 128-129.

［43］奥沙利文. 城市经济学［M］. 苏晓燕, 等, 译. 北京: 中信出版社, 2003.

［44］王瑛. 从典型商圈理论分析影响商圈发展的因素［J］. 中小企业管理与科技, 2014（30）: 162-163.

［45］马水静. 基于中心地理论的北京城市街道活力研究［D］. 北京: 北京工业大学, 2009.

［46］梁巧桥. 商圈测定理论优劣分析［J］. 劳动保障世界, 2015（17）: 62-63.

［47］闫海宏. 商业微区位空间竞争模式研究［D］. 上海: 上海师范大学, 2005.

［48］徐琼. 城市商业微区位关联效应研究［D］. 上海: 上海师范大学, 2005.

［49］白光润, 李仙德. 商业微区位空间关联类型与测度［J］. 人文地理, 2008（4）: 1-5, 11.

［50］CALTHORPE P.The next American metropolis: ecology, community, and the American dream［M］. Princeton Architectural Press, 1993.

［51］李斑, 史懿亭, 符文颖. TOD 概念的发展及其中国化［J］. 国际城市规划, 2015, 30（3）: 72-77.

［52］KEEFER L E.Profit implications of joint development: three institutional approaches［R］. Office of Planning Assistance, Urban Mass Transportation Administration, USA, 1984.

［53］张萍. 历史商业地理学的理论与方法及其研究意义［J］. 陕西师范大学学报（哲学社会科学版）, 2012, 41（4）: 28-34.

［54］桑义明, 肖玲. 商业地理研究的理论与方法回顾［J］. 人文地理, 2003（6）: 67-71, 76.

　　自组织是系统学的重要概念，是一个复杂系统在内在机制作用下自行变化的现象。自组织性是一个系统所具备的特性，因此在研究地铁站域商业空间的自组织性之前需确定该研究对象是否能视为一个系统。

　　根据钱学森先生对系统的定义：系统是由相互作用、相互依赖的若干组成部分结合而成的，具有特定功能的有机整体，同时从属于更大系统的组成部分[1]。空间系统可以理解为具有一定功能和结构的、由若干特定对象组成的物质环境载体。空间系统一般没有明确的空间界线，不以地域对其进行划定，而是以相同的空间功能和特征作为同一空间系统的标志，如开放空间系统、地价空间系统等。

　　基于上述对系统的定义，地铁站域商业空间可以视为一个系统，其一方面是城市空间系统的组成部分，是实现各类社会经济活动的空间载体；另一方面，地铁站域商业空间的消费者群体中包含相当比例的地铁客流，商业空间具有明显的地铁客流相关性。

3.1　地铁站域商业空间的自组织性

　　在运用自组织理论分析地铁站域商业空间演变之前，应首先验证自组织运用于该研究对象的可行性[2]，即分析系统的自组织性。通常从系统的耗散结构特征及演变过程中的非"特定"干预两个方面对系统自组织性进行验证[3]（图3-1）。

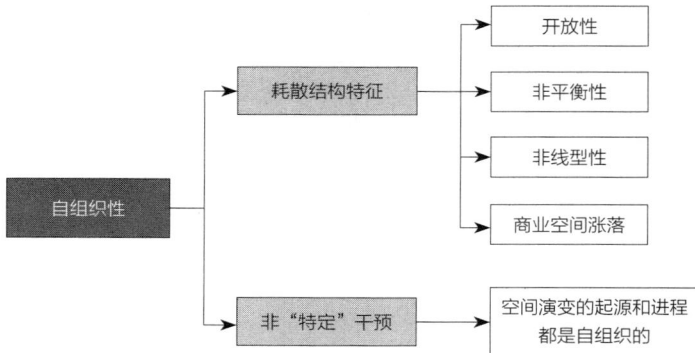

图3-1　地铁站域商业空间系统自组织性验证

3.1.1　地铁站域商业空间的耗散结构特征

　　耗散结构理论揭示了自组织现象形成的环境与产生条件，成为系统自组织的关键判据之一[3]，因此站域商业空间的耗散结构特征能为其自组织性提供有力证据。

　　首先，从地铁站域商业空间系统耗散结构的熵值进行阐述。地铁站域商业空间耗散结构演化的实质是形成稳定的商业空间，即在时间和空间上有序的低熵结构，也即地铁站域商业空间从无序到有序、从低级到高级有序演变的过程，实质遵循熵理论，最终形成的是一个低熵结构。

　　地铁站域商业空间的熵变分为两个部分：第一，城市空间功能组织的物质、能量、要素需从外部输入，是一个正熵流入的过程；同时功能向外部提供商品和服务，是一个正熵流出的过程，这部分净熵变可正可负。第二，城市空间内部的熵变只增不减。例如城市功能活动产生的污染、城市道路堵塞、城市基础设施和管理制度供给所引起的交易成本等，均是城市空间内部的熵增表现。

　　基于对熵的认识，下文将对地铁站域商业空间的开放性、非平衡性、非线型性及涨落等耗散结构特性进行详细分析。

　　1）地铁站域商业空间的开放性

　　开放性是自组织的必要条件。对于一个孤立的系统内部熵值[①]（d_iS）会自发地趋于极大，使系统自发地走向无序，而开放的系统能从外界引入负熵流（d_eS）来抵消自身熵（d_iS）的增加，使总熵减小（$dS=d_iS+d_eS$），促使系统由无序向有序迈进[4]。

　　地铁站域商业空间属于城市内的特定区域，在空间上是开放的，没有明显的边界和实体设施包围或限定，也没有空间排他性。同时，站域商业空间是片区社会、经济、文化等活动的重要节点和场所，大量人流、信息流、物质流在此自由出入、相互联系和交换。站域商业空间的这种开放性，使其能持续地从外界引入"负熵流"（d_eS）（人流、信息流、商流及资金等），促使商业空间内部自适应性调整和结构有序发展（$dS<0$）[5]。例如，春熙路站域商业空间是成都市中心商务区的核心空间，在空间上具有开放性，站域商业空间内部之间、站域商业空间与整个城市空间之间形成各类"流"的良好交互联系，商品、资金、技术等在此不断流转，经济、社会与文化活动频繁、商业金融繁华、人群熙来攘往。

　　但地铁站域商业空间的开放是相对的开放，该范围内的城市空间必须具备特定的场所特征，使其不至于成为环境或其他系统的附庸，因而存在一个隐形边界用来界定范围和过滤外来的熵流，使进入系统内的负熵流更易加工处理[1]。

　　2）地铁站域商业空间的非平衡性

　　系统的状态分平衡态与非平衡态。平衡态的系统不与外界进行物质、能量、信息等的交换，是一种相对静止与封闭的状态。当系统处于平衡态时，其发展是趋于无序

---

① 熵值：代表系统无序程度的物理量。熵值越大，系统越无序；熵值越小，系统越偏向有序。

或稳定的，不会出现新的有序结构。它最好不与外界发生任何联系和作用，这样才能长久保持下去[6]。而系统处于非平衡态时，将产生物质、能量、信息等的流动，也正是这种非平衡性使得系统具备与外界交换的势能和需求。如果说开放性使系统与外界各类"流"的交换有了可能性，那么非平衡性则是促使系统有序演进的必要条件。

地铁站域商业空间的"非平衡性"表现在：①将整个城市的商业空间视为一个系统时，地铁站域商业空间作为其中的子系统，与其他城市空间子系统在构成要素、功能结构等方面不同。此时，整个城市商业空间系统内部是一个存在差异的、非均匀的动态系统，地铁站域商业空间作为其中的子系统，将与其他子系统产生"流"的交换，以促进系统有序演化（图3-2）；②当整个城市的地铁站域商业空间被视为一个系统时，各个站域商业空间将成为其中的子系统，其在外部条件、商业区位及发展需求上存在差异，而这种差异化形成了"非平衡性"，导致了"势差流"的产生，从而保证各个子系统获得演化、发展的动力（图3-3）；③当将某个特定地铁站域商业空间视为一个系统时，系统内部的各个商店因为产品类型、经营模式、店铺规模等的不同形成不平衡性，这种"势差流"使得商店之间由于竞争、协同等作用形成"流"的交换（图3-4）。

在城市范围内，由于区位条件和发展水平的不平衡，片区间存在优势互补，导致社会资本的定向流动；地铁站域商业空间与其他地区的商业空间在区位、经营特色上的差异导致了相互间的人口流动；站域商业空间内部在微区位上的差异，也会形成内部的势差流。由这些差异和不平衡形成的各种"流"推动着商业空间的演变，任何平衡的系统都只是一个静止的"死"系统[3]（图3-5）。

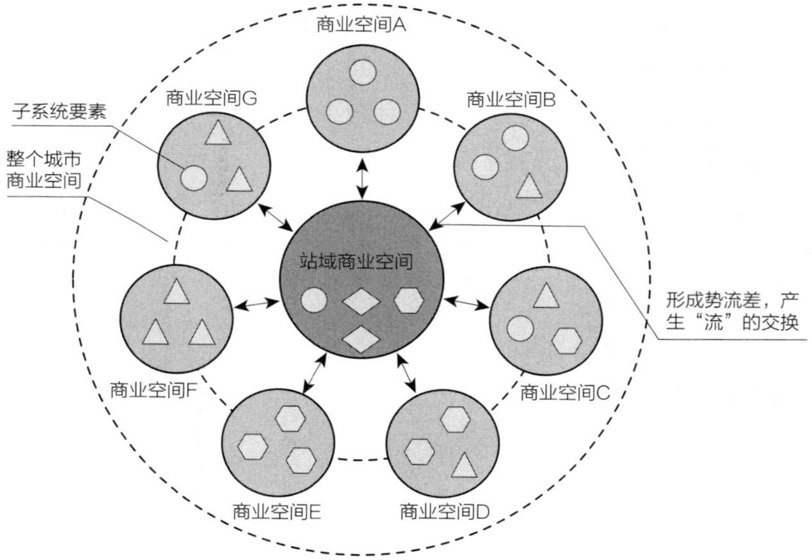

图3-2　整个城市商业空间作为一个系统时的非平衡性

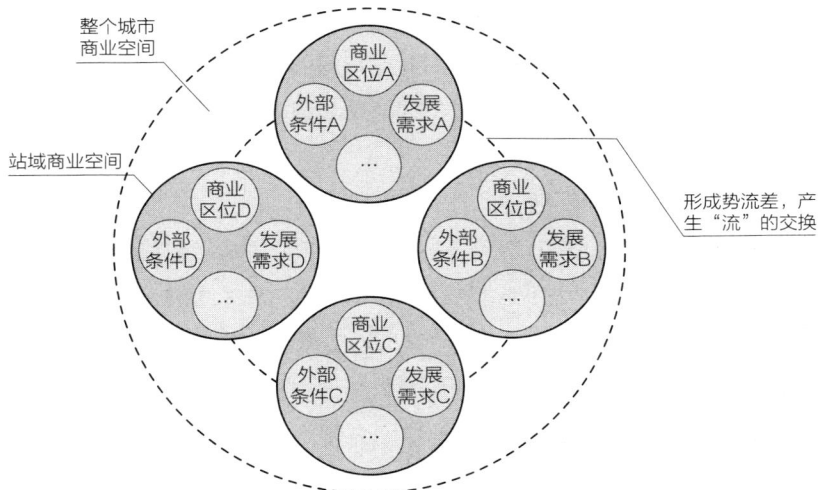

图 3-3 整个城市的站域商业空间作为一个系统时的非平衡性

图 3-4 某个站域商业空间作为一个系统时的非平衡性

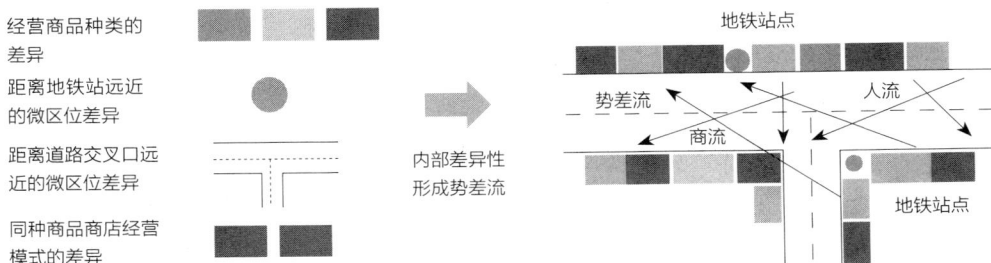

图 3-5 地铁站域商业空间内部由于差异性（非平衡性）形成的势差流

需注意的是，地铁站域商业空间会因类型、空间发展阶段等不同表现出不同的非平衡性。例如，地铁开发建设初期，站域商业空间的非平衡性主要体现于系统内部与外部环境的非平衡状态。而地铁运营成熟期，站域商业空间的非平衡性主要表现在系统内部子系统之间。

3）地铁站域商业空间的非线性

线性指量与量之间按比例成直线的关系，在空间和时间上代表规则和光滑的运动。而非线性则指不按比例、不成直线的关系，代表不规则的运动和突变。通俗地说，线性指的是一个系统的整体功能等于各部分功能之和，即 $1+1=2$。而非线性指的是一个系统的整体功能不等于各部分功能之和，一般情况下整体的功能大于各部分功能之和，即 $1+1>2$[7]。地铁站域商业空间包含了空间、经济、社会、自然等子系统，系统整体功能并非各子系统的简单功能叠加，相互间普遍存在着复杂的非线性相互作用，非线性可以说是城市空间的基本属性。

地铁站域商业系统中，任何一个要素的变化绝不可能是单一因素引起的，而是多个因素共同作用的结果，同一因素的变化也可能引发不同的结果。例如，站域商业空间的经济效益降低了，这一变化并非是因为单一因素引起的，而是由交通可达性、季节、市场饱和度、商业空间结构等诸多因素引起的。站域商业空间经济效益的降低也可能导致店铺倒闭、商业更新升级、商业结构转换等不同结果。另外，地铁站域商业系统中某些要素在关键时刻的变化，可能会引发一系列的连锁反应，甚至会对站域商业空间整个系统造成巨大的冲击。例如，站域商业空间新入驻了一座城市综合体，改变了整个站域商业空间结构与商业模式，消费人群增多，经济效益增高，进而使土地价值随之上涨。

综上所述，正是因为地铁站域商业系统内部充斥着各式各样的不确定性、随机性及复杂性要素，它们彼此之间形成复杂的相互作用，整个系统才表现出明显的非线性特征。

4）地铁站域商业空间的涨落

从一定意义上来讲，差异就是涨落。任何差异变化过程，都是一定的涨落过程，因此，在物质世界不同层次各类系统的自组织演化过程中，涨落作用是普遍存在的[8]。这种涨落作用表现在系统同一时刻的涨落与不同时刻的涨落两个层面。同一时刻的涨落作用如文具店、餐饮店、杂货店、酒店、会所等都具有不同的营销方式、方向与店铺装修风格；不同时刻的涨落作用如产业在演化过程中，可能处于幼稚期、成长期、成熟期、衰退期等不同阶段，各个阶段也具有不同的演化方式、方向与速度。

地铁站域商业空间的涨落是指站域商业空间在演变过程中受到随机性非平衡因素的影响，对平衡状态稳定性的偏差是系统自组织的原始诱因[4]，一方面使系统远离平衡状态，另一方面促使系统向更有序的方向演进。例如，站域商业空间发展初期，由于周边空置用地较多，整体商业氛围较弱，商业空间发展缓慢，活力不足，且以小型商业为主；商业空间发展中后期，周边土地得到大量开发，购物中心、高端商务酒店、国际金融中心等大型商业商务楼盘入驻，商业氛围更趋浓厚，客流量渐增，空间活力得到显著提升。

从形成涨落作用的主要因素来考察，地铁站域商业空间的涨落作用可以区分为内涨落与外涨落。

内涨落是演变过程中由商业空间系统内部的非线性作用引起的，由于内部各元素之间的相互复杂作用对商业空间系统的能动作用不尽相同，不同的元素在演化的同一瞬间，会具有不同的演化方式、演化方向与演化速度。如地铁站域空间内的店铺由于功能性质、经营模式、规模大小等的差异而具有不同的演变进程，可能会倒闭、转移、扩大规模等。此外，同一元素在其演化的不同瞬间，由于其内、外部条件以及能动作用、相关作用的不断变化而产生的影响，其演化过程在非平衡态下也会构成同一元素的涨落作用[8]。例如，地铁站域商业空间作为一个自组织系统，在演化的瞬间，其内部有些商铺正处于建设过程中，有些商铺正处于经营过程中，有些商铺正处于规模缩小或倒闭过程中。而在同一商铺自组织演化的不同瞬间，该商铺同样可能处于建设、经营、倒闭的不同演化过程中，即处于不同的演化阶段。这些商铺自组织演化的非平衡态构成了它们自身及其相互之间的涨落作用。由于此类涨落作用主要是由商业空间内部因素所造成的，因而是地铁站域商业空间自组织演化过程中的内涨落。

外涨落是由外部环境的干预引起的。由于诸种系统各自内部与外部环境间存在着不同的能动作用与相关作用，外部环境作为一定的整体背景条件同样存在着涨落作用。例如，社会文化、历史、区位条件等作为地铁站域商业空间的外部环境，它们在同一瞬间会具有不同的演化方式、方向与速度，在不同瞬间会处于自组织演化的不同阶段或不同过程，外部环境自组织演化的非平衡态会直接或间接地影响站域商业空间内部的自组织演化过程，构成站域商业空间的外涨落[3]。内外涨落共同左右着演变方向和进程，一定条件下微小的涨落将逐渐显性化，从而引起整个系统发生质的显著性涨落。图 3-6 是对地铁站域商业空间耗散结构特征的总结。

从涨落的影响角度来看，地铁站域商业空间系统的涨落也可分为巨涨落和微涨落。地铁站域商业空间系统时刻伴随着涨落，微涨落由于作用影响较小，并不能改变原有的空间状态。如站域空间某商铺新雇用了一位技术人员，而单个技术人员的加入并不足以改变整个商业空间的演变进程。相对而言，巨涨落则可能打破原有站域商业空间的秩序，比如站点周边未来将新建高架道路，而高架道路的建设势必会造成城市空间的割裂，会影响整个站域商业空间的交通可达性、城市用地性质、空间功能等。

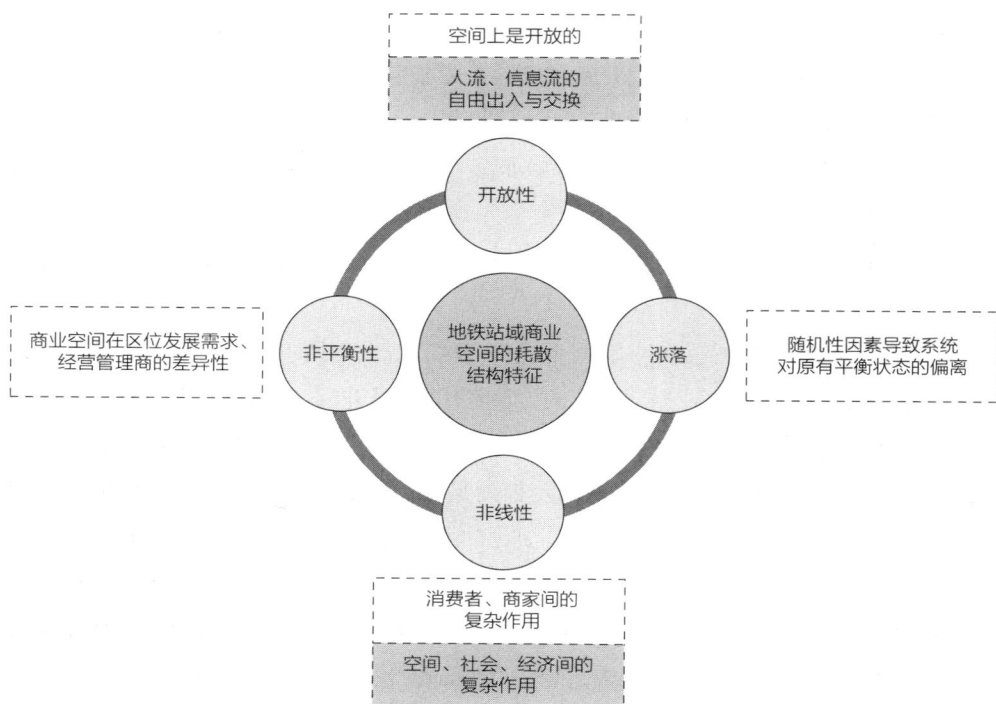

图 3-6　地铁站域商业空间的耗散结构特征

此外，虽然微涨落并不能破坏原站域商业空间系统的秩序，但系统内部的多种微涨落由于彼此之间可能存在的非线性作用，这种作用机制可能会将微涨落放大成为巨涨落。例如，单个商家的流入并不能引起整个站域商业空间系统的商业结构变化；而多个同类型商家在流入过程中，就可能会在信息、技术、生产资料等的相互交换中衍生出网状社会关系网（人群之间通过非线性作用衍生出的新特质），形成规模效应，进而吸引大量消费客群流入。

就涨落影响的正负效应而言，还可分为正向涨落和负向涨落。正向涨落是指对系统产生积极影响的变化或差异。例如，多元化的商业持续入驻改变了原有商业空间系统的结构，将原有空间激活，商业氛围更为凸显。负向涨落是指对系统产生消极影响的变化或差异。例如，虚拟经济对站域商业空间造成较大冲击，系统内部的诸多商家无法正常经营，逐渐倒闭，片区商业氛围日渐惨淡。

此外，站域商业空间系统的涨落具有客观性、相关性、双重性和随机性等多种特性。客观性指的是无论是外部环境还是系统内部，时刻都处于变化中，并不会因人的意志而转移，因此站域商业空间系统的涨落具有客观性。相关性是指站域商业空间系统内部存在各类子系统、元素，这些子系统、元素并非独立存在，而是彼此之间相互作用、反馈，存在相关性。双重性是指站域商业空间系统的涨落引发的演变既可能为正向，也可能是负向。随机性是指由于外部环境及系统内部的复杂性，站域商业空间系统的涨落会具有多种可能性，无法精确预知。

3.1.2 地铁站域商业空间演变的非"特定"干预

自组织理论认为：如果系统在获得空间的、时间的或功能的有序结构过程中没有受到外界的特定干扰，则系统是自组织的。这里"特定"一词是指那种结构和功能并非外界强加给系统的，而是外界以非特定的方式作用于系统。所以站域商业空间演变过程中，是否受到外界"特定"干预是判断其为自组织的决定性条件[3]。显然，自组织系统形成的组织力来自系统内部，外部对其干预是非特定的。

站域商业空间的演变源于商业空间外部环境的变化与内部功能结构的矛盾。一方面地铁站点为商业带来了大量客流，提高了土地的区位优势，商铺租金的上涨，导致商业空间外部环境发生变化；另一方面原有的商业空间对外界环境变化反应敏感，为在激烈的竞争中求得生存，需不断进行商业业态和商业等级的调整，从而作用于商业空间的演变。

可以看出，站域商业空间演变的起源和进程不是外界"特定"干预的结果，而是站域商业空间在内外环境相互作用下演变的过程和结果。

综上所述，地铁站域商业空间系统的耗散结构特征和系统演变的非"特定"干预，充分证明站域商业空间演变的自组织性，同时也可以看出系统自组织包含两个层面：一是宏观整体层面，即站域商业空间与外界交换能量；二是微观局部层面，即系统内部各子系统间的相互作用。

3.2 地铁站域商业空间自组织演变的特征

地铁站域商业空间的演变非常复杂，但自组织特性在其演变过程中也有一定规律可循。自组织演变贯穿于商业空间发展的整个阶段，即使受到商业规划、商业政策等他组织的特定干预，自组织作用仍潜移默化地影响着站域商业空间的演变[9]。

商业空间自组织演变本身是一个较为复杂的过程，由于地铁站域商业空间中的地铁站点具有特定的属性，商业空间自组织也呈现出一定的特殊性，因而作者决定从一般与特殊两个角度对地铁站域商业空间自组织演变特征进行分析。

3.2.1   商业空间自组织演变的一般特征

商业空间自组织演变存在隐性、永久性、随机性、进化性等一般特征（图 3-7）。

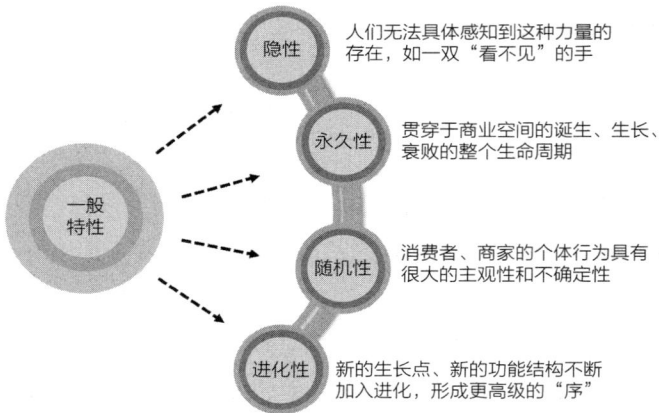

图 3-7   地铁站域商业空间自组织演变的一般特征

1）隐性

商业空间自组织是商业空间系统内外两方面因素共同作用的结果，系统内部、外部环境各要素的构成及相互之间的作用关系较为复杂。商业空间在不断地纠正、调整、发展的循环中逐步形成与发展。在其演变中，由于受到诸多必然与偶然因素的复杂影响，人们将无法具体或清晰地感知到这种力量的存在，而自组织演变就像一双"看不见的手"，隐性而永久地作用于商业空间发展的始终。

例如，地处成都商业最繁华的春熙路商业空间发展至今，不仅受到他组织的作用力影响，更大程度上是由于自组织的作用一直存在着。内部各要素之间、内部与外界之间的相互作用，隐性地不断推动着春熙路商业空间系统向更高级的阶段发展，并由传统的商业步行街向现代商圈演替，商业空间结构不断更新，使得 IFS、太古里、银石广场等各类大型商业项目不断入驻。

2）永久性

地铁站域商业空间只要满足开放、非平衡、涨落的耗散结构特征，系统内外存在相互作用，那么商业空间的自组织就存在。现代商业空间作为一种开放系统，时刻都在与环境交换物质、能量和信息，可以说自组织作用贯穿于商业空间诞生、生长、衰败整个生命周期。但是，自组织的作用力具有一定的差别，而这种差别影响着不同类型的商业空间发展的水平高低和功能强弱。

例如，城市郊区站域商业空间的自组织演变一直存在，且由于城市开发建设阶段不同而产生差异。地铁建设之初，引起站点周边用地的开发，居住、商业开始入驻，由于周边居民对新居陈设、装潢等的需求，站点周边多为一些建材、装潢等店铺；随着周边居民对此类需求的减少及其他生活服务设施需求的增加，此类店铺逐渐减少或消失，被便民超市、餐饮店、服装店等配套服务商业所替代；而后，周边各项服务设施愈趋完善。随着站点周边地价的不断上升，普通的小型商铺在市场竞争中难以获胜，部分商业也逐渐转变为较为大型的购物中心或商业综合体。

另外，自组织演变虽然一直存在，但由于社会经济发展阶段的不同，商业空间自组织和他组织在整个系统演变过程中的作用成分具有差别。例如，在改革开放前，政府他组织干预较少，商业空间的形成基本是自组织的影响；改革开放后，尤其是快速城市化时代的来临，大中城市开始编制城市规划、商业发展规划等相关规划，用以引导和控制商业空间发展。与自组织相契合的规划能在一定程度上促进商业空间发展，反之会阻碍商业空间发展。

3）随机性

地铁站域商业空间演变的自组织体现了商业空间发展宏观层面的有序性，但微观层面上却存在多种随机性。首先，从消费者、商家的个体行为而言，具有很大的主观性和不确定性，这就势必造成商店经营的差异与偶然状态。例如商店因为其经销商对市场需求的认识、个人喜好、专业素养等的不同，销售的产品和经营模式也会表现出一定程度的差异。而从外部环境而言，外部环境存在多种偶然元素，对地铁站域商业空间系统的影响即是偶然的影响。上述这种随机作用随时可能打破原有秩序，放大涨落，形成商业空间的非平衡态，而商业空间可能在某一时期或某一地区呈现出随机无序的状态。因此，地铁站域商业空间的演变是宏观有序性与微观随机性的统一（图3-8）。

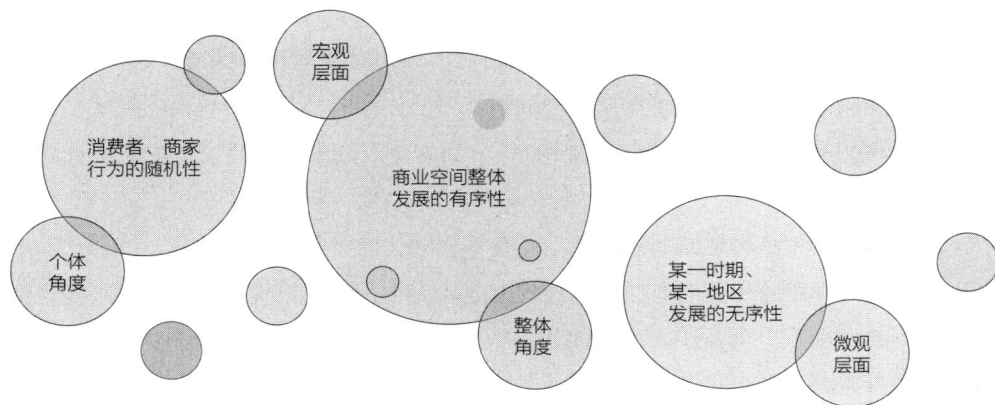

图 3-8　自组织演变的有序性与无序性

4）进化性

商业空间发展的自组织机制是一种进化机制，其进化性体现在新的生长点连续涌现、新的功能结构不断加入、更高级的"序"产生的过程中，使商业空间结构更优化来适应该阶段城市的发展（图3-9）。

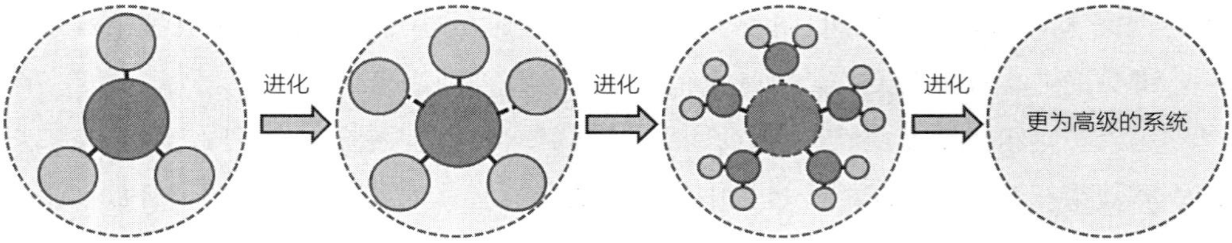

图3-9　商业空间自组织演变的进化性

首先，时代进步会对城市新功能提出要求，当旧的商业空间结构不能满足新功能要求时，商业空间结构就需要进行更新，这便是自组织机制对城市进化的作用。当然，商业空间结构的发展过程也不是一帆风顺的，而是在反复迭代中不断优化[10]。

例如，以1991年第一家正规超市在上海诞生为起点，我国流通体制逐渐开始出现第一次大型转变，商业对外开放步伐逐渐加快，城市零售业态的分化和创新发生革命性的变化，越来越多代表流通领域新发展方向的零售业态在城市中涌现。其间，传统零售业态经历了两次显著的冲击，第一次是连锁超市对杂货店的冲击，第二次是大卖场对百货店、连锁超市的冲击。随后，购物中心的出现又造成了对百货商店的冲击。1996年起，外资零售巨头加紧进入，全球著名零售500强有1/3进入我国城市。加入WTO后，外国零售巨头携带更多现代商业业态进入我国，进一步加速了我国商业空间的演变更新[11]。而后，随着信息化时代的到来，电子商业为商业空间带来了另一次大型转变。虽说包括百货商店、超市、购物中心、便利店等依然会在很长一段时间内作为城市商业业态的主体，但越来越多的人习惯于在日常生活中通过电商平台满足自己的购物需求，城市商业空间也逐渐从实体地理空间扩展到虚拟的网络空间。这种商业空间的转变改变的不仅是人们的消费习惯，同时也是对传统商业模式、流通方式的颠覆，导致城市商业空间的重构[12]，最为直观的现象便是实体零售店铺的大量倒闭。

又例如，成都市春熙路周边商业空间在不同时代的平衡态不同。在20世纪20年代时，成都市春熙路周边商业空间以传统专业店为主，聚集银楼金店、绸缎布匹、钟表眼镜等众多商家，商业步行街空间初具雏形；20世纪50年代时，新型综合百货商场入驻，春熙路的业态更为丰富，形成新的秩序；20世纪90年代时，王府井、太平洋、伊藤等商贸百货相继入驻春熙路，打破原有秩序；而21世纪初，伴随着春熙路地铁站的开通，传统商业步行街模式已不适合春熙路商业空间的发展，存在逐渐被新型的集生活、商业、休闲娱乐功能于一体的商业广场取代的可能，而这种趋势很快便表现出来。诸如 IFS、太古里、银石广场等大型综合体、高端商业相继入驻春熙路，为春熙路带来了新的活力，使春熙路商业空间品质在几年内便得到快速升级，形成新的平衡态。

其次，商业与城市空间之间是不断进行相互适应、相互选择的过程。商业功能是否符合城市空间定位，城市空间是否适合此类商业发展均关系着商业空间的演变及发展，而商业空间与城市空间只有在不断的相互适应过程中才能达到最佳效益。但在这种适应过程中，由于城市空间在缓慢地不断变化着，这意味着商业空间也需要不断修正、调节。

最后，商家之间存在竞争机制，通过优胜劣汰机制，更具优势的商家会成为城市空间的经营主体，而劣势商家则会落败，被迫选择其他更为适合的城市空间重新经营。这样的竞争机制将会促进商业空间的不断升级、进化。就主要原因而言，商业空间的竞争机制主要在于它们之间存在不同的商品关系。根据商品的差异度，商品之间的关系可分为同质品、替代品、独立品等。竞争程度方面，同质品大于替代品大于独立品。这就形成了商业空间系统内部的非平衡性，进而形成了商业系统演化升级的必要条件（图 3-10、表 3-1）。

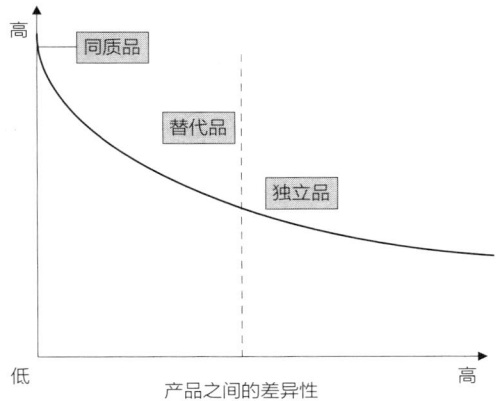

图 3-10　产品的差异性与产品竞争程度的关系
来源：李钢. 产品关系与产品竞争研究 [J]. 中国工业经济，2004（2）：107-112.

产品之间的关系与产品之间的竞争　　　　　　　表 3-1

产品之间的关系	发生竞争的前提假设	竞争的主要手段	竞争的结果	竞争的实例	产品的生命周期	备注
同质品	消费者在同种产品上的支出一定	价格	某一厂商的产品市场占有率提高	不同品牌的电视机之间的竞争	主要在成熟期	假设商品均为正常商品，即产品既不为劣等产品也不为吉芬商品
替代品	消费者在某类效用上的支出一定	价格及差异化	某一类产品的市场销售量提高	不同客运方式之间的竞争（如飞机与火车）	主要在成长期与衰退期	
独立品	消费者的总支出一定	价格	某一产业比其他产业发展得更快	手机价格的迅速下降使人们通信支出快速增长	主要在导入期、成长期、衰退期	

来源：李钢. 产品关系与产品竞争研究 [J]. 中国工业经济，2004（2）：107-112.

3.2.2　地铁站域商业空间自组织演变的特性

地铁站域商业空间受地铁站点外部性因素影响，特别是站点客流因素的影响显著，因此其商业空间自组织演变过程中呈现出特殊性，主要体现在商业业态、商业聚集和商业空间分布等方面。

1）商业业态、营业面积与客流量的相互关系

宏观层面上，商业业态的等级越高，客流与该业态营业面积的相关性越大。如站域购物中心营业面积与客流量的相关性较高，对客流变化反应敏感；休闲娱乐、电子数码营业面积与客流量相互关系次之，酒店行业与地铁客流量的相关性相对较低，但消费弹性依然较大，这可能是由于酒店行业对区域经济水平变化较敏感，而地铁客流量又与区域经济水平密切相关[13]（表3-2）。

地铁站点客流量与部分业态营业面积相关性比较表　　　　表3-2

业态	回归方程	Pearson 相关	Spearman 相关
购物中心	$y=-22730.456+2.374x$	0.824**	0.804**
电子数码	$y=-796.227+0.074x$	0.660*	0.527
家具家居	$y=6554.395-0.033x$	−0.36	0.239
休闲娱乐	$y=-251.370+0.077x$	0.722**	0.781**
酒店服务	$y=1745.8+0.251x$	0.575	0.669**

注：x为地铁站点客流量，y为某种商业业种营业面积。**代表在0.01水平（双侧）上显著相关，*代表在0.05水平（双侧）上显著相关。

来源：王宇渠，陈忠暖，覃水娇. 地铁站点可达性、客流与站点商圈零售商业结构关系研究——以广州市为例 [J]. 人文地理，2015（4）：66-71.

不同等级的商业业种营业面积与客流之间存在相关性，在地铁发展时间较长的东京也显现出类似的特征。东京商业中心大部分紧邻JR线、地铁或私铁线，其车站型商业中心的营业面积与其紧邻车站的日乘客量之间有很好的相关性（$R=0.949$）。商业中心的等级越高，其相关性就越大，一级商业中心的相关系数为0.567，而低等级的商业与客流量的相关性较低[13]。

低等级业态的营业面积与客流量相关性较小或基本不相关，如零售店、专业性较强的家具店等，其主要原因在于地铁客流带来的发展潜力在短期内很难促进站点周边其他用地向商业用地转换。

微观层面上，地铁客流量与购物中心（商业广场）的相关性最大，商业业态和等级随着距地铁站点距离的增加而下降。

2）商业空间的优化升级

首先，地铁开发会塑造更为高级的商业业态及空间结构。地铁在原有地面商业空间范围内形成一定规模的地下商业空间从而扩大了城市商圈的范围，并基于商圈内部强烈的经济效应，使得城市商圈内各商业企业都能享受到商圈扩大后外部经济带来的收益。尽管这种收益部分会随着店铺租金差异而内生化，但这种收益还是客观存在并且随着城市商圈规模的不断扩大也呈现出不断增加的态势[14]。另外，如前文所述，地铁客流与高等级的商业业态、营业面积相关性较大，也可以表明地铁客流能够促进商业规模的扩展以及商业等级的升级。大量的客流带来了更多的资金流、信息流的交换，以及更高的空间效用。其结果将吸引更多逐利的商人，导致对土地的竞争变得更为激烈，带来站点周边土地租金的提高。原来经营效益较差的低等级商业由于难以负担高额租金，在市场竞争中落败，逐渐从站点周边退出，被高等级的购物超市、专卖店等取代。例如成都地铁2号线的犀浦站，地铁开通前，站点周边开发强度不高，客流量稀少，商业入驻率较低，建筑、设施配套老旧，整体商业氛围差，等级较低；地铁开通后，客流量显著提升，站域商业空间发生了较大变化，便利超市、餐饮店等生活服务类商铺快速入驻，百伦购物广场、润扬双铁广场等大型购物场所以及石犀里商圈相继建设完成。

其次，地铁开发通过其快捷交通引导各种业态向城区发展，引导大城市商业业态的向心集聚，形成商业空间在城市范围内的分布升级。例如，广州市在20世纪80年代中后期已经进入了郊区化时代，但是在地铁开发的作用下，城区商业中心的业态正日益多元化，商业空间从地上到地下高度集约的发展。

另外，地铁开发加快沿线换乘站点周边商业区的生长，形成商业规模数量的升级。无论是在地面或是地下商业空间，换乘站点良好的商业环境都能够吸引集聚各种业态的大量商铺，推动商业中心的业态向多元化发展[15]。

3）商业业态分布呈现一定规律

站点周边商业的分布形态大致可分为散布型、孤点型和聚合型三类，某些业态的分布呈现一定规律，如综合零售店、便利店一般呈散布型分布，家电家具呈孤点分布而食杂店、专业店和居民服务型商业呈片状聚合分布[16]。

另外，由于区域、周边用地等外部环境的不同，各个站点会展现出不同的商业业态分布规律。例如，站点周边的居住用地较多，与之对应的是以中小型临街店铺为主的社区型商业，也可能会有大型超市或者百货，但业态总体目的为满足站点周边居民的日常需求；位于城市中心区的站域商业空间的商业，由于高租金的原因会以高附加价值行业为主导，商业业态类型丰富且高度集聚，零售业品质较高端，大型商场和购物中心较多。

4）快速消费型商业成为商业空间聚集主体

地铁交通由于其运输的快捷便利性带来了大规模的客流，同时也带来了大量人群的临时应急需求，这也为地铁站点周边的快速消费型商业的发展创造了有利条件。尤其表现于地铁发展的前期，由于地铁运营线路单一、里程较短，商业仅仅局限于地铁站点出入口，此时地铁商业主要吸引的是乘坐地铁的短期客流，人流量虽大，但是停留时间短，目的性强。因此商业企业规模非常小，主要以即时性消费品经营为主，业态形式主要以便利店或自动售货亭为主[14]。总而言之，即使不同类型、不同等级的地铁站域商业空间在业态构成、规模上存在一定差异，但诸如食杂类、专业店等快速型消费商铺在数量上都占有绝对优势，是站域商业空间聚集的主体[13]。

3.3 地铁站域商业空间自组织演变的困境

3.3.1 商业空间自组织演变的困境

伴随着改革开放和市场经济的发展，城市商业迅速发展，商业发展的复杂性不断增加，仅靠商业空间的自组织难以维持商业的可持续发展，加上外界他组织对商业发展的不合理干预，导致自组织机制开始失调，商业空间的自组织演变面临严重困境。

1）商业空间涨落过度

涨落是普遍存在于整个商业空间系统中的，是各个内部因素之间不断作用的结果。由于组成系统要素的个体随时在改变，所以整个系统的状态也会随之改变。而整个商业空间系统是内部各单体之间发展状态的综合，因而必然存在涨落现象。亦可说，涨落是系统自组织的原初诱因[4]，但过度的涨落是系统自组织演变过程中干扰性和破坏性的因素，甚至会导致系统的解体[3]。快速城市化过程中，他组织作用成分较高，自上而下的规划方式使得对商业空间及周边环境大规模的改造和开发表现出明显的领导和政府意愿，若规划欠缺合理性，就会破坏原来自发形成的结构、功能及内在秩序，导致原有的文化和特色丧失（图3-11）。

例如，城市中的很多商业空间都是在历史的缓慢演变中逐渐形成的，在历史、文化、艺术等的共同作用下，不断地吸收文化底蕴和人文气息，其自组织商业空间在街道面貌上会有相应展现。这样的商业空间在传承及记忆城市中的市井文化和历史文化方面起到特别重要的作用。如果在没有得到社会、公民等的认可的前提下，突然在整体风格或是布局上有较大的改造，这样可能会使得整个商业空间呈现出另外一种意向，

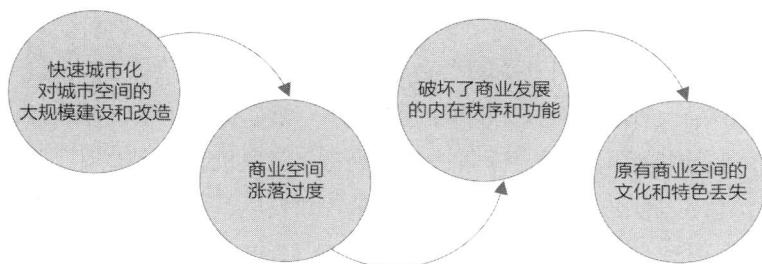

图 3-11　商业空间的过度涨落

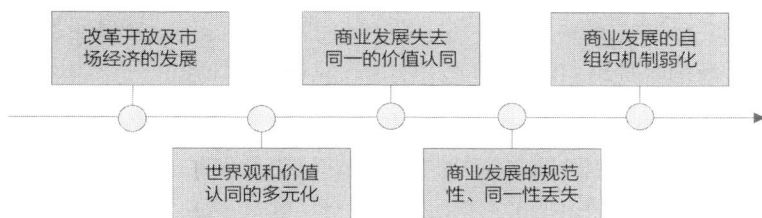

图 3-12　商业空间自组织发展中的同一性瓦解

其在城市发展过程中存在的历史印记就会消失，那些重要的、值得留念的历史趣事、文化底蕴、历史人文等就会逐渐淡化乃至丧失。所以，在面临商业空间风貌改造时，不可忽视它的历史文化底蕴，适当保留原有的空间肌理等，以解决传承和更新的矛盾。

2）同一性瓦解

自组织活动在微观层面上是随机、无序的，在宏观层面上是有序的，这种由无序到有序的变化是自组织系统同一性约束作用的结果。同一性即自组织个体共同自觉遵循的行为"准则"，包括价值认同、文化取向及对环境的感受，在此基础上形成同一的场所认同，引发商业空间自组织演变[2]（图 3-12）。

随着改革开放的逐步深化及市场经济的多元化发展，传统的世界观和价值认同开始瓦解，取而代之是多元的价值取向，自组织发展失去了深层价值认同，自组织能力开始弱化，城市、商业空间向多元化、异样发展使商业空间原有的空间秩序和有机性弱化。

3）竞争机制失衡

市场作为一个开放的系统，各个企业或商家由于非线性关系相互影响和作用，这就导致了企业或商家的竞争和协作，使得市场在宏观上从无序到有序演化。竞争和协同是商业空间自组织演变的内部动力，有利于公平市场机制的保障与商业空间自组织的合理演变。例如，在生活中，我们常常会看到商业、服务业高度聚集的现象：产业园区因为政策的关系使得相关产业形成产业链或者规模产业，相互之间的协同作用较为明显，这样的方式大大提高了企业的运行效率；市中心往往是各个商场、商业综合体集中的地方，他们通过竞争与协同作用扩大市场容量从而共同发展，创造更多经济价值。

但随着市场经济的发展，商业的逐利性越发强烈，商业竞争日益激烈，很多商家为求得生存和发展采用不正当的手段去谋求利益，竞争机制失衡导致商业空间供给过剩、业态趋同、资源浪费等不经济、不协调的现象发生，各单元间相互作用失调、商业空间整体性下降，自组织能力降低。例如，经营者基于他们共同的利益关系相互联手和配合，并垄断市场和控制市场价格，希望能够从中获得较多的利益。但此行为干扰与破坏了原有的市场秩序，干扰了资源的合理配置，不利于正常的市场经营和市场经济健康发展。同时，商家可能由于不良行为而受到检举，导致商铺受到责令停业整顿或吊销营业执照等处罚，商业空间自组织演变速度将会降低。

4）自组织机制的无力适从

随着城市经济的快速发展，我国步入了快速城市化发展阶段，快速城市化地区的城市空间大多是在政府规划作用下快速建设形成，新的商业空间没有经历较长时间的演化，自组织性相对较弱使商业空间生长的有机性发生断裂，自组织机制逐渐失调[9]。例如，20世纪90年代的成都市春熙路商业空间面临着布局不合理、建筑老旧、经营管理落后等发展困境，仅仅依靠自组织难以解决这些发展困境，造成了商业发展的自组织机制失调。基于此，为满足商业空间发展及社会经济的需求，2001年城市政府适时对商业发展进行引导并制定了相关策略，对春熙路的大量落后商业物质空间环境进行了大规模改造。

5）城市规划的过度干预

城市规划主要表现为自上而下的强力规则制定，本身带有较强的干预性色彩。而这种自上而下的统一严格规划，可能欠缺自下而上的内在合理性，会造成空间使用低效、活力欠缺等问题。

在规划先行的城市发展时代，商业空间的发展就是政府商业规划在空间上的落实，政府的强势推行几乎成了商业空间发展的主要推动力，商业空间演变的自组织力量被削弱。同时新的商业空间形成后，各子系统之间来不及形成自组织就被商业规划这类他组织进行安排和组织，进一步导致各子系统之间相互作用的紊乱，自组织机制的"失灵"[9]。

3.3.2　地铁站域商业空间自组织演变的困境

地铁站域商业空间自组织演变除了面临一般商业空间演变的困境外，靠近地铁站点的属性还使其在自组织演变过程中面临很多现实的困境，下面以地铁地下商业空间

（a）成都牛市口地铁站商业街　　　　　　　　　（b）成都迎晖路地铁站商业街

图 3-13　经营惨淡的地铁商业

（地铁站域商业空间的一种类型）为例，对地铁站域商业空间自组织演变的困境进行认识。

随着城市地铁的开通，与站厅相连的地下商业模式开始普及，这种商业模式一方面能节约地面商业空间，同时又有充足的地铁客流支撑。但就全国范围来看，地铁商业呈现冰火两重天的局面，除少数运营较好的个案外，大多数地铁商业运营状况差、商铺撤店频繁、空铺率高，地铁客流并未有效转为商业人流，地铁商业发展面临严重困境（图 3-13）。

王先庆在分析广州地铁商业时指出，广州目前地面商业空间开发尚且不足，远未达到开发地下商业空间的阶段，大多数地铁商业开发超前[17]。同广州地铁商业空间开发状况一样，成都大多数地铁商业同样处于超前开发阶段，这是导致地铁商业空间发展动力不足的主要原因。地铁商业开发不同于一般的商业空间开发，具有很强的专业性，商业定位和经营管理非常重要，一些较成功的地铁商业大多由专业部门或公司进行经营管理。

同时，地铁商业是一种长线投资，初期地铁商铺经营效益差，一般需较长时间才能实现回报。成都的地铁商业尚处于起步阶段，商业发展中的自组织关系还未完全建立，自我调节机制缺失，商业发展的内在动力丧失。加上外界对该类商业空间认识不足，导致他组织规划建设存在盲目性，使地铁商业的发展陷入困境。相信随着城市经济的发展、地铁商业自组织机制的建立，以及人们对该类商业空间认识的加深，地铁商业终能呈现蓬勃的发展态势。

3.4 地铁站域商业空间演变中的他组织

3.4.1 他组织提出的背景

他组织主要指政府、开发商通过规划、相关政策、经营活动等一系列手段干预商业空间演变的行为。随着市场经济的发展，商业发展的外部环境变得复杂，影响商业空间发展的因素越来越多。同时，随着城市化进程加速，城市内部建设活动节奏变快，引起商业空间发展过程中外部环境的剧烈变化。在以上现实状况的影响下，商业空间演变的自组织机制失衡，商业空间内在秩序被严重削弱。此种情形下，仅依靠内部各子系统间的自组织已难以推动商业空间向更好的方向发展，亟须系统外界因素的介入，即他组织的干预，来组织协调各子系统共同作用，以引导商业空间健康有序发展[18]。

地铁站域商业空间演变的他组织是指外界"特定地"作用于商业空间，以实现其从无序到有序、从低级到高级的演变过程与结果，其通常阶段性地存在于地铁站域商业空间的演变过程中。

3.4.2 他组织的特征

1）显性

商业空间的他组织是系统外部作用主体为实现一定目标或为解决某一问题而采取的相应行为。与自组织各系统间的非线性相互作用不同，其为目标与行为的线性操作模式[3]，目标明确、行为指向具有明显针对性，直接显著地作用于地铁站域商业空间。他组织在作用过程的初期预备阶段、产生作用力阶段、作用结果显现阶段都有明显的征兆与信号，从而将作用力清晰明了地显示出来，被外界所察觉与感知。这种特征与空间的自组织作用机制有明显的区别，引发的商业空间改变更为显著和高效。

例如，当地铁站点的开通运营促使站域商业空间进行转型升级时，仅依靠商业空间的自组织行为难以实现最优化的发展目的，需要他组织因素的介入和一定手段的干预。此时，政府或开发商就会采取一系列措施，特定地作用于现有商业空间，实现转型升级的目标。首先，他组织作用主体会对空间现状情形进行公开调查研究，咨询利益相关方的意见与愿望；其次，会组织开展有关调整方案与改造方式的制定，此阶

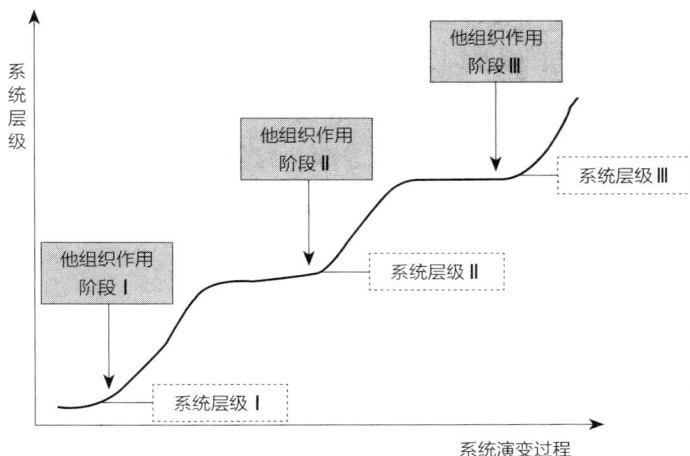

图 3-14　他组织作用的阶段性

段通常会存在反复的意见征询；最后，工程的实施过程也存在高度的透明性与公开性。综上可知，在他组织发挥作用机制和对地铁站域商业空间产生影响力的过程中，作用主体、作用目的、作用过程和结果都是一种显性的存在状态，并能被外界强烈地感知。

2）阶段性

对于某一具体商业空间而言，自组织贯彻于商业空间发展始终，他组织虽然从整体上分析也存在于商业空间发展的各个阶段，但具体到单独发挥作用的每一个过程，则具有显著的阶段性。他组织每一次介入系统并发挥作用的过程，通常都是为了实现某一具体的目标，而目标通常是基于问题导向而阶段性地存在于系统运转的不同时间节点，因而商业空间的他组织作用也表现出明显的阶段性特征。在地铁站域商业空间发展的特殊时期，他组织都会介入并发挥作用，从而左右商业空间的发展演变（图 3-14）。

例如在地铁站点开通初期，开发商或政府机构等他组织作用主体会适时介入，制定相关商业策划、政策或规划，引导商业空间合理布局与规模调整，解决空间自组织演变难以应对短期快速增加的人流这一难题。又如，在商业模式大变革或商业空间环境亟待升级的阶段，他组织能从较为宏观、长远的角度对商业空间发展进行引导，帮助商业空间走出阶段性发展困境，实现空间转型升级目的。

3）快速优化性

地铁站域商业空间的自组织演变是一个缓慢渐进的过程。自组织空间改造的主体为商家，其受资金、精力及发展眼光的限制，对商业空间进行升级改造行为的动作迟缓、反应较慢，往往错过空间发展与改善的最佳时期。而商业空间他组织主体（通常为城市政府部门或商业开发企业）则不同，其拥有坚定的行政执行力、稳定的财政支持和科学、先进的商业空间发展理念，能实现对商业空间的快速改造、优化升级，在第一时间完成对现有形势的判断与应对，使空间改善少走弯路，减少不必要的损失。他组织快速优化的特征可以使其在系统产生改变时更为迅速地做出反应，通过制定一系列措施来应对改变，以便快速高效地达成目的。

例如，仅依靠空间的自组织作用实现地铁站域商业空间的业态调整，将会是一个缓慢持久的过程。此时，若有他组织的介入，如商业开发商的主动调整，通过引入不同经营业态的商家，进行业态置换与调整升级，便可以在短时间内快速高效地实现商业空间承载的业态调整，完成系统优化。

4）整体受控性

地铁站域商业空间演变过程中他组织的整体受控性主要体现在两个方面：他组织作用过程的受控性和他组织自身的受控性。

他组织作用过程的受控性主要是指地铁站域商业空间演变过程中的他组织规划，一经审批便拥有法律效应，具有法律的执行力和强制力，商业空间的建设时序、规模都必须按照他组织进行操作，展现出对商业空间发展很强的控制性。但在具体管控过程中，商业空间他组织不会对空间内部的个体消费者和商家行为等微观层面的内容进行详细规定，而只是对商业网点数量、商业布局、商业规模及商业环境等整体层面施行规划管控。

他组织自身的受控性主要是指他组织机制作用主体介入系统的时机与过程的可控性。由于他组织对系统施行的影响作用是一种目的性极强的行为，所以在作用节点把控、作用时间、作用程度等方面都有统筹考虑和精准设计。他组织作用机制的每一次介入过程都是在强有力的控制下发生的，力求在最短的时间内和用最小的付出实现最大化的效益。据此可知，他组织机制作用主体的影响作用是一种可控的行为模式。

例如地铁站域商业空间布局方面，受到地铁站开通运营的影响，空间布局模式必然发生变化。此时，政府便会适时介入，通过编制新的商业网点布局规划及开发强度控制，促进商业空间的有序演变。在这一过程中，政府编制规划的时间节点、规划限定的年限等都会有严格的控制与安排，以求直接、迅速、有针对性地达成目的，实现商业空间的布局与地铁站点相互匹配。图3-15是对地铁站域商业空间他组织典型特征的概括。

3.4.3　他组织的作用方式

在某些研究中容易将他组织作用与"外部参量"相混淆，在此首先对两者进行区分。他组织是一个完整的作用过程，其作用力来自系统外部并直接作用于系统内的特

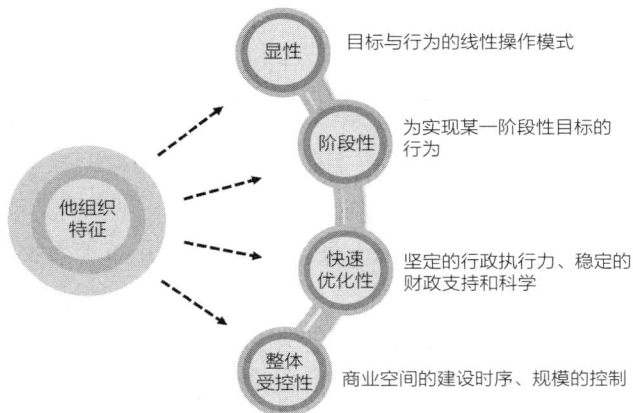

图 3-15　地铁站域商业空间他组织的特征

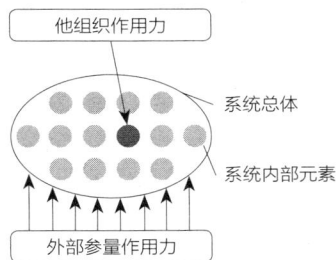

图 3-16　他组织与外部参量的区别

定对象。外部参量是系统演变过程中的外部环境因素，通过平均能力的输入间接作用于整个系统。所以政府主导的相关类型规划是站域商业空间演变的他组织，而外部的政策、经济、文化、制度等作为外部参量，其通过影响系统内的居民、市场等对象间接作用于站域商业空间演变的进程（图 3-16）。

以城市规划为例，并不是所有的城市规划行为都是他组织。因为规划类型多种多样，作用对象也有很多，可能会有多个规划对站域商业空间产生影响，但这些规划并非都是专一针对站域商业空间制定的。只有当城市规划特定地作用于地铁站域商业空间这一对象时，才被认定为属于他组织行为。如规划对站域商业空间内公共空间的干预，要求公共空间必须达到一定的面积比例来保障该区域空间环境质量时，就属他组织行为。而当城市规划只是制定一般的规划政策而并没有特定的作用对象或特定作用对象不是地铁站域商业空间时，城市规划仅仅是作为一种外部政策约束，影响到站域商业空间的演变，此时的规划则属于演变过程中的外部参量[19]。

因此，城市规划在站域商业空间演变过程中存在两种作用：一种是作为他组织行为，直接作用于系统内特定对象并干预商业空间的演变；另一种是作为商业空间演变的外部参量，间接影响商业空间的演化进程。在站域商业空间长期的演变过程中，不只是城市规划因素，他组织中的其他作用主体也都存在类似的特征，即这些作用主体在不同的时间节点与外部环境下通常会呈现两种角色，可能是他组织的作用主体，也可能是外部参量。

明确上述区别后，可以将地铁站域商业空间他组织的主要作用方式分为五种：用地规划、城市商业网点规划、商业空间规划设计、商业发展策划及一商业空间环境整治。

1）用地规划

城市规划具有法定效应，是商业空间他组织机制中最高层次的干预[20]。作为他组织作用主体的重要因素，城市规划对商业空间的影响作用首先便体现在对宏观土地的控制方面，即对用地的详细规划安排。一般情况下，用地规划会从土地使用和公共服务设施两个方面对商业用地、商业设施进行安排。土地使用方面，规划对用地分类中 B 大类——商业服务业设施用地做出了详细的布局安排，并明确规定了各类商业、商务设施用地的范围、面积、容积率及绿地率等土地使用性质与使用强度方面的指标，从用地性质和开发强度两个层面对商业空间用地做出了强制性的外部安排。在公共服务设施层面的用地规划制定过程中，通过对一定范围内商业空间量的计算，按照相关规范配建一定数量和面积的公共服务设施，满足顾客对购物场所外部及周边环境的需求（图 3-17）。

在众多他组织作用方式中，用地规划对系统产生的影响是最为强烈和本质的。通常情况下，只有当系统处于初始状态或系统内部矛盾较为尖锐时，政府统筹下的用地规划才会作为他组织机制进行介入，并发挥关键性作用，引导商业空间回归正常、可持续的发展途径。例如在布局有地铁站点的区域，城市政府通常会借鉴 TOD 发展理

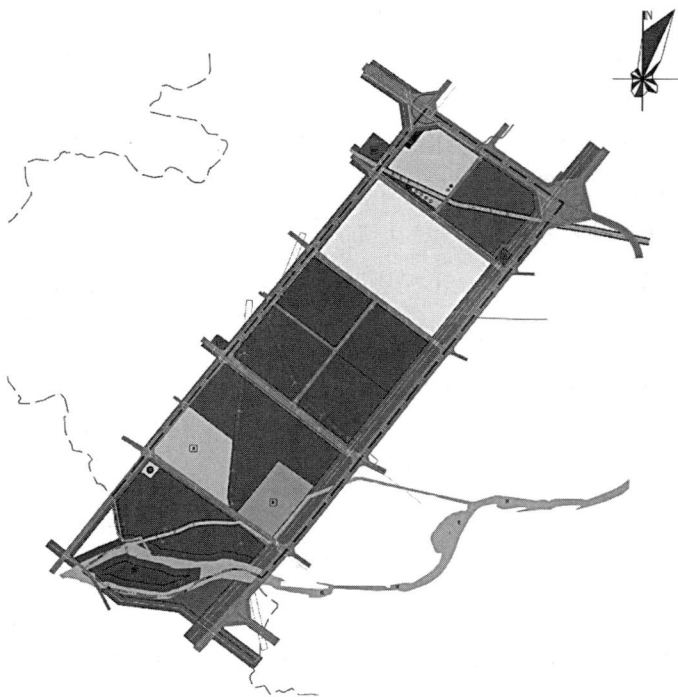

图 3-17　成都青白江区祥福西片区控制性详细规划
来源：成都青白江区城乡规划管理局

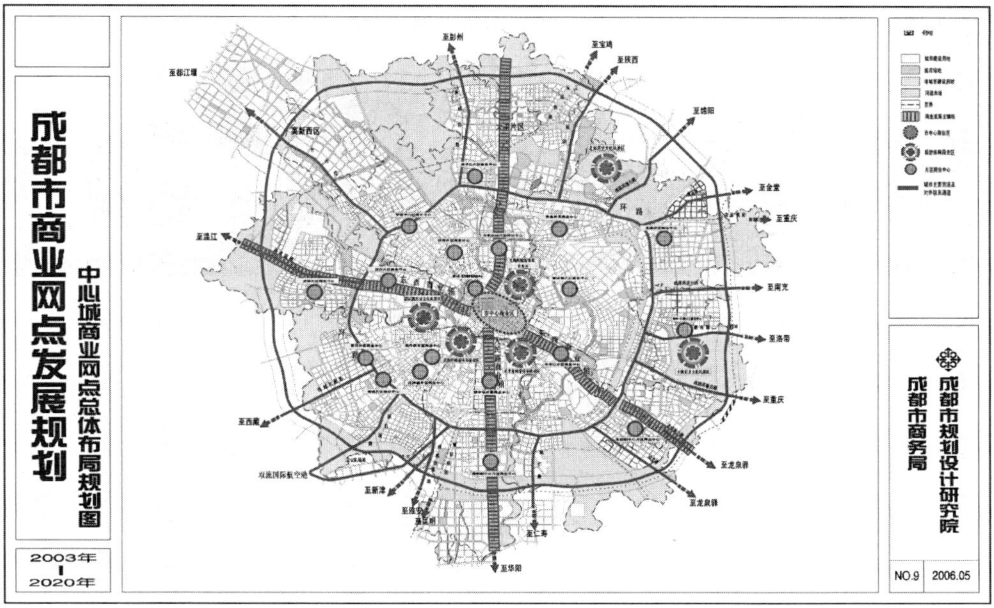

图 3-18　成都中心城商业网点总体布局图
来源：成都市商务局

念，以地铁站点为中心向外圈层式发展，分别设置商业用地、居住用地、公服设施用
地等。香港、东京等城市内部轨道交通站点周边的开发模式较多采用上述理念，有效
降低了区域内部的机动车交通量，提升了居民的生活环境品质。

2）城市商业网点规划

城市商业网点规划是根据城市总体规划和商业发展的内在要求，在充分反映城市
商业发展规律的基础上对城市未来的商业网点进行统筹规划与设计，是从宏观视角开
展的针对商业空间布局的安排（图 3-18）。商业网点规划的对象涵盖城市九大类商业
网点[1]，各网点的商业业态、功能结构、空间布局和建设规模都直接受到规划的影响
与制约。例如城市商业网点规划中的商业中心体系规划，划定了不同等级体系的商业
中心（城市级、片区级、社区级等），不同体系商业中心的区位及服务的人口规模不
同，相应的商业空间规模与经营业态也存在差异。这对于商业空间发展的影响是重大
且决定性的，会影响商业空间的发展方向和最终形态。又如商业网点规划中的各类网
点布局引导规划，分类别对不同性质商业集中区的数量与布局进行引导和规定，对商

---

[1]　城市九大类商业网点：城市商业中心，区域商业中心，社区商业，特色商业街，农产品批发市场，生
　　产资料批发市场，物流基地，城郊商业，以及旧货、汽车交易市场等特殊类型的商业网点。

图3-19 贵州省荔波县樟江泊林商业街区
来源：万脉设计集团项目组

业空间发展的影响作用显著。

城市商业网点规划与城市地铁站点规划相结合，共同作用于地铁站域商业空间，使商业空间借助内外动力实现城市范围商业空间与地铁站域商业空间的共同繁荣。

3）商业空间规划设计

商业空间规划设计是指基于一定的理念对商业空间进行的设计，用以满足其功能性和艺术性要求，从而吸引更多消费者前来消费。商业空间规划设计主要包括商业空间功能分区、空间流线设计、照明设计及建筑体内外的艺术性装饰等（图3-19），这有助于改善商业空间自身的购物环境和顾客的购物体验，也在一定程度上影响了商业空间内部的自组织行为。

商业空间的规划设计作为他组织的一种作用方式，是通过改善系统自组织运行过程的外部微观环境而产生影响力的。如同耗散结构理论中所述，系统会从无序状态到有序状态，再到下一个无序状态。在此过程中，系统会与外界不断交换物质和能量。商业空间规划设计正是基于此种过程，通过改善系统与外界进行物质和能量交换的条件或环境，促进系统从无序状态走向有序状态。例如通过整治商业建筑外立面，对广告牌、店招等构件的规范化、统一化处理，形成良好的商业空间界面，有助于提升入驻商家的品质。长此以往，会对商业空间内部的购物氛围产生积极影响，逐渐转变顾客的购物活动体验，形成高品质业态聚集区域。与这种行为相类似的其他设计手段，如对商业空间流线的优化设计、商业空间内外部灯光照明设计等，都是为了提升系统运行的外部环境，促进自组织机制的良性演化进程。

4）商业空间发展策划

商业空间发展策划一般处于商业项目立项与商业设计之间的阶段，涉及内容非常广泛，从上到下涵盖了城市商业空间布局调整、商业街区的建设及具体商业空间的运营管理等各方面。商业策划最为核心的任务在于把握市场需求，通过对经济活动中消费者与消费空间、商家之间相互作用关系的分析，明确项目定位，为商业空间的规划设计提供依据[21]。在商业经营过程中，对商业空间的发展策略、管理理念、市场开拓等方面进行安排以提高商业空间的整体竞争力[22]，是商业空间运营过程中最主要的他组织作用力量。

与之前几种类型的他组织作用机制不同，商业空间发展策划是针对商业运营过程做出的安排和谋划。通过对空间内部入驻商家发展定位、经营范围、经营模式、营销策略的干预与引导，促使商业空间在微观层面的自组织机制与区域范围内的中观层面演进，乃至城市范围内宏观层面的布局达成一致。在对商业空间发展进行具体策划、引导的过程中，商业开发主体或政府相关部门是他组织作用的主体，这种安排和谋划作为一种突然施加于系统的外力，促进了系统的自组织演化进程和效率，甚至会改变系统现有相对稳定的渐变发展状态，进入间断、跳跃式的发展状态——突变。与此同时，针对商业空间发展进行的策划通常与上述几类规划（城市商业网点规划、商业空间规划设计等）互相配合，共同介入系统的自组织运行过程，影响商业空间的发展演变。如成都地铁1号线所属站点——人民北路及火车北站，受到成都市"北改"①战略的影响，站域商业空间的总体布局、外部环境、商业业态层级等各个方面在同一时间段受到外部因素的强烈作用，发生了显著改变。

5）商业空间环境整治

商业空间环境整治是利用他组织对商业空间的实施性干预，具体是指通过采取一定手段对局部商业空间进行修复、改扩建或对商业秩序进行维护，在保持原有社会空间关系的基础上提高商业空间的环境质量。这种他组织作用模式主要存在于商业空间建成并投入使用后的某个时期，如对城市现有重要商圈周边的交通管制、对步行商业街步行环境的改善等。

混沌学是自组织理论的一部分，揭示了系统从混沌（平衡态）到有序，再到混沌（非平衡态）的演化过程，是一种对系统发展状态的认知。在此，可以将商业空间环境整治等同于促使系统由混沌状态到有序演化状态的外部力量，它是系统发生突变的前置条件。商业场所的开发商或政府机构借助对空间环境的整治，实现购物环境的改善和购物体验感的提升，吸引更多消费者聚集，完成商业空间的扩能升级。尤其是在商业空间正常而缓慢的自组织演进过程中突然出现了地铁站点开通运营这一他组织作用力时，商业空间环境整治便会适时介入到系统运转中，以外力作用方式改善系统自

---

① "北改"：在成都整体发展已进入城市化和工业化的中期阶段，北城区域仍存在基础设施老化短缺、产业业态低端、城市形象老旧等城市问题。2012年，成都市政府启动了"北改"项目，对金牛、成华、新都三个区共104km²的城市空间进行改造，进行其主营业态升级和空间优化，实现城北的华丽转身，提升了整个城市的品质。

身条件，更好地应对大量人流的出现对商业空间造成的冲击。

综上可知，地铁站域商业空间演进过程中受到的他组织作用机制是政府相关部门或开发商为了应对现状发展过程中存在的矛盾和不足，制定各种政策措施或规划策划方案，特定地作用于商业空间，以谋求商业空间维持有序的发展状态，从而实现更大的经济社会效益。

3.5　地铁站域商业空间演变中自组织和他组织的关系

在一个组织里，自组织和他组织往往是同时存在的，系统组织的过程也就是自组织与他组织相互作用的过程[23]，两者共同影响系统的演进与发展。通过分析自组织作用和他组织作用机制的异同，认清两者的作用规律和作用模式，可以更有效地借助他组织的作用规律介入系统演进，促进或抑制相关自组织作用，引导系统走向有序、稳定的发展轨迹。

3.5.1　自组织和他组织的区别

1）行为主体的不同

站域商业空间的自组织演变进程源自系统内部各微观主体之间的相互作用与影响。其作用机制的基础是商家对消费客流的争夺及消费者对商家的选择，经过较长一段时间的发展后，客流相关性强、经营效益好的商家得以生存，并由此实现了商业空间的良性演变。在此过程中，系统受到外部影响力作用的强弱和数量都极为有限，支撑系统不断循环演进的主体更多的是系统内部的相互作用与关系。

地铁站域商业空间的他组织作用力源于系统外部，是政府、开发商为实现一定目的，通过相应政策和发展策划对商业空间的发展进行调整干预和宏观把控。与自组织机制依靠系统内部相互作用推动系统演进的方式和主体不同，他组织对系统的作用方式和主体主要是系统之外的力量，且这股力量是特定地作用于系统的。

故在分析系统演进的自组织和他组织机制时，区分系统内外之间的界限成为一项关键性步骤（图3-20）。例如随着地铁站点的开通运营，商家为了吸引大量人流，对店面进行装饰改造，以营造良好的购物氛围。这属于商业空间自我调整的自组织行为。如果作用主体是政府部门，其为了提升片区形象和经济效益，制定了一系列商业空间提升优化策略，并以行政手段强制推行，迫使商业空间完成改造。这属于外部力

量特定地作用于商业空间，是典型的他
组织行为。由此可知，性质相似的同一
种行为，当作用主体发生变化，即由内
部调整转变为外力输入时，形成的演进
机制也随之改变。

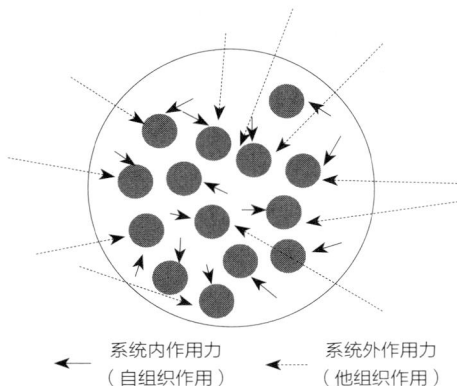

系统内作用力　　　系统外作用力
（自组织作用）　　（他组织作用）

图 3-20　系统作用主体的区别

　　2）作用方式不同

　　自组织机制的作用力量会隐性而永
久地作用于地铁站域商业空间的演变，
是商业空间发展的内因和根本动力。而
他组织机制的作用通常是以一种较为直
接、显著的方式对商业空间发展进行引导和干预，在介入系统发挥作用之前通常会有
明显的征兆，是系统演变发展的外部动力。同时，他组织作用机制是对商业空间整体
和宏观层面的把控，如对商业空间规模、定位和发展方向的规定。而自组织作用机制
则是基于系统内部的同一性来影响和规范个体消费者及商家的行为[9]，并由此作用
于地铁站域商业空间，使空间带有典型消费者和商家的行为烙印。

　　3）演化方向不同

　　地铁站域商业空间的自组织演变过程是在其本身所处的较低层次内进行的，通过
系统内部不断进行的自组织作用，提升系统层级和内在秩序。之后，随着系统的不断
演进发展，形成新的有序的结构，并达到一个较高层次的形态与结果。总体来看，自
组织机制作用下的系统演化是从低级到高级、从下到上的过程。例如地铁站域商业空
间在经历较长一段时间的自组织作用后，达到了消费者与商家相互适应、协同发展的
最佳状态。此时，商家的经营效益良好，商业空间结构最为合理有序。当地铁站点开
通运营或是有其他外部因素改变导致商业空间面临消费者数量变化或消费者需求提高
时，既有的商业结构不能满足消费者需求，在没有外力介入的情况下，系统会在自身
自组织的作用机制下形成更高层级的、稳定的商业空间结构和演进模式。以上所述整
个过程便是商业空间在自组织作用机制下缓慢进行的不断完善和提升的过程。

　　而他组织机制作用则是由外界较高层次的强力作用施加于系统本身较低层次的演
进过程中，并引导系统或在较低层次上形成有序的结构，或迈向更高层次的结构形
式。其演化作用方向是从高级到低级、从上到下的[24]。通常情况下，他组织的外力
作用是以目标为导向，借助各种手段对系统施加影响，并达成最初设立的目标。与系
统现有的状态或情形相比，此处设立的目标常常处于较高层级或优势阶段。例如随着
居民生活水平的提升，对购物场所体验感的认知也逐渐增强。为了迎合这一趋势，政
府等商业空间主管或开发部门会设定发展目标或计划，借助相应的手段，有目的地介

入系统的演化过程并促使系统朝着设定的目标不断演变（图 3-21）。

4）发展时序不同

从时间维度来看，自地铁站域商业空间形成后自组织机制便开始萌发，随着时间的沉淀，自组织力量愈发壮大并潜移默化地作用于商业空间发展的始终，是一种长期性、永久性的作用机制。不论商业空间面临什么样的外部环境和发展境况，自组织都一直存在并发挥着作用，影响着系统的演化进程。例如，对于地铁站域商业空间来说，不论是先有商业空间的存在，还是地铁站点建成运营后才陆续形成的商业空间，自组织作用机制均贯穿于商业空间发展的全过程，是系统不断涨落与循环的持续动力，发挥了显著的作用。

图 3-21　自组织与他组织作用的方向

与自组织作用机制不同，商业空间的他组织通常是阶段性地作用于系统主体，且常常是以问题或具体目标为导向的间歇性作用模式。此处所说的间歇性是指特定而具体的某一单个他组织行为，如果将他组织作为一个整体看待，则仍会始终存在于系统的演变过程中。在实现既定目的后，特定的他组织行为便会停止，并根据系统需求引入新的他组织作用力，故间歇性和短暂性主要体现在单一的他组织行为上。在现代快速城市化背景下，他组织作用机制主要表现在：商业空间形成之前，基于他组织规划快速新建商业空间；商业空间发展到一定阶段后，商业空间自组织发展的困境或政府基于一定发展目标而对商业空间的发展进行引导；系统演进过程中，外部环境发生了重大变化，政府或开发商等主导机构介入并修正系统的自组织演进机制。

5）外部环境对两者的影响不同

地铁站域商业空间演变过程中，外部环境对商业空间的自组织演变只具有催化作用，但并不能干预其演化发展的方向和结果，也无法影响其自组织作用机制。如地处市中心和郊区的两种地铁站域商业空间，前者良好的区位优势能促使消费者和商家在较短的时间达成同一性，形成强有力的自组织作用力；后者则需在经历较长一段时间后才能建立消费者和商家之间的同一，虽然历时较长，但这并不影响消费者和商家间达成同一的趋势。该例证说明了外部环境只是对商业空间系统的自组织演进起到了促进或阻碍作用，但却不能左右空间最终的发展形态与结果。

对他组织作用机制而言，包括组织者在内的外部环境都对他组织的发展方向和结果起着决定性作用，如某些重要地铁站域商业空间发展规划从根本上控制着商业空间他组织作用的方向、内容和进程（图 3-22）。

6）两者的可控程度不同

地铁站域商业空间的自组织演变机制存在随机性、非线性等特征，且始终存在于

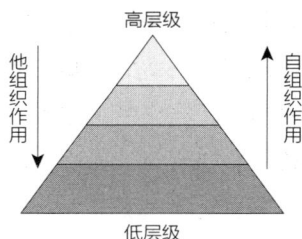

空间的演变过程中，对系统演变的影响
力强弱、影响作用节点以及最终的演变
结果都很难被外力所控制。如前文所述，
外部作用力只是对商业空间的自组织作
用起到促进或抑制的效应，自组织作用
于系统的本质属性是不会受任何外界因
素影响或左右的。自商业空间形成开始，
内部的自组织作用机制便产生并发挥影

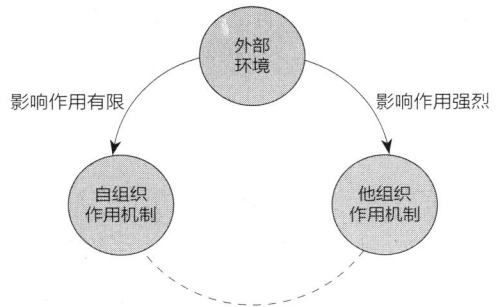

图 3-22　外部环境的影响程度

响，如不同类型商家的进驻或退出、商业空间的修葺改造、商业经营业态层级的提升或
降低等。这些行为都是在外界因素的影响下自发进行的，不会被任何外力所改变。

　　而他组织机制的作用力是由系统之外的作用主体施加，并有针对性地作用于系统内
部，通常是目标与结果的直线性操作模式。他组织作用机制介入系统的过程具有详尽的计
划性，且受到组织者的严密控制以保证完成操作实施，在作用过程、方向及结果方面都具
有非常强的可控性。同样是对商业空间演变过程的介入与影响，他组织机制通常是在空间
自组织演变出现问题或困境时，由作用主体有目的地施行，在作用力强弱、作用时长、作
用着力点方面都有着精准的把控，力求引导商业空间走出困境，实现效益及价值的提升。

　　表 3-3 是对地铁站域商业空间演变中自组织作用机制和他组织作用机制存在差
异的归纳总结。

地铁站域商业空间演变中自组织和他组织的区别　　　　　　　表 3-3

区别	自组织作用机制	他组织作用机制
行为主体	商家、客流	政府、规划师
作用方式	隐性、永久	直接显著
演化方向	自下而上	自上而下
发展时序	商业空间发展始终	阶段性
外部环境	催化作用	决定作用
可控程度	较难控制	具有可控性

3.5.2　自组织和他组织的联系

　　1）两者都是过程与结果的统一
　　地铁站域商业空间的自组织和他组织包含名词和动词两重内涵，是过程与结果的
统一，指系统在组织力的作用下形成一定有序结构的过程和结果。这其中既包括了系

统演进过程中受到的各种推动力或阻力
作用，以及作用之下系统的运行状态，
也包括了系统经过一系列演进过程后达
到的状态或情形。例如在地铁站域商业
空间的形成与发展演变过程中，外部作
用主体或商家自身基于某种目的而进行
的相关活动，以及由此产生的影响和作
用结果，都可以归结为系统自组织和他
组织作用机制的范畴。

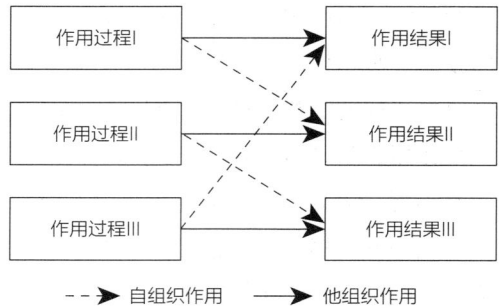

图 3-23 自组织与他组织作用的过程与结果

虽然两种作用机制都是集作用过程与结果于一体的，但不同作用机制下的过程与
结果的关系并不一致。自组织作用机制是自发产生的行为，作用过程及作用目标不统
一，对系统演进产生的影响力也是随机的，导致商业空间的演进结果与过程之间缺乏
必然性。他组织作用机制介入系统的演进过程具有一定的目的性，故其过程与结果之
间是一一对应的因果关系（图 3-23）。

2）相互补充，共同推进商业空间的发展

自组织与他组织的作用机制都是地铁站域商业空间演变的动力，两者相互补充，
共同影响并推进商业空间的演变，引导商业空间朝着合理有序的方向发展。

从作用对象来看，以政府相关机构为主的他组织是对商业空间宏观层面的规划引
导，而系统内部的自组织是对商业空间、商业活动微观层面主体行为活动的规定。由
于商业空间复杂性的增加，单纯依靠消费者、商家等主体微观层面的相互作用（自组
织作用过程）难以有效推动商业空间的合理演变，因而需要城市政府从宏观层面对商
业空间的发展进行指导，组织协调各子系统（他组织作用过程），引导商业空间向着
更为合理有序的方向发展。

从商业空间具体的演变过程来看，自组织机制和他组织机制是"你中有我，我中
有你"的密切关系。自组织机制一般建立在他组织的基础上，而他组织也是在自组织
的基础上对商业空间发展的适时引导。如基于城市规划等他组织机制的作用建立了商
业空间，在商业空间系统载体内进行商业活动，由此引发商业空间的自组织演变；当
系统自组织演变遇到困境时，又会有新的他组织作用介入，两者共同引导商业空间摆
脱困境。

3）相互制约

在系统内部，虽然自组织作用机制与他组织作用机制联系紧密、共同发挥作用，
但是两种作用机制之间也互为促进或掣肘，存在正向与逆向两种相互影响力。当两者
形成正向复合作用时，他组织作用机制一方面可以修正自组织作用产生的偏移，另一

图 3-24　人民北路金牛万达广场及周边商业街

方面也对自组织作用产生了促进效果；当两者互为逆向作用时，不但会阻碍系统的演化进度，还会使演化方向产生巨大偏差，导致系统走向无序和混乱。

　　自组织作用机制是商业空间演变的主要力量，它贯穿于空间发展的始终，因而政府等他组织作用机制若想很好地发挥作用，应在充分认识和尊重商业空间自组织的作用基础上制定合理的规划政策，使自组织和他组织作用力实现同向复合，形成内外合力，共同作用于商业空间。例如成都市地铁 1 号线人民北路及火车北站地铁站域的商业空间，业态层级较低，商业氛围较差。虽然商业空间内部在不断进行着业态的更新与购物环境的改善，但系统自组织作用过程仍显缓慢。成都市实施的"北改"工程，以一种他组织作用机制的模式强力介入商业空间的演进过程，规划建设了一批层级较高的商业、商务场所，显著提升了该片区的业态层级和商业经营氛围（图 3-24）。由此可见，当他组织与自组织产生同向复合时，会形成一股强大的作用力，推动系统快速、高效地实现改善提升。

参考文献

[1]　钱学森. 论宏观建筑与微观建筑［M］. 杭州：杭州出版社，2001.

[2]　李鹏. 基于自组织理论的城市居住空间演化研究：以郑州市中心城区为例［D］. 上海：同济大学，2009.

[3]　张勇强. 城市空间发展自组织与城市规划［M］. 南京：东南大学出版社，2006.

[4]　沈晓峰. 混沌初开：自组织理论的哲学探索［M］. 北京：北京师范大学出版社，1993.

[5]　邹佳旻. 基于自组织理论的乡村社区营造策略研究［D］. 厦门：厦门大学，2014.

[6]　张士宪，李运刚，何小凤. 非平衡态热力学的研究进展及应用［J］. 湿法冶金，2007（4）：169-174.

[7]　彭建良. 企业管理中的非线性思维［J］. 企业活力，2008（5）：80-81.

[8] 湛垦华，孟宪俊，张强. 涨落与系统自组织[J]. 中国社会科学，1989（4）：173-184.

[9] 张燕飞. 快速城市化背景下城市商业空间发展与规划研究[D]. 厦门：集美大学，2014.

[10] 李诗曼. 自组织理论视角下的城市新区与老城共生发展策略研究[D]. 邯郸：河北工程大学，2015.

[11] 管驰明. 商业业态变革背景下城市商业空间重组[J]. 北京工商大学学报（社会科学版），2008（1）：24-28.

[12] 鄢金明. 虚拟商业对城市商业空间的影响研究[D]. 武汉：武汉大学，2017.

[13] 王宇渠，陈忠暖，覃水娇. 地铁站点可达性、客流与站点商圈零售商业结构关系研究：以广州市为例[J]. 人文地理，2015，30（4）：66-71.

[14] 唐红涛，朱艳春. 地铁驱动视角下城市商业空间重组研究[J]. 湖南商学院学报，2014，21（4）：18-22.

[15] 林耿，张小英，马扬艳. 广州市地铁开发对沿线商业业态空间的影响[J]. 地理科学进展，2008（6）：104-111.

[16] 陈忠暖，冯越，江锦. 地铁站点周边的商业集聚及其影响因素[J]. 华南师范大学学报（自然科学版），2013（6）：189-196.

[17] 王先庆. 城市扩张背景下的地铁商业发展研究[J]. 城市观察，2012（5）：5-23.

[18] 赵晔，姚萍. 从自组织角度重新定位城市规划[J]. 现代城市研究，2008（6）：25-28.

[19] 尚正永. 城市空间形态演变的多尺度研究[D]. 南京：南京师范大学，2011.

[20] 蒋维科. 如何实现城市规划体系中对商业网点规划的布局控制研究：以苏州工业园区商业网点布局规划为例[C]//中国城市规划学会，重庆市人民政府. 规划创新：2010中国城市规划年会论文集，2010：12.

[21] 查君，杨明. 基于商业策划思想的城市综合体规划设计探讨：以成都文化演艺中心项目为例[J]. 规划师，2010，26（3）：55-58.

[22] 徐淳厚. 商业策划：基本方法、思维特征与必备素质[J]. 北京工商大学学报（社会科学版），2002（3）：10-13.

[23] 魏道江，康承业，李慧民. 自组织与他组织的关系及其对管理学的启示[J]. 系统科学学报，2014，22（2）：45-48.

[24] 何跃. 自组织城市新论[D]. 太原：山西大学，2012.

第

4 章 成都市典型地铁站域商业空间的选取

4.1 成都市发展概况

4.1.1 基本情况

成都，简称蓉，别称蓉城、锦城，地理位置介于东经 $102°54'\sim104°53'$、北纬 $30°05'\sim31°26'$ 之间，是四川省省会，西南地区唯一的副省级市，特大城市，西部地区重要的中心城市，也是我国西部的经济中心、科技中心、金融中心、文创中心、对外交往中心和综合交通通信枢纽（五中心一枢纽）。截至 2019 年，成都市辖锦江、青羊、金牛、武侯、成华、龙泉驿、青白江、新都、温江、双流、郫都 11 个区，简阳、都江堰、彭州、邛崃、崇州 5 个县级市，金堂、大邑、蒲江、新津 4 个县（图 4-1）。此外，成都市还有国家级新区——成都天府新区直管区，国家自主创新示范区——成都高新技术产业开发区，国家级经济技术开发区——成都经济技术开发区。根据成都市人民政府网站数据，目前全市土地面积为 $14335km^2$，占全省总面积（48.5 万 km^2）的 2.95%；市区面积为 $4241.81km^2$，其中建成区面积 $885.6km^2$。2019 年末全市户籍人口 1500.07 余万人，其中城镇常住人口 1233.79 万人，乡村人口 266.28 万人，城镇化率达 74.41%。2019 年 GDP 超 1.7 万亿元。

成都市地处四川盆地西部边缘，地势由西北向东南倾斜。西部属四川盆地边缘地区，以深丘和山地为主，海拔大多在 $1000\sim3000m$ 之间，最高处位于大邑县西岭镇大雪塘（苗基岭），海拔高度约为 5364m；东部属于四川盆地盆底平原，由岷江、湔江等江河冲积而成，是成都平原的腹心地带，主要由平原、台地和部分低山丘陵组成，海拔高度一般在 750m 上下，最低处在简阳市沱江出境处河岸，海拔高度为 359m。成都市由于巨大的垂直高差，在市域内形成了 1/3 平原、1/3 丘陵、1/3 高山的独特地貌类型。受到气候的显著分异影响，市域内形成明显的不同热量差异的垂直气候带，因而在区域范围内生物资源种类繁多、门类齐全，分布又相对集中，为发展农业和旅游业带来了极为有利的条件。

成都市商贸服务业发展历史悠久，基础深厚，同时成都市的商业消费空间拥有巨大潜力。2016 年获批国家服务贸易创新发展试点城市，国内贸易流通体制改革发展综合试验效果明显，并举办了 2016 成都购物节、2017 成都新春欢乐购等多个城市层面的商业消费活动。通过商贸产业提质、关联产业协同发展、"互联网 +"价值提升、城市国际化营销、品牌打造与政策支持等举措，推动建设国际购物天堂，进一步

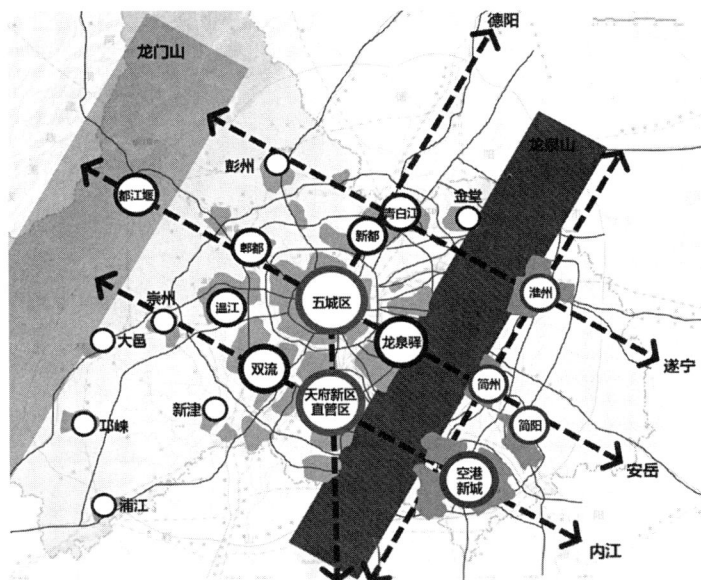

图 4-1　成都市主要辖区及
其空间分布
来源：《成都市城市总体规划
（2016-2035）》

巩固西部商贸中心的地位。2017 年成都市国内贸易的两个特征：①消费市场稳中有升。全市 2017 年全年实现社会消费品零售额 6403.5 亿元，同比增长 11.5%，在 8 个国家中心城市中名列第 5，位列副省级国家中心城市第 2 名。近年来，城市消费带动能力展现出越来越强的势头，社会消费品零售总额快速增长（表 4-1），占 GDP 比重由 2012 年的 40.76% 增加到 2017 年的 46.10%，年均增长超过 1 个百分点。②消费结构改善升级。限额以上企业商品零售额中粮油、食品、饮料、烟酒类比上年增长 15.9%，石油及制品类增长 13.6%，服装鞋帽、针纺织品类增长 16.2%，化妆品类增长 16.2%，通信器材类增长 31.4%，家具类增长 13.5%，汽车类增长 0.3%，文化办公用品类增长 22.9%，体育娱乐用品类增长 26.9%。

2017 年成都市社会消费品零售总额　　　　　　　　　　　　　　表 4-1

指标		实绩 / 亿元	同比 / ±%
社会消费品	零售总额	6403.5	11.5
	商品零售	5609.5	11.4
	餐饮收入	794.0	12.4
按地区分	城镇	6148.4	11.5
	乡村	255.1	11.4

数据来源：成都市人民政府，成都市地方志编纂委员会办公室. 成都年鉴（2017）[J]. 成都：成都年鉴社，2017.

成都市坚持以新开放观服务"一带一路"倡议，打造"向西向南"开放门户，主动参与和推动经济全球化进程，发展更高层次的开放型经济。成都市位于"一带一路"和长江经济带建设的战略交会点，是"立足西部、辐射全国、影响全球"的西部区域物流中心和面向亚欧的国际贸易物流桥头堡。2017年成都市对外贸易的两个特征：①对外开放稳步推进。年末，落户成都的世界500强企业有281家，驻蓉外国领事机构17个。国际大通道持续提能，国际（地区）航线达到104条，双流国际机场客货吞吐量分别达到4980万人次、64.3万吨，成为中西部唯一年出入境流量突破500万人次的航空口岸。蓉欧班列开行数量突破1000列。②对外贸易繁荣稳定。全年实现进出口总额583.0亿美元，比上年增长42.3%。其中，出口总额305.6亿美元，增长39.3%；进口总额277.4亿美元，增长45.7%。贸易结构持续优化，机电产品出口额269.6亿美元，增长53.9%；高新技术产品出口额238.9亿美元，增长64.3%。

4.1.2　城市轨道交通发展概况

成都市地理位置优越，拥有便捷发达的交通体系，是我国西南地区的交通枢纽中心。在航空运输方面，成都是我国内陆最大的航空枢纽，已形成"国际多直达、国内满覆盖"的航空运输体系和"一市两场"的航空枢纽双节点格局。在铁路运输方面，成都是国内西南部最大的铁路交通枢纽，全国第五大铁路枢纽，正深入实施"蓉欧＋"战略，努力打造对接"一带一路"、长江经济带的战略平台和连通泛欧泛亚的桥头堡，全面打造"多式集合、智能现代、服务便捷"的国内"国际铁路第一港"，推动相关产业向成都聚集。在公路运输方面，成都已初步形成高速公路、市域快速通道、国省干道和农村公路的城乡一体化公路网络，实现中心城区至各区（市）县高速通道点对点连接。同时，城市轨道交通快速发展，成都市是我国西部地区最早开通地铁的城市，到2019年底，成都市运营轨道交通线路总里程约302.285km。

新版《成都市总体规划（2016—2035年）》（在编）中提出交通发展总体目标：构建"安全、便捷、绿色、高效、经济"的综合交通体系，支撑城市空间格局。城区交通体系建设：成都市以TOD为城市发展理念，构建以轨道交通作为成都市公共交通的骨架，地面公交为基础，慢行系统为补充的三网融合的城市绿色交通体系。至2035年，在现有中心城区"环＋放射"的基础上构建网络化城市轨道线网，在中心城区城市轨道线网密度达到0.92km/km²，其中，老城片区城市轨道线网密度达到1.42km/km²，天府新区核心区城市轨道线网密度达到1.93km/km²。实现轨道站点10~15分钟满覆盖和实现公交出行分担率占机动化出行方式的70%，轨道出行占公交的80%。至2035年，规划35条城市轨道线路，线网达1696km，拥有714个站点

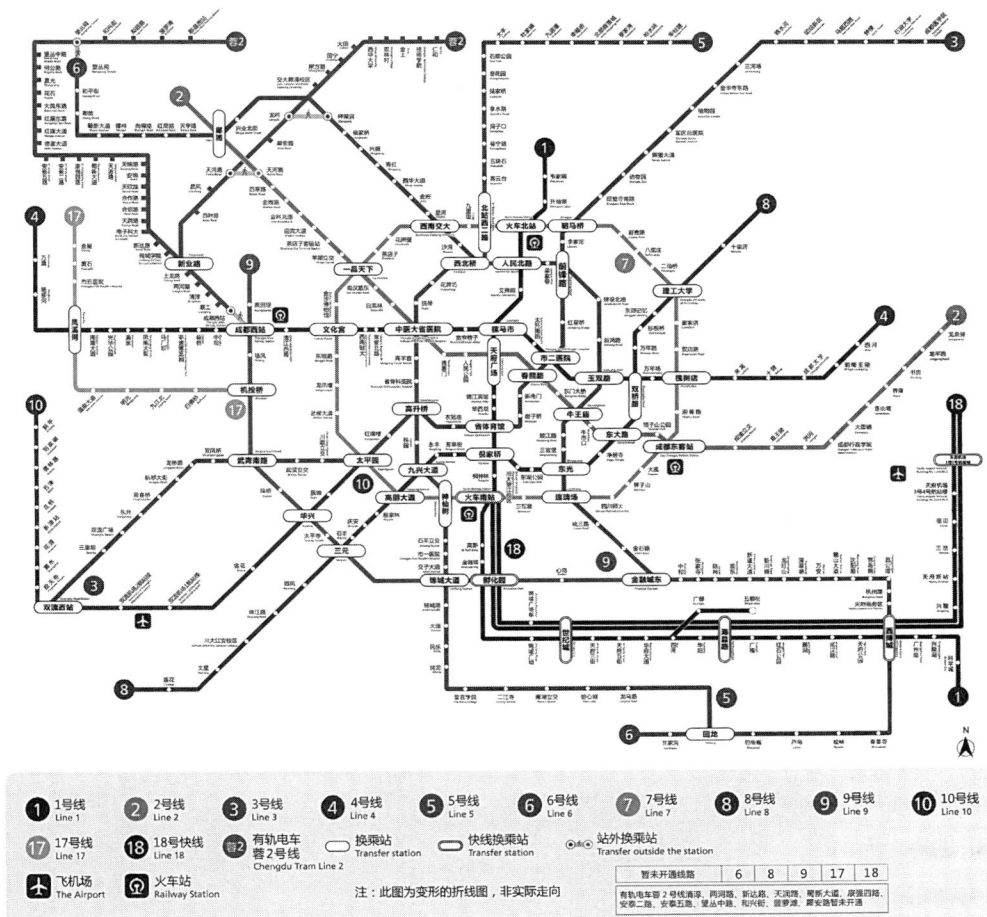

图 4-2　成都市已建成地铁线路示意
来源：成都地铁官方网站

和 80 个车辆基地，实现"22 + 3"行政区和 66 个产业园区轨道全覆盖；实现市域"半小时"交通圈。

截至 2019 年 12 月，成都市地铁已开通 1、2、3、4、5、7、10 号线（图 4-2），城市轨道交通运营里程已由"十一五"期间的 18.4km 增加至如今的 302.285km，城市轨道交通网络"环 + 放射"的结构初显雏形。运营车站由"十一五"期间的 17 个增加到 2019 年底的 207 个，且还在持续快速增加中。根据成都轨道交通集团有限公司统计，2019 年度成都轨道交通发送乘客 14 亿乘次，日均客流量约为 417.6 万乘次，占城市公共交通（含常规公交和轨道交通）出行量的 40% 以上，为缓解城市交通拥堵、转变城市交通发展方式发挥了积极作用，树立了公共交通在城市发展体系中的主导地位。

成都市主要城市轨道交通线路概况如下：

（1）成都市地铁 1 号线[1]：成都市地铁 1 号线是成都地铁建成运营的第一条地铁线路，也是我国西部地区开通的首条地铁线路，成都地铁 1 号线一期于 2010 年 9 月 27 日正式开通试运营；二期工程（世纪城站至广都站）于 2015 年 7 月 25 日开通运营，三期工程（韦家碾站至升仙湖站、四河站至科学城站、广都站至五根松站）于 2018 年 3 月 18 日开通运营。截至 2018 年 3 月，成都市地铁 1 号线线路全长 41km。如图 4-2 所示，成都地铁 1 号线全线大致呈南北走向，分有主线和支线，全线起于韦家碾站，主线止于科学城站，支线止于五根松站，共设置 35 座车站。

（2）成都市地铁 2 号线[2]：成都地铁 2 号线是成都市建成运营的第二条地铁线路，2 号线一期工程（茶店子客运站至成都行政学院站）于 2012 年 9 月 16 日正式开通运营，二期西延线工程（茶店子客运站至犀浦站）于 2013 年 6 月 28 日开通运营，东延线工程（成都行政学院站至龙泉驿站）于 2014 年 10 月 26 日开通运营。截至 2018 年 10 月，成都地铁 2 号线线路全长 42.3km。如图 4-2 所示，成都地铁 2 号线起于犀浦站，止于龙泉驿站，共设置 32 座车站，线路大致呈东南—西北走向。

（3）成都市地铁 3 号线[3]：成都地铁 3 号线是成都地铁建成运营的第四条地铁线路，截至 2018 年 12 月，成都地铁 3 号线线路全长 49.9km。线路一期工程（军区总医院站至太平园站）于 2016 年 7 月 13 日开通运营，二期工程（太平园站至双流西站）及三期工程（军区总医院站至成都医学院站）于 2018 年 12 月 26 日开通运营。如图 4-2 所示，成都地铁 3 号线起于成都医学院站，止于双流西站，共设置 37 座车站，线路大致呈东北—西南走向。

（4）成都市地铁 4 号线[4]：成都地铁 4 号线大致呈东西走向，是成都市第三条地铁线路，截至 2017 年 6 月，成都地铁 4 号线运营总长 43.3km。线路一期工程（非遗博览园站至万年场站）于 2016 年 1 月 1 日开通运营；二期工程分东西延线（西延线——万盛站至非遗博览园站，东延线——万年场站至西河站），共设置 28 座车站，于 2017 年 6 月 2 日开通运营。如图 4-2 所示，东西走向的线路代表成都市地铁 4 号线，其经过成都市温江区、青羊区、锦江区、成华、龙泉驿区，可与成都市的城市轨道交通线网中的多条线路换乘，使城市中的各区加强联系。

（5）成都市地铁 5 号线[5]：成都地铁 5 号线是成都市建成的第七条地铁线路，于 2015 年 9 月开工建设一期工程，2016 年开工建设二期工程，并于 2019 年 12 月 27 日开通运营，标志色为紫色。5 号线一、二期工程北起新都区华桂路站，途经金牛区、青羊区、武侯区，南至双流区回龙站。截至 2019 年 12 月，成都地铁 5 号线全长 49.02km，其中地下线 42km，高架线 7km；共设 41 座车站，其中地下站 36 座，高架站 5 座；拥有 1 座车辆段和 2 座停车场；列车采用 8 节编组 A 型列车。

（6）成都市地铁 7 号线[6]：成都地铁 7 号线是成都市建成运营的第六条地铁线路，截至 2019 年，成都地铁 7 号线全线长 38.61km，于 2017 年 12 月 6 日开通运营。如图 4-2 所示，成都市地铁 7 号线呈环形走向，起于火车北站，途经成华区、锦江区、武侯区、青羊区、金牛区，止于火车北站，共设置 31 座车站。成都地铁 7 号线是成都市首条环形线路，位于中环和二环之间居住用地最密集的环形交通走廊上，沿线连接了城市的四大重要交通枢纽，为成都站、成都东站、成都南站和成都城北客运中心。成都地铁 7 号线开通后，与城市快速轨道交通及市域轨道交通放射线形成换乘关系，使成都地铁正式迈入"井＋环"线网时代。

（7）成都市地铁 10 号线[7]：成都地铁 10 号线是成都市建成运营的第五条地铁线路，于 2017 年 9 月 6 日开通运营一期工程。地铁 10 号线全线大致呈东北 - 西南走向，一期工程（太平园站至双流机场 2 航站楼站，途经武侯区和双流区）共 6 座车站。截至 2019 年，成都地铁 10 号线一期线路全长 10.937km，其一期工程是成都首条服务机场客流的地铁专线，是连接航空枢纽、提升城市形象、创建国际化大都市重要的一环，该线串联了主城区和成都双流国际机场，实现了航空运输和地铁交通换乘"零距离"。10 号线二期作为成都市市域快线之一，主要服务于主城与新津组团的快速联系，并兼顾服务双流机场客流，全长 27.04km，共设车站 10 座。

（8）成都市在建线路概况[8]：地铁 6 号线一、二期（望丛祠站至观东站，途经高新西区、金牛区、成华区、锦江区南）线路全长 46.8km，共设车站 38 座；轨道交通 8 号线一期（莲花站至十里店站）线路全长 29.1km，设车站 25 座；6 号线三期（观东路站至兰家沟站）线路全长约 21.97km，设车站 18 座；轨道交通 18 号线一、二期，为成都新机场线（火车南站至天府机场 1、2 号航站楼）线路全长约 66.8km，共设置 12 座车站；轨道交通 17 号线一期（含 19 号线一期），工程线路长 26.145km，共设车站 9 座；有轨电车蓉 2 号线（成都西站至郫县西站）线路长 27.4km，线呈 Y 字形布局，支线（新业路与 IT 大道交叉口至仁和站）线路长 11.9km，线路全长 39.3km，全线共设站 47 座；轨道交通 9 号线一期，工程全长 22.18km，全线均为地下线，共 13 座车站。

2017 年发布的《成都市城市轨道交通建设"十三五"规划》明确了今后一段时期成都市轨道交通发展的原则、规模、方向和策略，以及当下轨道交通建设的发展目标、重点任务和保障措施等，从宏观层面描绘了成都轨道交通发展的宏伟蓝图。根据规划，成都市轨道交通的发展目标有以下五点：①强化城市轨道交通骨干作用，大幅提升轨道交通分担率；②构建全域覆盖的轨道交通半小时交通圈；③构建多制式轨道交通系统；④强化轨道交通与城市功能融合；⑤助推轨道产业发展，打造千亿级产业链。其中强化轨道交通与城市功能融合的内容是优化轨道交通沿线土地开发利用模式，促进站点周边资源集约化和功能复合化。以轨道交通规划为基础，借鉴 TOD 理念，采用联合开发模式，拓展融资渠道，鼓励多方合作，集约化整合站点出入口和周边建筑及公共空间资源，促进站点与核心区地下、地上空间一体化利用，实现交通功能与城市功能的有机结合，加强轨道交通站点的集聚影响力，提升站点周边土地价值。成都市轨道交通发展的重点任务包括加快推进城市轨道交通加速成网建设、大力推进城市轨道交通站点周边土地综合开发、大力发展城市轨道交通产业等三个方面。其中，在大力推进城市轨道交通站点周边土地综合开发方面，规划要求从以下几点展开：一是要出台促进轨道交通站点周边综合开发管理政策；二是要开展轨道交通站点土地综合开发利用规划设计；三是要加快与城市轨道交通站点换乘衔接设施的建设；四是要推进轨道交通沿线市政管线控制及优化设计。在轨道交通站点土地综合开发利用规划设计中，根据轨道交通站点的服务范围、服务能级对城市轨道交通站点进行分类，并参考《城市轨道沿线地区规划设计导则》将轨道交通站点分为枢纽站、中心站、组团站、特殊控制站、一般站、端头站 6 种类型。由此可见，对于轨道交通站点周边地区来说，土地功能、业态布局、交通基础设施的配置规模、土地开发强度等方面都将面临巨大的发展机遇，迎来大发展、大繁荣的时期。

4.2 典型站点选取及研究方法

4.2.1 典型站点选取

（1）市区划分概况

根据公示的《成都市总体规划（2016—2035 年）》（在编），成都市市域面积为 14335km^2。城市规划区范围划定为锦江、青羊、金牛、武侯、成华、龙泉驿、青白江、新都、温江双流、郫都等 11 区，简阳、都江堰、彭州、邛崃、崇州等 5 市和金堂、新津、大邑、蒲江等 4 县。

中心城区范围划定为锦江区、青羊区、金牛区、武侯区、成华区、新都区、郫都区、温江区、双流区、龙泉驿区、青白江区 11 个行政区和成都高新区、天府新区成都直管区 2 个功能区，面积约 3639.81km^2 [9]。

据此，本书将成都市一环路以内的区域定义为市中心区；将一环路以外、三环路以内以及高新南区大源组团和金融总部片区定义为主城区（市中心区和主城区统称市区）；将三环路以外的城市集中建设区定义为郊区，其中，高新南区大源组团和金融总部片区属于天府新区的核心区，城市开发建设日趋成熟，因此将该区从上述范围

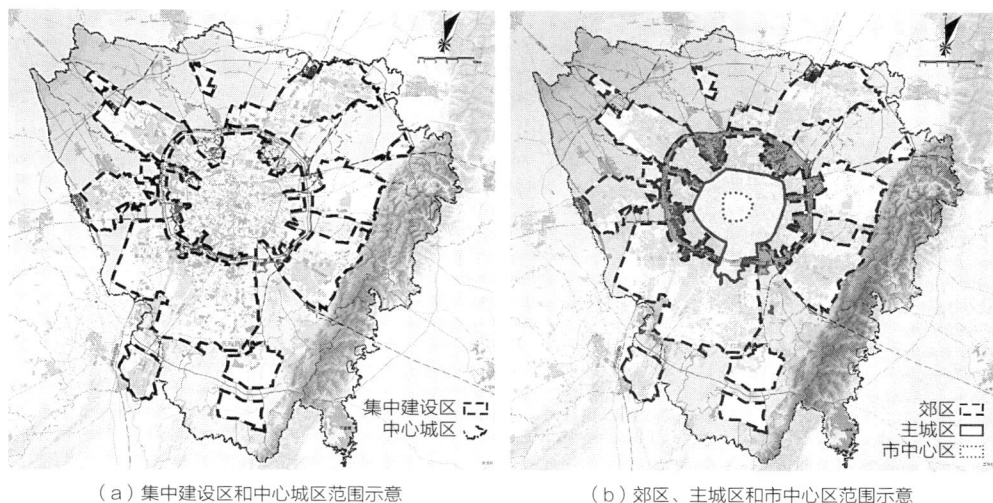

（a）集中建设区和中心城区范围示意　　　　　（b）郊区、主城区和市中心区范围示意

图 4-3　成都市城市建设区划分示意

剔除（图 4-3）。

（2）成都地铁站点概况及分类

成都市轨道交通站点分类一般以轨道交通功能和城市功能为参考，将轨道交通站点分为城市级、片区级、组团级和一般站点四种类型。城市级站点指位于成都市总体规划中确定的城市主中心、综合型副中心和城市综合交通枢纽的站点；片区级站点位于各区（市）县的城市主中心或次中心和现代制造业、服务业产业园区的综合服务中心，这类站点所在区域的服务半径 3～5km，服务面积 30～50km²；组团级站点位于组团公共服务中心或特色镇中心，以及农业类型产业园区的综合服务中心，站点所在区域的服务半径 2～3km，服务面积 10～15km²；一般站点位于其他一般区域，站点所在区域的服务半径 1km，服务面积 3～5km²。

根据本书划定的研究范围，基于站点的区位因素将这些站点划分为三类：市中心站点、主城区站点和郊区站点。市中心站点指成都一环路以内的地铁站点；主城区站点指位于一环路以外、三环路以内以及高新南区大源组团和金融总部片区的站点；郊区站点指位于三环路以外、绕城高速以内（除去金融总部片区）的区域的站点。基于上述三类站点分类，再根据站域商业空间的成熟度及形态细分为 10 小类（表 4-2）。

（3）典型地铁站点选取

《成都市城市轨道交通建设"十三五"规划》中提出，力争至 2020 年运营地铁线路达到 500km 以上，国铁公交化运营线路达到 347km 以上，同步加快市域铁路建设，到"十三五"末，实现轨道交通在公共交通中占主体地位，构建全域覆盖

成都地铁站点分类

表4-2

	站点分类	特征	1号线	2号线	3号线	4号线	7号线	10号线
市中心站点	市级中心站点	其站域商业空间是辐射全市的重要商业中心；以地铁上盖物业为主；商业综合体形式	天府广场站、骡马市站	春熙路站、天府广场站	春熙路站	骡马市站		
	区域中心站点	其站域商业空间是片区重要商业中心；以地铁上盖物业和面状临街商业为主	人民北路站、火车北站		省体育馆站、市二医院站	市二医院站		
	社区中心站点	其站域商业空间是社区重要商业中心，以购物中心加临街商业为其重要形式	锦江宾馆站、文殊院站	人民公园站	衣冠庙站、新南门站	万年场站、玉双路站		
	一般站点	周边一定范围内无集中商业设施，以居住用地、绿地或其他专业用地为主	华西坝站	通惠门站、东门大桥站	磨子桥站、红星桥站	大升南路站、宽窄巷子站		
主城区站点	区域中心站点	其站域商业空间是片区重要商业中心；以地铁上盖物业和面状临街商业为主	省体育馆站	牛王庙站	高升桥站	西南财大站、双桥站	火车南站、文化宫站、一品天下站	
	社区中心站点	其站域商业空间是社区商业中心，以购物中心加临街商业为其重要形式	火车南站、倪家桥站	蜀汉路东站、羊犀立交站、一品天下站、牛市口站	红牌楼站、昭觉寺南路站、动物园站	清江西路站、草堂北路站	西南交大站、花照壁站、东坡路站、四川师大站、府青路站	

续表

站点分类		特征	1号线	2号线	3号线	4号线	7号线	10号线
主城区站点	一般站点	周边一定范围内无集中商业用地，以居住用地、绿地或其他专业用地为主	世纪城站、锦城广场站、孵化园站、高新站、天府五街站、天府三街站、金融城站、桐梓林站、升仙湖站	白果林站、中医大省大道医院站、东大路站、塔子山公园站、成都东客站	太平园站、前锋路站、驷马桥站	文化宫站、中医大省医院站、	金沙博物馆站、茶店子站、九里堤站、北站西二路站、八里庄站、二仙桥站、理工大学站、崔家店站、双店路站、迎晖路站、成都东客站、槐树店站、大观站、狮子山站、琉璃场站、三瓦窑站、神仙树站、高朋大道站、太平园站、武侯大道站、龙爪堰站	太平园站
	郊区中心站点	地处郊区重要城镇的主要道路；集散客流多；周边商业发展初具雏形	华阳站	犀浦站、茶店子客运站、龙平路站、龙泉驿站	石油大学站、成都医学院站、川藏立交站、东升站、双流广场站	中坝站、光华公园站	—	—
郊区站点	一般站点	周边有少量商业设施，以居住用地、学校或工业用地为主	华府大道站、四河站、广都站、广福站、海昌路站、广州站、兴隆湖站、科学城站	天河路站、百草路站、金科北路站、迎宾大道站、成浦立交站、书房站	军区总医院站、植物园站、团结新区站、马超西路站、锦水河站、武侯立交站、双凤青南路站、航都大街、成都大桥站、十陵站、迎春桥站	非遗博览园站、成都西河站、万盛站、杨柳河站、风溪河站、南熏大道站、涌泉站、凤凰大街站、马厂坝站、蔡桥站、来龙站、十陵站、成都大学站	—	簇锦站、华兴站、金花站、双流机场1站、双流机场2站
	未开发站点	站点周边多为未开发的土地、农田	五根松站、红石公园站、武汉路站、麓湖站、西博城站、天府公园站、广州路站、兴隆湖站、科学城站	金周路站、惠王陵站、洪河站、成都行政学院站、大面铺站、连山坡站、界牌站	熊猫大道站、华寺东路站、金河路站、龙桥路站、三里坝站、双流西站	明蜀王陵站、西河站	—	—

的轨道交通半小时交通圈，城市轨道交通规模和服务水平步入全国先进城市发展行列。由于不同的地铁线路开通运营的时间不同，因此需要对地铁线路及研究站点进行筛选。

首先，从成都市地铁开通的时间考虑，研究站点以成都地铁 1 号线、2 号线为主，3 号线、4 号线为辅，由于 5 号、7 号、10 号线建成时间尚短，故暂不考虑。①成都市地铁 1 号线是成都市第一条地铁线路，同时是成都市一条南北方向骨干地铁，于 2010 年 9 月开通运营一期工程。截至 2018 年 3 月，成都地铁 1 号线运营总长 41km，拥有 35 座车站；②成都市地铁 2 号线是成都市第二条地铁线路，线路大致呈东南—西北走向，于 2012 年 9 月开通运营一期工程。截至 2018 年 10 月，成都地铁 2 号线线路全长 42.3km，设有 32 座车站。成都市地铁 1、2 号线是成都最早开通的城市轨道交通线路，分别比地铁 3、4 号线开通时间早 3～6 年，其站域商业空间自组织作用时间长，有利于本书的研究（图 4-4）。

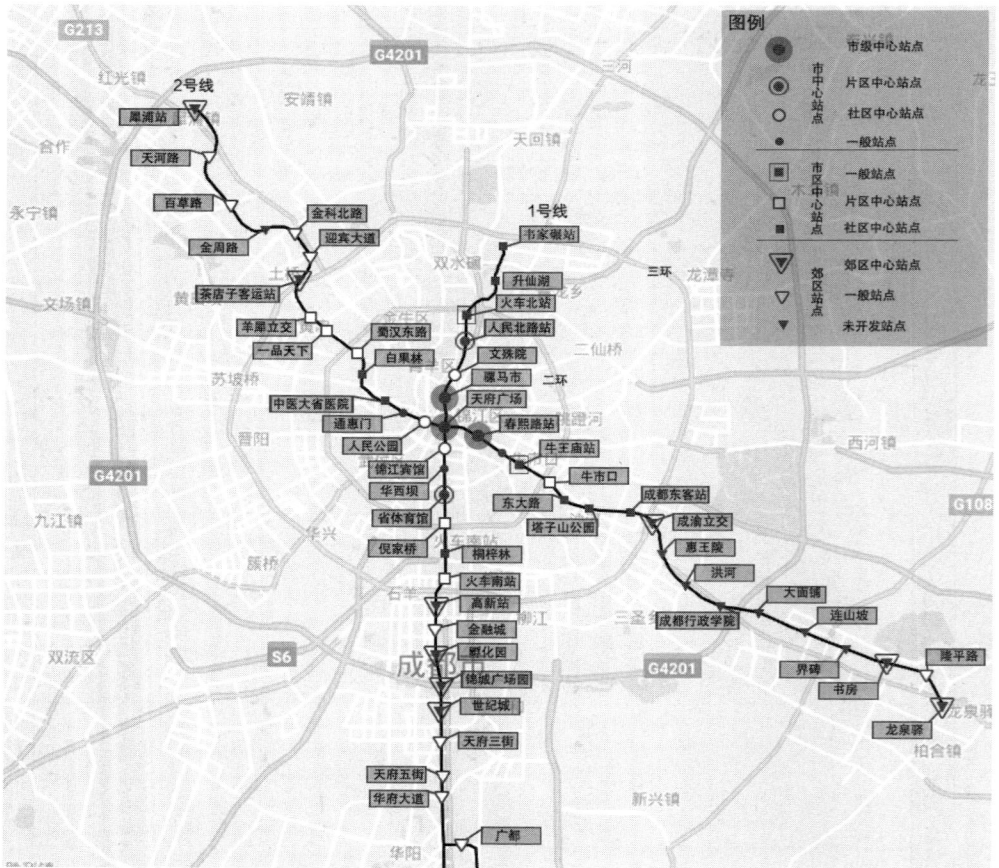

图 4-4　成都地铁 1、2 号线上站点分类

图 4-5　10 个典型地铁站点的空间分布

　　其次，由于地铁站点的开通为周边地区带来不同程度的经济、商业发展，为了更有效、更有依据地研究，需要考虑站域商业空间在地铁建成前后的变化情况，因此以发展较为成熟的站点为研究案例更有利于本次研究。除此之外，一般型站点和未开发型站点虽商业基础薄弱，但为了更好地促使其发展，对于此类站点发展现状的研究亦不可或缺。

　　最后，结合站点所在城市区位、站点周边商业空间等级，以及作者对成都地铁站点的熟悉程度，本书选择了成都市中心的春熙路站与骡马市站、城市一环周边的人民北路站与省体育馆站、城市二环周边的蜀汉路东站与万年场站、城市近郊的犀浦站与四河站、城市三环内桐梓林地铁站与一环内磨子桥地铁站 10 个典型站点（图 4-5、表 4-3）。

10 个典型站点概述   表 4-3

研究站点	区位	特点	所代表的站点（1、2 号线）
春熙路站	一环内	其站域商业空间是市级商业中心（春熙路商圈），拥有地铁上盖物业及较成熟的地铁商业	天府广场站
骡马市站	一环内	其站域商业空间是大量的金融机构、商业服务设施，拥有面状临街商业	
人民北路站	一环周边	其站域商业空间是片区商业中心（万达购物中心），拥有地铁上盖物业和面状临街商业	火车南站站、锦城广场站、前锋路站、太升南路站
省体育馆站	一环周边	其站域商业空间是电子科技中心，拥有面状邻街商业，以线状临街商业为主	
蜀汉路东站	二环周边	其站域商业空间是社区商业中心（以欧尚购物超市为中心的社区商业），以面状临街商业为主	羊犀立交站、一品天下、牛市口站、锦江宾馆站、文殊院站、人民公园站、西南财大站、红牌楼站、孵化园站、高升桥站
万年场站	二环周边	其站域商业空间以社区型服务业为主	
犀浦站	郊区	城市郊区的重要站点，邻近社区型商业中心	茶店子客运站、书房站、龙泉驿站、中坝站、万盛站、广都站
四河站	郊区	其站域商业空间以社区型服务业为主	
桐梓林站	三环内	其站域商业空间以连锁零售店、高档餐厅、高端服务设施为主	—
磨子桥站	一环内	其站域商业空间以社区型服务业为主	

同时，选取研究的 10 个站点对应的地铁站类型为：① 1 号线的骡马市站和 2 号线的春熙路站对应的研究类型是市中心站点的市级中心站点；② 1 号线的人民北路站和 2 号线的省体育馆站对应的研究类型是市中心站点的区域中心站点；③ 4 号线上的万年场站对应的研究类型是市中心站点的社区中心站点、2 号线的蜀汉路东站对应的研究类型是主城区中心站点的社区中心站点；④ 1 号线的四河站对应的研究类型是郊区站点的一般站点、2 号线的犀浦站对应的研究类型是郊区站点的郊区中心站点；⑤ 1 号线的桐梓林站对应的研究类型是主城区中心站点的一般站点，3 号线的磨子桥站对应的研究类型是市中心站点的一般站点。因此，基于上述站点分别对成都市城市中心型地铁站点、区域中心型地铁站点、社区中心型地铁站点、郊区型中心型地铁站点及一般型地铁站站域商业空间自组织演变现象进行研究。

4.2.2 案例研究方法

案例研究通过分析同一商业空间在地铁开通前后不同时间段内商业空间（业态、等级及规模）的演变，总结出演变中的自组织现象，以及地铁开通前后同一商业空间自组织演变的差异，由此概括不同类型地铁站站域商业空间自组织演变的特征。

典型地铁站域商业空间的业态、等级、规模等相关资料主要来自现场调研、政府资料及腾讯地图、百度地图的街景图像等。除春熙路站域商业空间以外，其他站域商业空间的历史资料较难获取，以致无法准确地分析地铁开通前商业空间形成的原因及发展过程，所以对这类站点的研究以 2012 年 12 月（腾讯地图所能查询到的最早街景时间）的商业空间状况作为本研究中商业空间的初始状态，然后以 2014 年、2015 年、2016 年、2017 年、2018 年、2019 年街景及多次调研（2016 年 9 月、2017 年 12 月、2018 年 1 月、2019 年 7 月）结果作为商业空间演变的阶段性状态。

参考文献

［1］　成都地铁 1 号线［EB/OL］. https://baike.baidu.com/item/ 成都地铁 1 号线 / 5333599? fr=aladdim.

［2］　成都地铁 2 号线［EB/OL］. https://baike.baidu.com/item/ 成都地铁 2 号线 / 5333548? fr=aladdim.

［3］　成都地铁 3 号线［EB/OL］. https://baike.baidu.com/item/ 成都地铁 3 号线 / 9853262? fr=aladdin.

［4］　成都地铁 4 号线［EB/OL］. https://baike.baidu.com/item/ 成都地铁 4 号线 / 9853248? fr=aladdin.

［5］　成都地铁 5 号线［EB/OL］. https://baike.baidu.com/item/ 成都地铁 5 号线 / 9853349? fr=aladdin.

［6］　成都地铁 7 号线［EB/OL］. https://baike.baidu.com/item/ 成都地铁 7 号线 / 9853334? fr=aladdin.

［7］　成都地铁 10 号线［EB/OL］. https://baike.baidu. com/item/ 成都地铁 10 号线 .

［8］　成都地铁［EB/OL］. http://www.chengdurail.com/ underline.html#under3.

［9］　成都市中心城区［EB/OL］. https://baike.baidu.com/item/ 成都市中心城区 / 20407608? fr=aladdin.

5.1 成都市中心型地铁站域商业空间开发现状

骡马市商圈、春熙路商圈及盐市口商圈为成都传统商圈，在历史发展中形成了平分秋色的格局，具有规模大、成体系、区位佳等特点。成都首开的地铁1号线及紧随其后开通的2号线在这些商圈内均设有站点（骡马市站、春熙路站、天府广场站）。地铁开通后，这些传统商圈的区位优势被进一步激活，交通通达性显著提升，人流量进一步增大，商业发展更加迅速。如今，地铁1号线天府广场站域商业建筑主要有仁和春天百货、远东百货、摩尔百货、明宇丽雅饭店、城市名人酒店等，站域用地以混合用地为主。骡马市站域商业建筑有远东百货、泰丰国际广场、罗马国际广场、哈尔滨银行、天府丽都喜来登饭店等，站域用地以商业用地为主。地铁2号线春熙路站域商业建筑有香槟广场、蓝光时代华章、群光广场、伊势丹广场、IFS国际金融中心、银石广场、晶融汇等，站域用地以商业用地为主。

本书的城市中心型地铁站点特指位于成都市级商业中心区的地铁站点（图5-1），如春熙路、骡马市、天府广场等站点。这些站点能较大程度地缓解站域商业中心地面客流的交通压力、提高商业空间的交通可达性和客流承载力，促进商业进一步繁荣，同时为商业空间的改造升级提供契机。

图5-1　成都市市级商业中心及邻近的地铁站点

5.2　春熙路地铁站域商业空间自组织演变

5.2.1　地铁开通前后商业空间的演变

　　春熙路地铁站是成都地铁 2 号线和 3 号线的换乘站点，地处成都商业最繁华的春熙路商业步行街，站点周边汇集了众多品牌专卖店及中华老字号商场，能同时满足高、中、低等不同收入者的购物需求，享有"百年金街"的美誉。如今的春熙路商业步行街，在经历东锦江街、江南馆街的整治改造，地铁 2 号线、3 号线的开通运营以及 IFS、晶融汇、太古里等顶级商业项目的入驻后，正经历由传统商业步行街向现代商圈的演替，并以红星路为中轴线，商业空间不断东拓，成为西南地区业态最为丰富的商业高地（图 5-2）。

　　1）地铁站开通前

　　春熙路地铁站为 2 号线一期站点。地铁 2 号线于 2007 年获批并开建，2008 年8 月春熙路站动土开工，2012 年 9 月 16 日正式投入使用。前期的地铁规划及后期站

（a）传统春熙路商业步行街

（b）现代春熙路商业圈

图 5-2　春熙路商圈的升级演替

（a）历史上的东大街　　　　　　　　　　　（b）曾经的劝业场

图 5-3　历史上的东大街和劝业场
来源：http://mt.sohu.com/20171006/n516318964.shtml
http://www.sc.chinaneus.com/szbd/2016-01-17/26688.html

点的投入使用都是影响商业投资主体决策的重要因素，因此"地铁开通前"指地铁2号线线路规划获批前，即 2007 年之前。此阶段商业空间受到除地铁站点因素之外的其他多种因素的综合影响，持续、缓慢地进行着演化与发展。

　　早在 1924 年，军阀杨森在督理四川期间，利用手中兵权，强行将旧衙门拆除，修建了一条南北向街道以连通东大街①和劝业场②两大商业区（图 5-3），其后又修建了东西街道，形成了春熙路商业步行街的空间雏形。春熙路自建成之日起，依托东大街和劝业场两大商业高地，很快成为聚集银楼金店、绸缎布匹、钟表眼镜等众多商家的新兴商业中心；20 世纪 50 年代，在公私合营改造的背景下，新型综合百货商场与传统专业店相辅相成，丰富了春熙路的商业业态，进一步强化了春熙路在成都商业中心的地位；20 世纪 60—70 年代受国内整体经济形势的影响，春熙路商业处于沉寂和平淡期；20 世纪 80 年代伴随着改革开放的步伐，春熙路商业开始复苏；到了 20 世纪 90 年代，王府井百货、太平洋百货、伊藤洋华堂相继入驻春熙路，自此奠定了春熙路在成都的商业中心地位（图 5-4）。

　　与此同时，春熙路商业发展也开始出现困境，主要表现为商业布局不合理、建筑老旧、经济管理落后、交通混乱拥挤等，日客流量从之前的 20 万降到不足 5 万。2001 年 8 月，市、区两级政府斥资 1.8 亿元对春熙路进行了一次改造，以提升其商业、文化、旅游观光功能，这是春熙路历史上最大规模的改建活动。2002 年改造竣

① 东大街：当时成都最富庶、繁荣的街道，聚集了绸缎铺、首饰铺、皮货铺等商铺，是东门下川东的必经之地。1939 年 6 月，东大街被日军空袭炸毁，其繁荣景象就此结束。

② 劝业场：商业场最早叫劝业场，成都劝业场见于清朝末年，是成都最早的近代商业街。20 世纪 30 年代，全木质结构的劝业场毁于一场大火，1986 年 7 月新的劝业场重新开业。

（a）20 世纪 40 年代的春熙路 　　　　　　　　　（b）20 世纪 80 年代的春熙路

（c）20 世纪 90 年代的春熙路 　　　　　　　　　　（d）2000 年的春熙路

图 5-4　传统春熙路商业步行街的变迁
来源：成都春熙路的前世今生 [EB/OL]. http://cd.qq.com/news/newsplus/24chunxi.htm.

工，改建后的春熙路宽敞了很多，道路由花岗石和仿古地砖铺成，大小广场近 10 亩，设有露天水池和绿化带，开街当天就吸引了 10 万人流，春熙路商业街的活力再生[1]。2005 年《新周刊》将春熙路评为全国仅次于香港铜锣湾、上海南京路的第三大商业街。2006 年 2 月，通过政府投资、业主自筹等多种融资方式，斥资 1600 余万元，对锦华馆、科甲巷步行街进行改建，打造出了具有欧式建筑风格、传承春熙文化的特色商业街。

2）地铁站开通后

如前文所述，地铁线路规划及地铁站的开通运营都会对地铁站域商业空间演变产生影响，因而此处"地铁站点开通后"既指地铁 2 号线站点线路规划获批后（2007年），也指春熙路地铁站点正式投入运营后（2012 年 9 月）。

2001 年的大改造工程极大地促进了春熙路商业的繁荣，发展到 2008 年前后，成都商业迎来了大繁荣时期，区域商业中心（如建设路商业区、沙湾路商业区、金沙光华商业区等）迅速发展，与传统春熙路商业中心相抗衡。另外，春熙路商业区自身存在业态等级低、商业空间不足、商业模式单一等问题，春熙路商业发展面临困境。

根据2004年的《成都市春熙路—大慈寺片区城市设计及历史街区保护整治规划》，传统春熙路商业步行街将向东跨越红星路与大慈寺片区连通，形成集购物、餐饮、休闲为一体的商业文化综合区。2007年9月，位于红星路东侧的成百地块正式挂牌出让，并规定8个月内动工、3年半内竣工并投入使用。成百地块的挂牌出让意味着春熙路商业开始按保护整治规划要求，向东跨越红星路发展，以打破现状商业发展的困境，寻求春熙路商业空间的转型升级。之后，晶融汇（美国铁狮门，2008年）、银石广场、太古里（香港太古集团，2009年）三大商业项目相继落户红星路以东，为春熙路商业发展提供了源源不断的新鲜力量[2]。

2012年8月，成都锦江区中央商务区管委会①与北京市王府井地区建管办签署合作协议，计划于2~3年内将春熙路商圈由东向西拓展[3]。这是成都政府第一次正式发文关于春熙路商圈扩容的文件，是政府他组织的有效干预。

2012年9月，伴随着春熙路地铁站的开通，IFS、太古里、晶融汇、银石广场等商业项目正式开业亮相，新增商业体量超过百万平方米，城市综合体、甲级写字楼、五星级酒店等多业态并存。由此，传统的春熙路商业步行街开始逐步向现代春熙路商圈演替升级（图5-5）。

图5-5 现代春熙路商圈

---

① 成都市锦江区中央商务区管委会系锦江区区委、区政府派驻机构，主要负责功能区范围内项目推动、招商引资、产业规划等重点工作。管理范围：东起天仙桥街，西到南大街，南至滨江路、指挥街沿线部分区域，北至华星路，涵盖春熙路商圈、盐市口商圈和红照壁商圈以及大慈寺文化旅游片区，面积约5.3km²。

除地面商业空间的演变外，地下商业空间特别是与春熙路地铁站厅相连的地下商业街也进行了较大规模的开发，如银石广场与地铁站厅相连的地下空间已发展形成初具规模的地下商业街，以服饰、美甲、饰品及小食店等大众商业为主，与地面高端商业形成互补，吸引了追求时尚的大、中学生等年轻一族前来消费。

5.2.2　地铁开通前后商业空间演变中的自组织现象

1）地铁开通前

（1）20 世纪 30—40 年代银楼金店、绸缎布匹等商家的聚集

春熙路最初是连接东大街和劝业场两大商业区的通道，随着城市商业的繁荣，东大街、劝业场商业空间外溢。春熙路依托其良好的区位优势，承接了东大街、劝业场大量过剩的商家，由此形成银楼金店、绸缎布匹、钟表眼镜店等大量商家聚集的新兴商业中心。

（2）20 世纪 90 年代百货大楼的入驻

20 世纪 60—70 年代受国内整体经济形势影响，春熙路商业处于沉寂期；20 世纪 80 年代伴着改革开放的步伐，商业开始复苏，1992 年成都第一家百货大楼——王府井百货入驻春熙路。紧接着太平洋百货（1993 年）以及成都第一家外资超市伊藤洋华堂（1997 年）进驻春熙路。这些大型百货商场的入驻推动着春熙路商业发展进入新时期。

2）地铁开通后

（1）商圈升级

传统的春熙路商业步行街以中低档商业为主，商业氛围浓厚但整体环境品质较差。春熙路作为成都历史最为悠久、商业氛围最为浓厚的商业片区，在 IFS、银石广场、太古里等高品质商业项目的入驻及春熙路地铁站的开通后，商圈集聚了大量高端要素，提升了消费吸引力，增进了区域辐射力及国际影响力，空间环境质量得到明显改善，客流集散量显著增加，春熙路商业中心实现了改造升级，逐步成为国际级的消费中心。

（2）商业中心东移

传统的春熙路商业步行街以中山广场为中心，现随着红星路以东春熙路地铁站的开通及太古里、IFS 等大型项目的落成，原有商业中心向东移，形成了以银石广场为中心的现代商圈（图 5-6）。

（3）新商业空间的产生

中心型地铁站点具有运量大、人流多的特性。为了聚集和疏散人流量，地铁站点与外部空间的步行接驳空间随之产生。春熙路地下接驳空间呈多元网状组织模式[4]，其服务范围大，内部连通性强，导向性偏弱。春熙路地铁站坐落在成都最核心的商业地带，IFS 金融中心、银石广场、远洋太古里的地下商城均与其站内大厅相连，并且

该站点属于换乘站，购物者、观光游客及地铁换乘人流在此交会，地铁站点接驳空间的衔接处随即诞生了初具规模的地下商业街（图 5-7）。春熙路地铁站的地面车流量大，区域内建筑密度高，通过地下步行接驳空间将人流疏散至商业综合体或商业街内部，使得步行疏散路线的多向性得以实现，有效地缓解了人流的拥堵，同时为春熙路商业的发展提升人气。

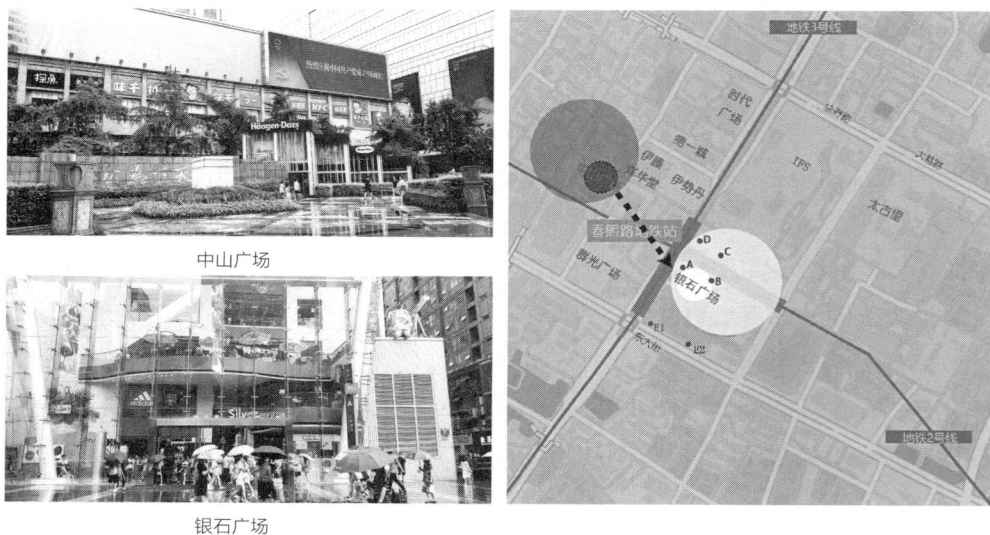

中山广场

银石广场

图 5-6　春熙路商业中心由中山广场东移至银石广场

图 5-7　春熙路站点的地铁商业

目前，成都很多重要的地铁站都进行了各种规模的地下商业开发，但大多站点的地下商业入驻率低、经营效益差。

5.2.3　地铁开通前后商业空间自组织演变的差异性分析

地铁开通前，春熙路商业空间自组织演变主要受区位优势、宏观政治经济环境、商业空间结构与功能矛盾的影响。

1）区位优势

地铁开通前，特别是改革开放前，城市商品经济不发达，商业发展的外部环境相对简单，靠近河流水运及地处市中心的区位优势是商业发展的决定性因素。春熙路在形成之初，依托靠近东大街、劝业场的优势商业区位及邻近东门水码头的优势交通区位，吸引了大量商家聚集，快速发展成为重要的商业中心。

2）宏观政治经济环境

形成后的春熙路商业街整体发展状况主要受到国内政治经济形势影响，使春熙路商业发展历经了 20 世纪 50 年代的兴旺（公私合营改造）、60—70 年代的沉寂和平淡（"文化大革命"）、80 年代的复苏（改革开放）及 90 年代的大发展（市场经济体制的建立及国内零售业逐步对外开放）（图 5-8）。

3）商业空间结构与功能的矛盾

伴随着改革开放的步伐，20 世纪 90 年代城市经济快速大发展，春熙路商业空间面临着布局不合理、建筑老旧、经营管理落后、交通混乱拥挤的发展困境，仅依靠商家间的自组织难以解决这些发展困境，进一步造成了商业发展的自组织机制失调。为此，2001 年政府对春熙路原有落后的商业空间进行了大规模改造以满足现代商业发展的需要。

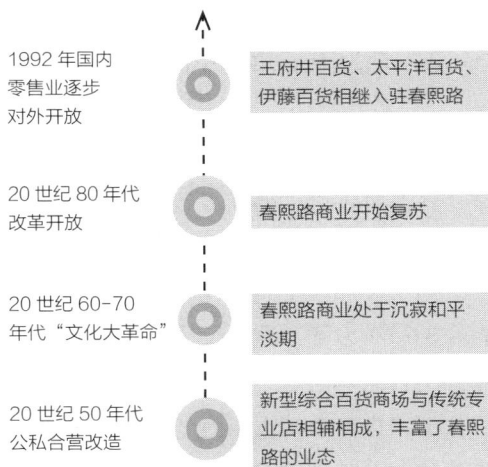

1992 年国内零售业逐步对外开放	王府井百货、太平洋百货、伊藤百货相继入驻春熙路
20 世纪 80 年代改革开放	春熙路商业开始复苏
20 世纪 60-70 年代"文化大革命"	春熙路商业处于沉寂和平淡期
20 世纪 50 年代公私合营改造	新型综合百货商场与传统专业店相辅相成，丰富了春熙路的业态

图 5-8　春熙路商业发展状况与国内宏观政治经济形势的关系

地铁开通后，春熙路商业空间的自组织演变受商业模式、消费模式及地铁站点等因素的影响。

（1）商业模式、消费模式的变革

2008 年前后，成都商业地产迎来大发展，区域商业中心、商业综合体快速发展，商业模式和人们消费方式也出现变革，使春熙路商业步行街再次出现业态等级低、商业模式单一、商业空间不足的发展困境。基于此，政府通过整合周边用地，于2007年挂牌出让，开始实施《成都市春熙路—大慈寺片区城市设计及历史街区保护整治规划》，推动传统春熙路商业的改造升级。

（2）地铁站点

对春熙路商业而言，地铁站的开通一方面缓解了地面公共交通的客流压力、提高了商业空间的交通可达性和客流承载力，扩大了客流吸引范围；另一方面，结合地铁站厅产生了一种新的商业空间——地铁商业，缓解了城市核心区地面商业空间不足的困境。

从上面的分析可以看出，春熙路商业拥有历史悠久的传统商业、优越的区位条件和政府政策支撑。地铁开通前后，商业空间的自组织演变受多种因素影响，地铁作为商业空间自组织演变的外部环境因素，对商业发展起到了锦上添花的作用，同时促使了地铁商业的形成，但是地铁并不是主导春熙路商业空间自组织演变的决定性因素。

5.2.4 商业空间演变中自组织和他组织的互动关系

春熙路商业的形成演变是政府行政力、优势区位、商家主体投资行为、商业集聚及国家宏观经济环境等内外因素共同作用的结果，是在外部环境因素作用下（优势区位、经济环境），政府他组织及商家自组织共同作用的结果。

由于土地在空间位置、区位优势、发展需求上的差异性及城市空间的稀缺性，在自发的市场力和竞争性投标作用下，商家对优势空间进行争夺，从而形成春熙路商业空间的自组织演变。商业自组织力隐性、永久地存在于商业空间发展的过程中，但其作用力来自商家，作用力度较弱。在外部环境出现非正常发展时，自组织力很难在短期内修复外部环境对商业空间造成的冲击，使商业发展回归稳定状态。如20世纪90年代的经济大发展、2008年前后商业模式和消费模式的变革等外部环境的变化，对春熙路商业发展造成的巨大冲击，完全超出了商家自组织力作用的范围，引发了春熙路商业发展的困境。基于此，城市政府适时对商业发展进行引导，通过对整体商业环境的分析，制定相应的策略，引导其度过困境。如2001年的大改造，基于商业布局不合理、建筑破旧、经济管理落后的困境，重点对商业空间物质环境进行改造；2007年为应对商业空间不足、商业模式及消费模式的大变革，政府带头引导春熙路商业空间跨越红星路向东发展，并积极引进大型商业地产项目，促进原有商业空间的升级。可以说，春熙路"百年金街"的传奇，是他组织与自组织良性互动的结果，是政府与商家、消费者共同书写的。

5.3　骡马市地铁站域商业空间自组织演变

5.3.1　地铁开通前后商业空间的演变

　　成都地铁 1 号线于 2005 年获批并开建，是成都市第一条地铁线路，于 2010 年 9 月 27 日开通。骡马市地铁站是成都地铁 1 号线一期站点，目前是成都地铁 1 号线和 4 号线的换乘站，地处有逾百年历史的骡马市商圈，站点周边聚集了大量金融机构、商业服务设施。

　　1）地铁站开通前

　　骡马市街名由来已久，享有很高的知名度，其商贸历史可以追溯到 300 多年前。清初，成都驻有满、蒙八旗，为适应满族贵族买马的需要，在少城外，皇城后门处设骡马市场。康熙、雍正之后，四川无大战乱，马队作用减小，马市迁到城外，但街名犹存。20 世纪 50 年代初，原骡马市在其基础上扩建为人民路，骡马市则作为地名保留，沿用至今。骡马市在历史上曾经拥有不少光环，成都第一家电影公司诞生于灯笼街，在骡马市发祥的陈麻婆豆腐等餐饮店也家喻户晓。不仅如此，骡马市的历史人文也久负盛名，西汉文学家扬雄在前几年拆除的十三中内著书立说，留下了洗墨池和墨池图书馆遗址，老青龙巷诞生了程丛林等知名画家。在清代的某一段时期里，成都县衙就坐落在署前街和江汉路之间 [5]。

　　20 世纪 70 年代，骡马市的中心地带——东到玉带桥，南到省武警总队，西沿羊市街到市委门口，沿青龙街到八宝街西口，北到成都剧场，商业非常兴隆，被称为骡马市商圈，与春熙路、盐市口并称为成都三大商圈（图 5-9）。如今许多成都人还记得 20 世纪 80 年代初至 90 年代骡马市商圈的盛世繁华，当年到骡马市轻工大厦、外贸大厦购物是不少成都市民生活中的一件大事。随着成都城市整体规划的调整，人民中路二段、西玉龙街实行机动车交通单行，对骡马市商圈的格局造成了巨大影响。加上商圈自身存在的商业机构业态单一、商业定位不清晰等弊端难以适应商贸发展，使骡马市商圈人气下降，很多商家陆续撤离、淡出。

　　2005 年，玉带桥环形立交桥被拆除，周边区域的路网改造也随即启动，整个骡马市片区实现双向通行，交通瓶颈得到初步缓解。与此同时，众多大型商贸娱乐企业和中高端国际国内餐饮品牌开始入驻。此外，青羊区公开了《成都市骡马市商圈城市规划设计方案》，骡马市商圈将以骡马大道为亮点，打造一条高雅的文化商业街，由

图 5-9　历史上的骡马市
来源：说说骡马市街的掌故 [EB/OL]. http://blog.sina.com.cn//s/blog_4d2bac170102e2zn.html.

线带面，形成核心区和各大延伸区的完美结合。其总体形象定位为：以商务商业为主，兼有休闲、娱乐、文化和居住功能为一体的国际化高品质的西部商业中心。这次大规模的"变脸"为骡马市带来了久违的繁华。入驻的国际国内品牌达 200 余个，人流量也从 2003 年寥寥数万上升到 20 多万。在 2008 年成都中心城区"两轴四片"规划方案中，骡马市商圈再次榜上有名。然而，初步复兴并没有成为骡马市再度崛起的有力支点。在 2009 年 9 月召开的振兴骡马市商圈经济发展研讨会上，调研负责人、四川大学工商管理学院教授揭筱纹坦言，骡马市商圈期望值指数变化不大，业态分布、投资商和消费者满意度等指数还略显偏低。春熙路商圈、盐市口商圈俨然成为外地游客购物的首选。对于本地人来说，新崛起的天府新城商圈、建设路商圈逐渐成为购物、休闲的新选择，骡马市商圈的复兴此后则会面临更多的挑战。

　　2）地铁站点开通后

　　2010 年，骡马市片区迎来了高端写字楼快速发展的阶段，新开发商业项目的体量在 100 万平方米左右，其中大部分为商业物业和写字楼。然而，"白领经济"的兴盛并未带来骡马市商贸的蓬勃发展。与春熙路商圈、盐市口商圈相比，骡马市商圈的劣势很明显：整个商圈被多条交通要道分割成块，没有配备专门的商业步行街或中心广场，难以形成商业体系，在留住消费者方面略逊一筹；另外，商圈的业态主题不明确，尽管与盐市口等成熟商圈毗邻，在吸引力上却难以匹敌。

　　地铁的开通很大程度上为骡马市商圈人气的聚集带来利好。但是将人流转化为具体的消费人群必须有相应的载体，那么引进大型的综合性项目、增加地铁出入口、改善交通设施就显得十分迫切。因此在 2014 年，对于如何突破传统商圈的发展困境并复兴骡马市商圈，青羊区政府进行了一系列积极探索。面对严峻形势，青羊区在综合分析中心城区商业布局和骡马市商圈自身的资源优势后，明确提出利用其中心城区核心区域的区位优势，强势建设"金融服务业集聚区"。这一全新定位，充分利用了骡马市数百年来形成的商业金融历史地位，以现代金融服务业为基础，以地铁站点为带动，把传统的骡马市商圈改造升级为集金融、商务、房地产、购物、休闲、娱乐、文化和居住功能于一体的高端金融服务业集聚区[6]。这很大程度上已经证明了这一片区在金融业发展上的实力和潜力，更为这一传统金融核心集聚区注入了新的发展动力。伴随着青羊区的交通建设、旧城改造、招商引资等，骡马市商圈建设获得巨大成效，传统商圈的形势逐渐被打破，新的商业形态也在演变形成中。

2016 年 8 月，成都市规划局对外发布《"成都中心"规划方案》。该规划将在天府广场后子门片区打造一个集文化中心、城市遗址、中央公园和产业高地于一体的国际一流新地标，呈现一张世界级中央公园的城市名片。青羊区作为旧城改造的最大片区，将有机会对区域内商圈进行结构性调整。骡马市商圈聚集了全市近 40% 的金融机构，数量超过 1000 家，是成都唯一一个省级金融业集中服务区。另外，骡马市商圈占据成都 CBD 核心区域，周边高端商业云集，是四川传统省、市政府、公、检、法办公场所聚集地，以绝佳的地理优势代言"成都中心"。如果"成都中心"成为现实，将会给骡马市商圈带来更多可能，购物、娱乐、休闲、教育、医疗等核心资源将会向骡马市集约靠拢（图 5-10）。

图 5-10　2019 年骡马市商圈商业空间

5.3.2　地铁开通前后商业空间演变中的自组织现象

1）地铁开通前

（1）地价上涨

由于 2005 年玉带桥桥体的拆除、人民中路双向通车的恢复，骡马市商圈的交通状况得到进一步改善。骡马市商圈的商业地产项目开始受市场追捧，身价不断上升。2005 年整个骡马市商圈商业项目的一楼价格集中在 2 万～3 万元 /m²，甲级写字楼的价格集中在 8000～10000 元 /m²，租金为 80～110 元 /m²。住宅项目不多，主要都是商务公寓，价格一般在 4000 元 /m² 以上。

（2）商圈重心西移

2005 年铂金时代项目入驻骡马市商圈，通过特色商品大卖场与独立商铺相结合的方式，构造出区别于传统百货大楼又不同于一般临街商铺的崭新商业实体，打造出独具特色的商业天地，其涵盖了餐饮、娱乐、运动休闲等七大主题，最大限度地融合了多种功能，使商业业态更为丰富，大大加强了人气的聚合力。同时，骡马市凭借其全新的商业模式填补了成都的商业空白。大量资金涌入骡马市商圈，促使区域内的商业、金融发展加快和旧城改造项目提速，商圈重心由太平洋百货（现远东百货）向西移动。

（3）金融机构聚集

骡马市传统商圈内聚集了 90 余家各类金融总部机构，占成都市金融机构总部的六成以上（图 5-11）。此外，针对金融商务区，青羊区构建了"一核四辅"的空间发展载体。其中，"一核"即为以骡马市为中心的"日"字形区域，重点集聚国际级、国家级以及区域级的金融和非金融机构总部，形成金融和非金融机构总部集聚发展区。

2）地铁开通后

（1）大量商业设施入驻

地铁的开通巩固了骡马市商圈"西部金融中心"的地位，与之伴随的是华置广场、泰丰国际广场、浣花国际、超五星级酒店——丽思卡尔顿等商务商业楼的强势入驻，这不仅促进了骡马市金融服务业集聚区的成熟，也为传统商圈升级换代注入了新的活力。另外，骡马市地铁站地下空间以单一地铁大堂为集散空间，连接多个地铁月台[4]，该站点地下商业功能较少，主要为通行功能，人流导向性明确，服务范围小，内部连通与机动性弱。

（2）业态布局完善

商业业态是指零售业的经营形态或销售形式，主要包括百货店、超级市场、大型综合超市、便利店、专业市场（主题商城）、专卖店、购物中心和仓储式商场等形式，

图 5-11　骡马市地铁站周边金融机构

是零售业长期演化和革命性变革的结果[7-8]。传统骡马市商圈的业态较为单一，以百货店、金融机构为主，大型综合超市数量较少，便利店的品种不全。地铁的开通使商圈吸引力逐渐增强，商圈业态升级并逐渐成为集结购物、娱乐、休闲、教育、医疗为一体的综合商业中心。业态的跨界、品牌的多元、新零售业态的创新让消费者体验到更加完善、便捷的生活方式。

5.3.3　地铁开通前后商业空间自组织演变的差异性分析

地铁开通前，骡马市商业空间自组织演变主要受区位优势、集群效应的影响。

1）区位优势

骡马市地处城市中心，区域内交通便利，资源集中，辐射能力强。一直以来，青羊区是全省、全市传统的金融核心区，而骡马市商圈是成都市金融业发展最早、最成熟、辐射能力最大的区域。其中，四川第一家代办上证所开户的兴业证券和第一家代办深交所开户的华西证券均位于骡马市的西玉龙街，花旗银行在西部的第一家分行也落户于骡马市。可以说，骡马市商圈蕴含了成都整个金融业发展的历史，早已成为成都金融业发展的窗口。

2）集群效应

国外成功的经验表明，发达而又高密度的商务中心必然会给周边的商贸产业带来无限商机。骡马市商圈金融机构的集聚产生了一系列良性连锁反应——楼盘升值、客商云集、人流资金流迅速集聚、商品结构层次提高，消费能级提升，高档消费带动商业业态的变化，其商务功能的提升也进一步促进了商业中心的发展。

地铁开通后，骡马市商业空间的自组织演变主要受经济结构和消费习惯变革、地铁站点、成都市第三人民医院住院部的修建以及《"成都中心"规划方案》的颁布等影响。

（1）经济结构和消费习惯的变革

经济结构的进一步优化必将引发一系列生产和消费形态的升级和转变，新时代消费者更加注重生活享乐化、消费娱乐化及品牌个性化。随着时代发展，消费结构的升级特征必将日益明显，而以享受型和发展型为代表的新消费热点目前正处于启动阶段。体验型消费、软性消费、文化消费、服务消费等消费方式将主导市场，文化经济附加值也将越来越充分地体现出来。为了与此适应，零售布局需进行进一步调整，打造体验型消费、提供高质量产品，提升消费者的满意程度将成为商圈转型升级不可或缺的环节。商圈为此积极引进新兴商业业态，进一步拓展娱乐、休闲、文化、旅游、价值实现等服务消费领域，引导和满足消费者的综合消费，提高成都消费市场的吸引力和集聚力，将骡马市建成既引导和满足消费，又创造和扩大消费的西部贸易交易地、流行商品的发祥地、著名品牌的集聚地和西部地区的"购物天堂"。

（2）地铁站点

对骡马市商业而言，地铁站的开通提高了商业空间的可达性，为办公、就医人群提供了便利，增强了商圈对城市出行人流的吸引能力。但骡马市商圈多以金融机构、办公楼为主，人流、客流结构多为办公人群，上班为必要性活动，故地铁的开通对人流、客流结构没有较大影响。

（3）成都市第三人民医院住院部的修建

成都市第三人民医院住院部（在建）位于青龙街（图5-12），通过对商家的访谈，大多商家认为其建成后将会提高片区人口的停留率和聚集程度，为周边业态较低和

图5-12　成都市第三人民医院住院部（在建）

规模较小的小型餐饮、杂货店等商业提供新的发展机会。

（4）《"成都中心"规划方案》的颁布

2016 年 8 月，《"成都中心"规划方案》的颁布为地处成都 CBD 核心区域的骡马市商圈的发展提供了新的契机，推动了成都唯一一个省级金融业集中服务区的改造升级，购物、娱乐、教育、医疗等核心资源不断向骡马市集聚，区域内商圈进行结构性调整成为必然。

从上面的分析可以看出，骡马市商业拥有悠久的金融发展历史、较大的区位优势和政府政策支撑。地铁开通前后，商业空间自组织演变主要受不同因素的交叉影响，使得客流结构变化不大。地铁作为演变的外部环境因素，对商业发展起到了锦上添花的作用，但也并非主导骡马市商业空间自组织演变的决定性因素。

5.3.4　商业空间演变中自组织和他组织的互动关系

骡马市站域商业空间的演变是优势区位、集群效应、消费者消费习惯、地铁站点及医疗建筑的修建、政府政策及国家宏观经济环境等内外因素共同作用的结果，是外部环境因素（优势区位、经济环境）、政府他组织及商家自组织共同作用的结果。

由于土地在区位条件、发展需求上的差异性及城市空间的稀缺性，商家在自发的市场力和竞争性投标的作用下，对优势空间进行争夺，形成了骡马市商业空间演变的自组织过程。商业形成的自组织性始终贯穿于商业空间发展的全过程，其自组织性主要来自商家，且作用力度较弱。地铁修建前，骡马市商圈已然成为成都市三大商圈之一，其发展定位明确、规模庞大、发展成熟，客流结构以上班人群、周边居民、其他片区购物人群为主。地铁修建后，骡马市商圈的可达性提高，消费者的出行便捷性提升，但客流结构并未出现较大变化。

5.4　城市中心型地铁站域商业空间自组织演变规律及特征

5.4.1　商业中心的移动

城市中心型站点是城市中心区的重要节点，辐射作用于整个城市且辐射范围没有明显的界线，在空间上具有开放性。同时，人流、资金流、物资流、信息流等各类"流"均在站域商业空间中相互联系与交换。因此，站域商业空间是一个开放系统，可被视为耗散结构。耗散理论认为任何系统都是一个开放的自组织系统，它不断与外界进行物质、能量、信息的交换，实现新的再创造过程[9]。商业中心的形成受内外环境的影响，其发展过程是自身内部发展与外部环境影响的积累，是相互叠加的过程。经济形势的发展、政策的颁布、周边环境的改变均会为商业中心的形成创造发展空间，同时这些变化因素也可能会影响或制约商业中心的发展。

城市中心型站域商业空间作为承载各项功能活动与资源要素的载体，为空间内的客流、居民等提供丰富的商品与服务。基于此，资源、要素、商品等在系统内外得以持续循环流动。地铁站建成后，站域商业空间内的人流和商品流等交换量会变大，且系统从外部输入的物质、能量会变大，这种正熵流入的过程，会使系统处于非平衡状态。对于骡马市地铁站域商业空间而言，2005年铂金时代项目的入驻为商业空间系统带来了涨落，旧的平衡被打破，系统远离平衡态，商业中心由太平洋百货（现远东百货）向西移动，逐渐形成以铂金城为商业中心的新格局，系统达到新的更高级的平衡状态。

此外，城市中心型地铁站点的建立对于已形成的商业空间来说是一种轻微紊乱，即涨落，这对系统内部功能、结构的演化有着或多或少的影响，推动着系统从无序向有序发展。例如原春熙路商业步行街以中山广场为中心，站域商业空间系统远离平衡态。如今该中心地位减弱，新中心向东移动，现已形成了以银石广场为中心，太古里、IFS等高端项目为辅的现代商圈，系统重新达到有序状态。

5.4.2 专业化商圈的形成

协同学认为系统的稳定性受快变量和慢变量两类变量的影响。当系统从稳定态向非稳定态过渡时，慢变量是企图打破原有状态，而当系统达到不稳定状态时，快变量将使系统达到一个新的平衡位置。在快变量与慢变量相互联系、相互制约的过程中，自组织现象将表现出协同运动。系统远离平衡态时，竞争和协同的作用会促使系统重新达到有序状态，故竞争协同是始终存在的。

例如，春熙路商圈由于其历史地位，地铁开通前便形成了专业化的传统商业步行街。各类金店、表行等商家纷纷入驻春熙路，商家以最小成本、最大利润和最优市场为目标，选择适合其发展的区位，由此形成大量商家聚集的城市中心区商业中心，其系统在自组织机制作用下逐渐由无序走向有序，相互间的作用关系则逐渐由竞争转变为协同。又如骡马市地铁站周边的金融机构大量聚集，通过协同的作用形成了以金融机构为主的商业空间，促使其成为专业化的金融商圈。

5.4.3　购物环境的升级

改革开放后特别是20世纪90年代以来，城市经济发展迅猛，商业发展动力充足，市中心商业空间自组织演变主要受商业空间与商业发展（即结构与内容）间矛盾的驱动。如春熙路站域商业空间在 20 世纪 90 年代和 2008 年左右面临城市经济、商业模式及消费模式的变革，原有商业空间开始不能满足现代商业发展的需求，商业发展出现困境。各商家基于自身财力限制而无力对商业物质空间结构进行改造，鉴于市级商业中心在整个城市发展中的重要功能和地位，政府在尊重各大商家诉求、市中心商业发展规律的基础上对原有商业空间进行改造，以破解商业空间与商业发展的矛盾，推动商业发展。

超循环理论将系统间的非线性作用看作循环。在城市中心型地铁站域商业空间系统中，人流、商家、站点互为催化剂：在本已拥有较高人气的城市中心区域，站点的修建为更大范围的人们提供了便利，提高了商业的辐射范围，并因此带来了更多客流。同时，城市中心型地铁站建成后，站点周边地价上涨，能负担高额的房租、具有商业优势的商家则会占据较好的区位，从而为客流提供良好的购物环境。

5.4.4　外界条件的改变

城市中心型地铁站点一般位于城市市级商业中心周边，站域商业空间是市级商业中心的重要组成部分，拥有传统商业悠久的历史、优越的区位条件和广阔的商业腹地，在历史的进程中几经沉浮兴衰。

春熙路地铁站，在计划经济时代商业发展的外部环境简单，市级商业中心是整个城市商业的集合，受国家宏观政治经济形势影响深刻。如 20 世纪 50 年代到 80 年代，春熙路的商业状况与国内政治经济形势同步，经历了 50 年代的发展、60 年代和 70 年代的沉静，80 年代随着改革开放，商业开始复苏。

突变与渐进是事物发展的两种截然不同的形式，其中渐进式发展是缓慢的、连续的，而突变是跳跃的、间断的。不难理解，政府政策的颁布或外部环境的重大改变对于城市中心型地铁站域商业空间的演变是突变因素。例如骡马市地铁站，成都市第三人民医院住院部的修建和《"成都中心"规划方案》的颁布势必会对站点周边商业业态、规模等产生突变影响。

此外，城市中心型地铁站的开通也可视为突变因素。对地铁站域的市级商业中心而言，商业发展受优良的商业传统、优势的区位条件及消费者习惯偏好等条件支撑，加上政府对市中心商业发展的密切关注和政策优待，商业发展的动力充足。地铁只是影响其发展的一个因素，不能从根本上影响和决定商业发展的兴衰，其对商业空间自组织演变的作用体现在：其一，地铁的开通大大缓解了市中心商业的交通压力、提高了交通可达性和客流集散能力并诞生了与站厅相连的地下商业空间，增加了市中心商业面积，助力于市中心商业的发展；其二，地铁作为现代大城市重要的公共交通工具，城市中心型地铁站点的开通，巩固了其市级商业中心的地位，促进商业发展迈向新的发展阶段。虽然地铁站点仅对市级商业中心的发展起着锦上添花的作用，但如若春熙路商业中心周边没有地铁站点，与其他同级或低等级设有地铁站点的商业中心相比将会丢失重要的商业发展优势条件，导致对客流、商家的吸引力减弱甚至将由此走向衰落。

参考文献

［1］ 春熙路荣登中国第三街［EB/OL］．https://sichuan.scol.com.cn/cddt/20051215/20051215141530.htm.

［2］ 浅谈成都商圈商业现状［EB/OL］．2019-07-15. http://m.sohu.com/a/326975671_120114455.

［3］ 成都春熙路将向东西扩展 体量增百万平方米［EB/OL］．http://m.focus.cn/jn/zixun/2294564/.

［4］ 李宇轩，成都地铁站点地下公共空间组织模式研究［J］．中外建筑，2018（9）：109-112.

［5］ 百年骡马市 未来金商圈［EB/OL］．2006-03-06.http://news.sina.com.cn/o/2006-03-06/05468368871s.shtml.

［6］ 余星雨，钟辉．百年骡马市耀升全省唯一省级金融服务业集聚区［N］．成都晚报，2014-10-28（5）.

［7］ 陆雄文．管理学大辞典［M］．上海：上海辞书出版社，2013.

［8］ 尹慧庭．消费结构升级对零售业态的影响研究［D］．合肥：安徽财经大学，2018.

［9］ 黄琳．用耗散理论解读世界科技中心转移的内在规律［J］．重庆科技学院学报（社会科学版），2009（10）：25-26.

第

6 章

区域中心型地铁站域商业空间自组织演变

6.1 成都市区域中心型地铁站域商业空间开发现状

6.1.1 区域中心型地铁站点

区域有明确的边界，具有系统性、区域性、综合性的特征。区域中心将多种混合功能集结于一个综合的空间内，拥有高品质的人居环境和高效率的工作环境。这类区域中心的商业辐射能力强，商业业态丰富多样，并占据城市重要区域的核心地位，形成各具特色的商业区，区内的可达性极高。

随着人们消费水平的逐步提高，对购物需求的日益严苛，城市中心商业按中心圈层式的业态分布模式逐渐僵化，人们的体验感逐渐从"高大上"变为"累贵远"，在一定程度上弱化了购物和游玩的乐趣。大数据时代，人们与商业的连接方式由点状变成网状，城市核心商业的优势逐渐被弱化。区域中心型商业属于商业金字塔次顶级，是在规模、业态、人流量和辐射范围等方面仅次于城市级商业中心的一种新型商业形态。它与城市级商业中心最大的区别在于规模更小，商业类型更细致，更易满足消费者的购物满足感，一般由主力商业店铺、开放式商业街区和大规模的公寓及住宅体量作为支撑。

区域中心型地铁站域商业空间是片区重要的商业中心，可看作由中心发展出的次一级商业中心或副中心地区，以地铁上盖物业和面状临街商业为主。

现今，精细化业态划分渐成常态，区域集中型商业受到更多青睐，区域中心型地铁站周边的规划建设必然成为热点，对这类地铁站域商业空间的开发模式和交通接驳方式的研究越显重要。

6.1.2 区域中心型地铁站域商业空间开发现状

区域中心型地铁站主要分布在区域中心型商业最为核心、密集、繁荣的片区之中。区域中心型地铁站域开发建设较为成熟，周边用地以商业用地为主，且土地开发程度较高。该类型的站点与其他站点相比，呈现出客流结构稳定、周边用地紧凑等特点，与其他类型站点存在显著的差异。

随着城市空间结构的重组及功能业态的精细分化，区域中心型地铁站点的地位越来越重要，可能成为未来城市发展的引擎中心。对于成都市来讲，在市级商业中心外围有9个区域性商圈，一环以内除了传统的三个大商圈（骡马市商圈、春熙路商圈、盐市口商圈），还包含一环路北面人民北路站点所处的城北商圈（原荷花池商圈）、一环路南面省体育馆地铁站点所处的城南玉林商圈（原新南天地商圈）、西大街商圈、东二环商圈、金沙光华商圈、会展商圈。根据地铁站周边商业的实际发展状况，将成都市的区域型站点分为市中心型区域中心站点（包含 1 号线、3 号线、4 号线，共 5 个站点）和主城区中心型区域中心站点（包含 1 号线、2 号线、3 号线、4 号线、7 号线，共 9 个站点）。

　　基于上述分类，本书以成都市市中心型区域中心站点——人民北路地铁站和主城区中心型区域中心站点——省体育馆地铁站为例，分析区域型地铁站域商业空间的自组织演变。其中，人民北路地铁站位于 1 号线与一环路的交叉处，省体育馆地铁站位于 1 号线和 3 号线的交叉处，分别是北部、南部片区的商业中心，商业建设较为成熟，且都位于一环路周边。人民北路站点周边拥有大型片区商业（万达购物中心）和散点分布的面状临街商业。省体育馆地铁站站域有散点分布的面状临街商业，但主要是以线状临街商业为主。两者都是区域中心型站点，但由于地理、社会、交通、人为习惯等因素的差异，产生了不同形态的商业布局和不同业态的商业功能。

6.2　人民北路地铁站域商业空间自组织演变

　　区域中心型地铁站点指位于成都区域级商业中心的地铁站点，如人民北路、省体育馆站、红牌楼站等（图 6-1）。一个城市的区域级商业中心通常有多个，均匀分布于城市内部，承载了区域范围内相对固定的客流及区域范围外的潜在客流，因而各区域商业中心间存在一定的竞争关系以争夺潜在客流。地铁站点能大幅提高区域商业中心的交通可达性，增强其对外潜在客流的吸引力，提高该商业空间在同等级商业空间中的竞争力，从而在很大程度上促进原有商业空间的发展。下面以人民北路地铁站为例，对区域中心型地铁站域商业空间自组织演变进行分析。

6.2.1　地铁开通前后商业空间的演变

　　人民北路站（下面简称"人北站"）地处人民北路与一环路交界处，属地铁 1 号线一期工程，远期地铁 6 号线也将于此经过。人北站邻近荷花池、五块石批发市场[①]，北

---

① 荷花池批发市场：是一个多种经营形式、多种经营方式、多种经营品类、多种管理服务功能和多地区客商并存的大型综合批发市场，其规模、效益均居我国西部集贸市场之首，在全国百强集贸市场中位列第七。

接成都火车站，商业氛围浓厚、人流量多，但人群结构混杂、区域环境质量较差。站点周边现为金牛万达组团、地矿局组团、新华印刷厂南片区组团及成都铁路局组团，更是成都"北改"整治优化的重要地区——人北中心片区（图6-2）。

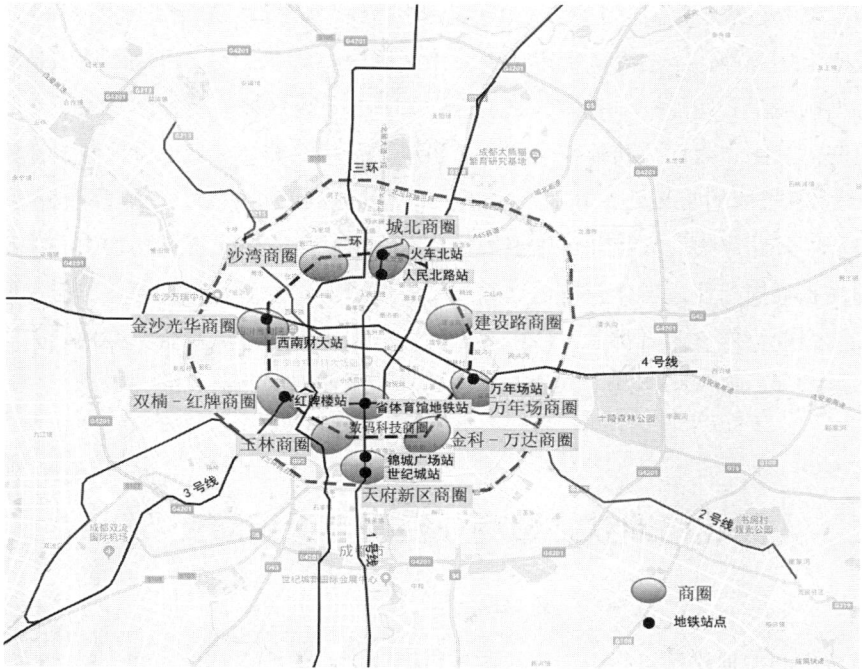

图6-1   成都市区域性商业中心及邻近的地铁站点

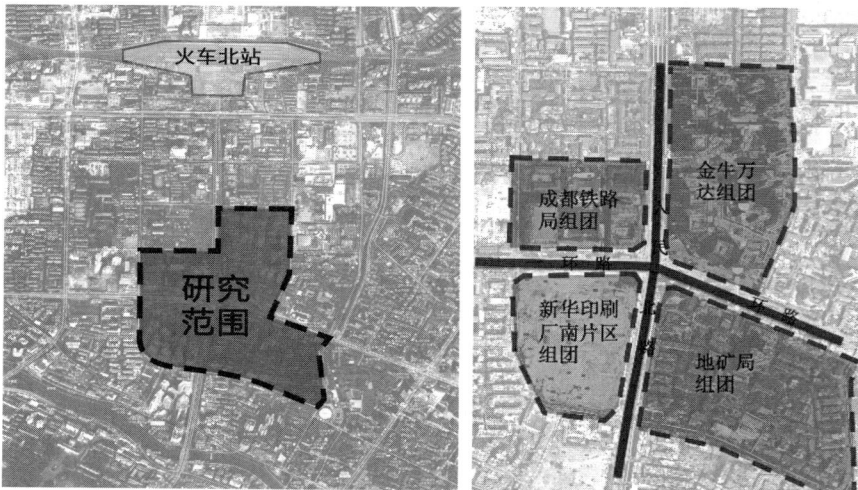

（a）研究范围在"北改"中的位置

（b）研究范围地块划分

图6-2   研究范围分析

1）地铁开通前

地铁 1 号线于 2005 年获批开建，人北地铁站于 2010 年 9 月随着 1 号线的开通运营而投入使用，因而此处地铁开通前是特指 2005 年地铁 1 号线获批建设前。但作者在研究中发现，2005 年之前、2005 年至"北改"前夕的片区商业空间发展资料都难以获取。为方便研究，以"北改"为时间点分析"北改"前后该商业空间的演变。

研究范围地处成都北半城，是成都开发建设最早的区域，发展历史悠久，并且由于其邻近荷花池、五块石批发市场及成都火车北站等，吸引了各种复杂的人流。研究范围内聚集了各种小商品批发商铺，治安环境差、交通拥挤、基础设施落后、城市环境破败，是城市脏、乱、差的典型。

人民北路往北到火车北站，往西至沙湾被称为"铁半城"，这里铁路单位众多，有着成都铁路局、中铁二局、中铁二院等铁路运营、建设和设计单位，还有红砖红瓦的铁路职工住宅区，是成都最早规模化建设的居住区之一。旁边是白马寺，现被改建成人北中学。以前白马寺附近有西南地区最大的印刷厂——老新华印刷厂，是当初著名的纸业批发市场。靠近白马寺的府河桥市场，建于 1992 年，与五块石批发市场、荷花池市场构成了成都最大的批发贸易中心。但随着时代发展，来这里的人越来越少，脏、乱、差也成为五块石等市场的形象标签。火车北站于 1952 年正式投入运营，经过多年的使用和升级改造，依旧是铁路运输的重要枢纽。火车北站具有聚集与疏散大量人流的特殊作用，是建立城市与城市之间人流转换的重要交通节点，荷花池商贸区便是依托火车北站建立起来的。20 世纪 80 年代初期，荷花池还叫红花堰，是居民自发聚集经营小商品之地。1984 年，经省、市政府批准，分期建设荷花池综合市场。1986 年，由成都市工商局投资，挂牌荷花池的成都专业化消费品批发零售市场在红花堰落户，荷花池市场从一个批发市场成为成都的消费品批发中心。这些片区对研究范围内的商业空间有不可忽视的影响。

2005 年，在"北改"项目中，专业市场的搬迁为五块石片区产业升级转型创造了绝佳的发展空间。火车北站升级改造也彻底改变了区域脏乱差的境地，连同驷马桥片区、人民北路片区也形成了成都人北中央商务区的核心商圈。近期，二十余个知名品牌整体签约入驻中铁瑞街，这对城北和五块石片区升级转型起到了重要作用。城北在经历了数十年的破败之后，终于迎来了自身崭新的蜕变。

2）地铁开通后

1 号线的开通使得原本要 2 个小时的南北穿城通勤时间缩短一半。2010 年 9 月人北地铁站投入使用，由于缺少资料，无法对地铁开通后站域商业空间的演变进行具体分析，但整体而言其站域商业空间变化不大。人民北路地铁站域是以商业加绿地广场为主导的建设用地，外围是以居住用地加上一些公共管理与公共服务设施用地。人民北路地铁站域商业空间依托周边单位用地（地矿局、印刷厂）和专业用地（批发市场）聚集了租售测绘仪器店、印刷店、纸业专卖店及小商品批发商铺等。随着时间的推移，原先的商业发生了巨大的变化。2011年成都东站投入使用，分担了火车北站客流的交通需求，火车北站的使用率也逐渐降低。老的荷花池市场在2013年2月7日下午6时正式关闭改造，2016年11月12日，新的"金牛之心"荷花池广场正式亮相。新的荷花池市场不再是批发地，而是转变为集大型商业、公寓、酒店等为一体的多业态的高端商业综合体。原先靠近白马寺的府河桥市场也于2018年10月1日正式进入关闭改造期，整体搬迁到了新的国际商贸城。

（1）万达广场组团

2011年2月肖家村拆迁完毕，金牛万达购物中心动土开建，城北商业开始由原来的专业市场、小商品批发市场向现代商业综合体转变，并以此为起点带动整个城北商圈的蜕变，实现城北商业增值。金牛万达于2012年12月正式营业，占地200多亩，总体量达112万 m^2，涵盖了购物中心、时尚街区、高档城市中心住宅、SOHO精装公寓、甲级写字楼五大业态，是万达集团西部的重点发展中心之一（图6-3）。对周边居民而言，万达广场不仅为其提供了就近购物、休闲娱乐的好去处，还大大改善了原来脏乱差的生活居住环境。2013年7月，万达购物中心地铁通道的修建实现了站点与万达的无缝衔接，并引导地铁交通流向商流转换，大大减少了地铁客流出入万达的时间。

（2）地矿局组团

地矿局组团包括四川省地质矿产勘查开发局、四川省地质调查院等多家与地质相关的单位、研究机构，为"北改"中人民北路沿线地矿局旧城改造项目。地铁开通后，沿街商业没有发生大的调整，仍以地质行业相关的测绘仪器设备商铺为主，辅以少量与岩石相关的水晶石商铺等。

（3）成都铁路局组团

成都铁路局组团属"北改"中人民北路沿线成都铁路局综合办公改造项目，除少量办公建筑外，大多为20世纪五六十年代的住宅建筑，属"北改"首个棚户区改造任务，基础设施老化、配套落后、安全隐患等问题突出（图6-4），居民改造愿望强烈，2016年改造启动。南面靠近一环路的用地上新建了两栋办公大楼，现正处于施工期，整个地块单位属性较强，具有一定的排他性，沿街通常不会有对外商业空间开发。

（4）新华印刷厂南片区组团

新华印刷厂南片区组团原为集商业、商务、居住为一体的社区商业中心，现用地范围内的原有建筑已全部拆迁完毕，远期将建设成集商业商务办公为一体的城市综合体，与斜对面的万达广场项目呼应。

图 6-3　金牛万达各业态分布

图 6-4　"北改"前破旧的住宅

来源：蜂鸟网论坛，http://bbs.fengniao.com/forum/2551673.html

6.2.2　地铁开通前后商业空间演变中的自组织现象

1）地铁开通前

（1）专业商铺的聚集

地铁开通前，从 20 世纪 80 年代开始，以火车北站为核心，五块石周边陆续兴建起 24 家专业批发市场，与荷花池市场共同构成了成都最大的商品批发贸易中心。这个批发贸易中心，是当时成都乃至西南地区城市经济体制改革的前沿地带，也是商品流通领域的关键节点。研究区域的商业空间与周边用地在后期发展中相互作用，聚集了大量测绘仪器店、纸业店和小商品批发商铺，形成了一定规模的专业性商业空间。一方面，新华印刷厂和地矿单位吸引了与之相关的人群到此聚集，基于这些人群对测绘仪器、印刷纸等商品的特定需求，周边商业空间在长期发展中形成了与之关联的打印店、租售测绘仪器店等商铺的聚集；另一方面，荷花池批发市场在持续发展中，原有商业空间不断外溢，并就近扩散到与之邻近的商业空间中，发展形成了一定规模的小商品批发市场。

（2）商业空间演替的生命周期

同生命系统一样，商业空间有形成、发展、繁荣、衰败及再生的生命演替周期。一般而言，商业空间的发展、繁荣和衰败是自组织的结果，而商业空间的形成，尤其是再生是政府他组织引导的结果。

在过去五六十年的时间里，片区经历了成长、繁荣和衰败，伴随着"北改"项目的实施，期望实现"再生"。1953 年成都城市发展规划确立，在城北建立大的交通枢纽（现成都火车站），依托着良好的交通区位优势，发展形成荷花池、五块石批发市场，成为成都财富的聚集地。随着商业的发展，商业活动数量增多，原有商业配套基础设施开始不能满足商业活动的需求，交通拥挤、商业发展空间不足。随着城镇化快速发展，低端业态的市场未能适应居民日益提高的消费水平，对城市形态造成影响，对市场自身及区域未来发展也构成制约，商业空间与商业活动之间的矛盾越发不可调节，最终导致商业发展的混乱和衰败，伴随而来的是本地区经济、民生面临巨大压力。2012年，为振兴城北、改变脏乱差的城市面貌，城市政府全面推进了"北改"项目，借力"北改"，把驷马桥片区、人民北路片区，改造为成都人北中央商务区的核心商圈，区域将被打造成集商务办公、商业服务、文化娱乐及医疗卫生为主要功能的人北中心。"北改"民生项目为这一片区的产业升级转型，创造了绝佳的发展空间。

2）地铁开通后

（1）新的商业空间产生

地铁1号线、万达广场为人民北路商圈注入新的活力。地铁5号线的规划与中铁瑞街为五块石商圈注入新的活力。2012年，由大型高档百货、餐饮、娱乐等各种商业形态组成的龙湖成都上城天街落建于人民北路地铁站附近。该地正是位于政府大力发展的人北中央商务区核心地带，也是落实成都南北"双核共兴"的北引擎。依据该区域的规划，人民北路商务综合发展轴将以城市综合体和商务楼宇为载体，打造片区商业中心，以零售商贸、商务服务为主，重点发展高端零售、时尚商业等。

在2018年，金牛区的GDP已达1061亿元，按照人北中央商务区的规划，2020年整个商务区GDP将占全区GDP的1/3，而2030年则达到1/2，百亿商圈触手可及。在百亿商圈达成的重要条件中，"以吸引高铁、现代商贸、商务服务业上下游产业链高端企业总部"的总部经济发展方向已确定。同时，高端楼宇也在着力引进中，目前包括北成8号在内的10余座写字楼正在建设中[1]。中铁瑞街是位于火车北站的地铁上盖物业，区域内最高的塔楼建筑——五块石商圈桥头堡口岸，是区域内唯一的地铁上盖物业，在火车北站、五块石已经成为地标级建筑，与东、南、西商业中心并驾齐驱。龙湖上城天街与中铁瑞街也通过地铁的联系，加强了区域商业的协作发展[2]。

（2）部分商家的退出

研究范围内的成都铁路局、新华印刷厂南片区这两个组团正处于"北改"项目施工期，其他地块也面临拆迁，片区原有居民逐渐撤出，新的居住空间尚未形成，消费客流大量流失，整体商业氛围萧条，因此部分商家开始撤店，现仍在经营的主要为一些个体小食店及租售测绘仪器店等（图6-5）。

图 6-5　经营惨淡的个体商铺

6.2.3　地铁开通前后商业空间自组织演变的差异性分析

地铁开通前，人北地铁站域商业空间的自组织演变主要受交通区位优势、商业关联、商业空间外溢等因素的影响。

1）交通区位优势

人民北路片区位于成都城市中轴线的核心段，是重要的商贸聚集区与综合交通枢纽，见证了成都的城市发展与历史变迁。在"一带一路"发展倡议及"蓉欧＋"战略蓝图中，成都未来向东、向北、向西的主要开放通道均汇集于火车北站。人民北路片区拥有北站枢纽、5 条地铁及 3 个换乘站。依托远景轨道线网，可在 40 分钟内覆盖 450 个轨道站点，覆盖范围可达 800km²。通过地铁 18 号线及 5、7、10 号线，能快速联系双流国际机场及天府国际机场，使人北片区与国际接轨，成为成都展现城市形象的重要窗口，独具各类轨道资源优势，开发潜力巨大。

人北商业空间形成之初，很大程度上依赖于邻近成都火车北站的交通区位优势，火车站周边是各类小宗货物周转的场地，同时也是城市内外交通客流的周转地，本地客流和外地客流都较多，在此基础上发展形成荷花池批发市场，并由此促进了研究范围内商业空间的发展繁荣。

2）商业关联

此处的商业关联特指由消费者主导和商品主导形成的与地质行业、印刷行业相关商店的聚集。前期源于地矿局和新华印刷厂单位用地上的消费者对测绘仪器和纸业的需求，关联形成一定数量的租售测绘仪器的商铺和纸业专卖店。由于测绘仪器和纸业不属大众消费商品，消费人群具有一定专业性，分散的经营不利于吸引目标客流，为此经营此类商品的商家在此形成规模聚集，以吸引尽可能多的客流。随着"北改"项目的开展，人北片区功能进行了提档升级，人北片区将建设成为比肩世界先进水平的枢纽型国际化商务商贸中心。

3）商业空间外溢

商业空间外溢指由于商业的快速发展，依托商业空间的外部性、商业空间与其他空间的异质性和依赖性，商业发展突破原有地理空间的约束，向其他空间蔓延的过程和现象。研究区域邻近荷花池批发市场，作为西部首位、全国第七的集贸市场，荷花池市场始终表现出蓬勃的生命力，商业规模不断扩大、商业空间不断外溢，与之邻近的城市空间不断被其同化为小商品批发商铺。在发展之初所依赖的成都火车北站站前广场两侧的棚改项目，形成以火车北站枢纽广场为核心的五大立体广场群，在这里实现无缝交通换乘，形成枢纽经济聚集，重点发展零售商业、精品餐饮、甲级写字楼、精品商务酒店、星级酒店、服务式公寓等。这样的业态转变影响着老城北片区的成都铁路局片区、木棕厂片区和新华印刷厂片区的业态定位，火车北站周边被打造成中央公园式的公园综合商务体。

4）商业空间与商业发展的矛盾

20世纪80年代荷花池批发市场商贸开始繁荣，片区货流和人流增多，原有商业空间结构、基础设施与商业发展之间的矛盾开始凸显，出现了交通拥堵、商业发展空间不足的城市问题。随着荷花池商贸的继续发展，上述矛盾进一步爆发，商业空间无序蔓延、片区交通越加拥挤，周边城市空间、商业环境变得混乱不堪，各商家由于资金财力的限制，无法对道路、商业空间等商业结构及片区商业环境进行改造，长此以往形成了脏、乱、差的状况。

地铁开通后，人北地铁站域商业空间的自组织演变主要受消费者、商业发展的历史惯性及"北改"工程的影响。

（1）消费者因素

对人北地铁站域商业空间的客流构成进行统计（图6-6），人北地铁站域商业空间作为区域型商业、商务中心，其客流结构较社区中心型地铁站域和郊区中心型地铁站域商业空间客流结构复杂，主体商业客流为周边居民、周边上班人群、交通流人群及城市其他地区来此休闲购物的人群。研究范围受"北改"项目施工影响，成都铁路局、新华印刷厂南片区这两个组团内的老旧住区

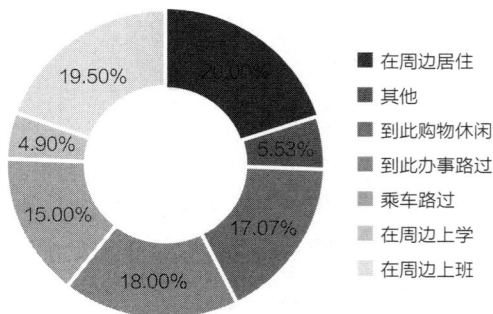

图6-6   人民北路地铁站域商业空间客流构成统计图

在周边居住 24.00%
其他 5.53%
到此购物休闲 17.07%
到此办事路过 18.00%
乘车路过 15.00%
在周边上学 4.90%
在周边上班 19.50%

其他　20%　40%　20%　20%　40%

到此购物，休闲　10%　80%　80%　20%　100%

到此办事，路过　10%　50%

在周边上学　90%　100%　50%　55%　20%

乘车路过　20%　50%　38%　15%　5%

在周边上班　25%　63%　38%　38%　13% 5%

在周边居住　38%　50%　42%　45%　10%　40%

0%　10%　20%　30%　40%　50%　60%　70%　80%　90%　100%

■ 生活日用品　■ 餐饮　■ 服饰　■ 生活服务　■ 金融服务　■ 休闲娱乐

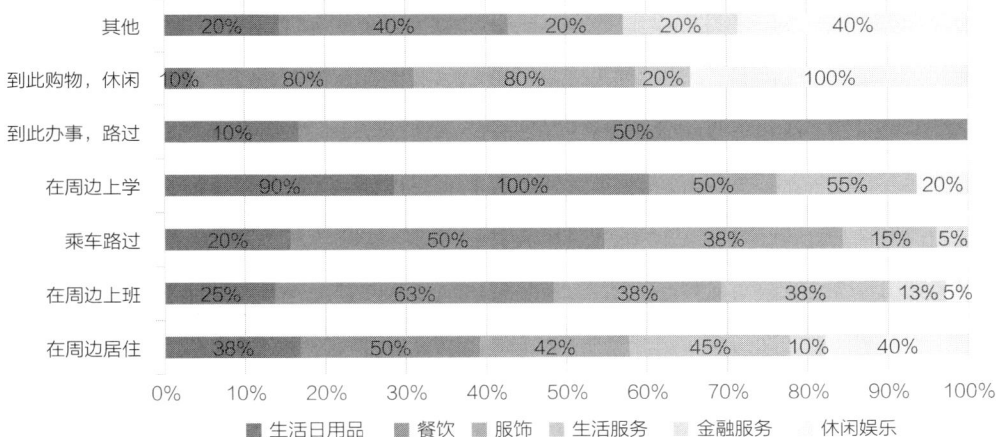

图 6-7　人民北路地铁站域商业空间客流结构与消费商品种类交叉分析

已拆除，其他地块也面临拆迁，原住居民大量流出，新的住宅还未建成，尚未生成新生居民，造成商业空间客流结构中周边居民占比相对较小。

同时基于客流结构与消费商品种类的交叉分析[①]（图 6-7），可以看出，主体商业客流人群对餐饮、生活服务方面的消费较多。研究范围是成都传统的老旧脏乱差地区，虽新建了万达购物中心及少量高品质住宅，吸引了一些高收入、高素质的居住人群，但大多为城市低收入人群，消费水平低、消费习惯落后，因而除万达购物中心外，商业空间品质较差。

基于上述消费客流特征，研究范围内形成了不同等级的餐饮及生活服务商铺的聚集区，该商业空间的结构和等级只是其在"北改"中的一个过渡状态，随着改造工程结束，商业业态和等级将发生较大变化。

（2）商业发展的历史惯性

惯性是事物的一种固有属性，体现了物体对其运动状态变化的阻抗程度。除物质实体的运动具有惯性外，城市社会经济的发展同样具有惯性，如历史的发展、国家的发展、企业的发展乃至商业发展都具有惯性，当外界没有出现强于这种惯性的力量时，事物将继续沿着原有的轨道发展[3]。研究范围内新华印刷厂南片区组团于 2013 年拆迁完毕，原有印刷厂、单位职工宿舍都已拆除，与之共存的邻近纸业店和印刷店也失去了最主要的消费市场和客流。但由于商业发展的历史惯性，在印刷厂、单位职工宿舍拆迁完毕后的 3 年内，周边仍保留着大量的纸业店和印刷店。在"北改"的浪

---

① 交叉分析：较为常用的一种分析方法，通常用于分析两个变量之间的关系，弥补了横向分析法和纵向分析法"各自为政"的缺陷。

潮中，这种商业惯性是将走向消亡还是传承下去，很大程度上取决于商业惯性能否抵挡市场激烈竞争的冲刷。

（3）"北改"工程

人北地铁站域商业空间受"北改"工程的影响，大量商业空间被拆除，尚未拆除的商业空间中很多商家也陆续撤出，原有的商业发展脉络被阻断，除万达组团的商业外，其他商业空间越加惨淡。尤其值得关注的是，该区域优质中高端商业体的缺失。成都商业发展至今，主城区大部分区域的商业已逐渐趋于饱和，但现阶段的人北中央商务区，高品质商业的供应情况并不乐观。尽管2012年金牛万达广场的落成让人北区域开始出现购物中心形态的商业体，但时至今日，片区内的大型集中商业依旧屈指可数，主力军仍是传统的百货（三友、摩尔）与超市（人人乐、永辉），并且提供的产品与运营水平参差不齐。因此，上城天街的落地，成为"百亿商圈"落地的关键，是商业体快速发展的重要支撑。

2018年，随着"北改"工程的完工，人北地铁站域商业空间切实摆脱了原来脏、乱、差的局面，实现了整体的升级改造，商业发展进入新的阶段。在"北改"工程的浪潮中，人北地铁站点的触媒作用和站域商业空间的自组织力都显得微不足道，原有的商业空间大量拆除，商业空间的自组织演变失去了空间载体，地铁站点的触媒作用得不到发挥。

6.2.4 商业空间演变中自组织和他组织的互动关系

商业空间的演变是自组织和他组织共同作用的结果，"北改"对于人北地铁站域商业空间而言，是在片区自组织面临严重发展困境的前提下，政府他组织对片区发展的阶段性引导。20世纪80年代以来，由于商贸的迅速发展，原有商业空间不能满足商业发展的需要，各商家基于自身财力的限制，无法对商业空间进行大的改变，最终导致商业环境及城市环境的恶化。基于此，2012年城市政府正式推进"北改"工程，借力"北改"对研究范围内的商业空间、基础设施进行再开发，商业结构与商业发展间原有的矛盾解除，同时伴随着商业结构、商业空间的重建升级，商业功能由原来的批发、零售向人北中央商务区演变。一个区域的繁荣，商业和住宅起了决定性的作用。产业升级、品牌商家入驻加之政策辅助的强大推动力，区域产业将迎来一个全新的时代，攀成钢、外光华、外双楠等商圈就是自组织与他组织协同作用的最好证明[2]，轨道交通对周边商业业态的自组织也会再反馈作用于政府的他组织。

6.3　省体育馆地铁站域商业空间自组织演变

省体育馆站位于成都市武侯区人民南路一环路口，地处地铁 1 号线与 3 号线交叉处，因邻近四川省体育馆而得名。地铁 1 号线于 2010 年 9 月正式开通运营，3 号线于 2015 年 7 月正式开通运营，省体育馆站是这两条线路的换乘站，也是区域级商业中心地铁站，与城市其他区域商业中心之间存在客流资源的竞争。地铁站点的开通能大幅提高区域商业中心的交通可达性，前期的地铁规划及后期站点的投入使用都是影响商业投资主体决策的重要因素。因此，"地铁开通前"指地铁 1 号线路规划获批前，即 2005 年之前，此阶段商业空间演变完全不受地铁站点因素影响。

6.3.1　地铁开通前后商业空间的演变

1）地铁开通前

省体育馆站位于磨子桥—跳伞塔高科技电子商圈，是 IT 数码销售的集散地以及演艺中心。该站涵盖数码广场、@世界、省博物馆、四川大学、省体育馆等。其中，省体育馆常年举办大型演唱会及各类演艺盛会。而从磨子桥延伸到省体育馆站周边则是成都市家喻户晓的"电子科技一条街"，建设于 20 世纪 90 年代初。该街全长 6km，是目前整个中国西部最著名的 IT 区域，也是成都市、武侯区实施科教兴市、科教兴区战略的重要载体和科技产业发展摇篮。

"电子科技一条街"凭借人才优势、政策优势、区位优势和辐射优势，经历了政府他组织的引导发展、市场自组织选择确定地位、政企互动形成规模三个阶段。"电子科技一条街"已发展成为包括电脑及相关配套产品、现代办公设备、现代通信产品、光机电产品、生物及现代医药制品在内的科技产品交易和科技咨询大市场，尤以电子信息产品市场和信息服务市场著称于世。现在科技一条街矗立着百脑汇资讯广场、新世纪电脑商城、新成都电脑城、东华电脑城、成都数码广场、世纪电脑城、@世界等十几个大型电脑专业市场，以及学府花园、天歌科技大厦、新世纪花园、川大科技楼、亚太广场、时代数码大厦、咨询产业大厦等 20 余幢硬件环境好、智能化水平高、物业管理完善的写字楼宇（图 6-8），其间驻扎着 2500 多家科技贸易型、技术服务型和研发型企业，国内外知名的 IT 厂商都在此设立了分公司和办事处。另外，交通银行、建设银行、工商银行、中国银行等众多金融单位在此集中，最大限度

图6-8 数码广场

地方便了商务资金的流动。

省体育馆站一环路两侧多为沿街商业和少量居住小区。这些小区大体在2000年左右建设，沿街商铺一般是餐饮、宾馆、超市、体育用品店等，其消费者以周边居民为主。

2）地铁开通后

省体育馆站共设出入口8个，地铁开通后，研究范围内的商业空间规模扩大，商业格局、商业业态和商业等级均有所变化（图6-9）。

四川省体育馆是演艺中心及体育赛事的文化场馆，馆内能容纳上万名观众，曾举办亚洲音乐节、百花金鸡颁奖典礼、国际模特赛、大型演唱会和音乐剧，以及众多体育赛事。从2009年5月起至2010年4月，四川省体育馆进行了外立面改造，并完善了场馆内配套设施，2011年完成了室外景观改造工程，完善了室外健身设施。目前依然是成都很有影响力的文化及体育场馆（图6-10）。

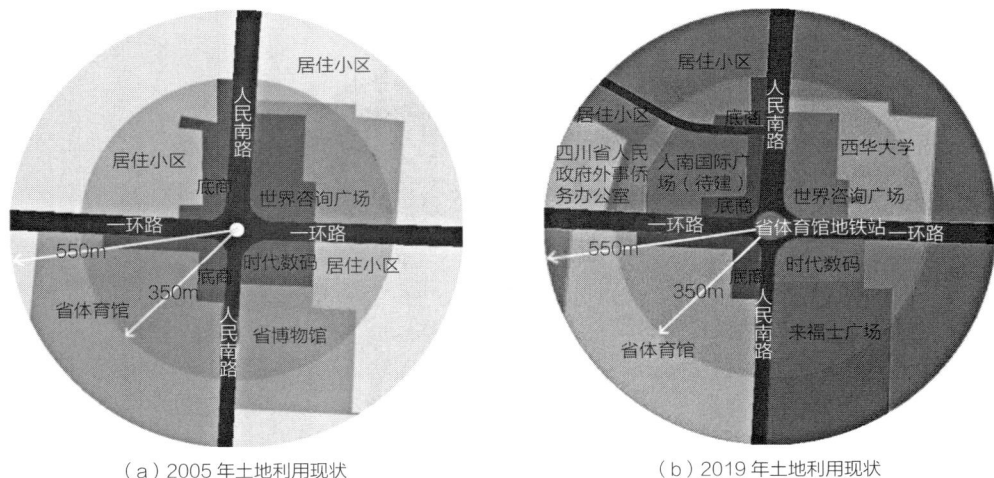

（a）2005 年土地利用现状　　　　　　　　　（b）2019 年土地利用现状

图 6-9　省体育馆站商业空间的演变

图 6-10　四川省体育馆

来源：四川省体育馆，百度百科 https://baike.baidu.com/item/ 四川省体育馆 /2921819?fr=aladdin

2012 年 9 月，四川省博物馆旧址地块上的来福士购物中心开幕。自此，省体育馆站东南部商业有来福士商业广场、时代数码大厦，东北部商业有 @ 世界电脑商城、东华电脑城，西北部商业有人南国际广场（正在建设中），成为集 IT 商区、演艺中心、体育赛事及购物于一体的综合性区域商业圈。人群主要以 IT 消费、时尚休闲消费为主，客流呈现出年轻化、有较高新品接受能力的特点。整体商业氛围浓厚，对周边区域人群的吸引力较强。

在武侯区的规划中，以人民南路为主轴，以科华路、浆洗街为两翼，在核心区域建设现代化国际商务区和总部集聚区，重点发展电子信息、现代商务服务、高端商贸等产业（图 6-11）。

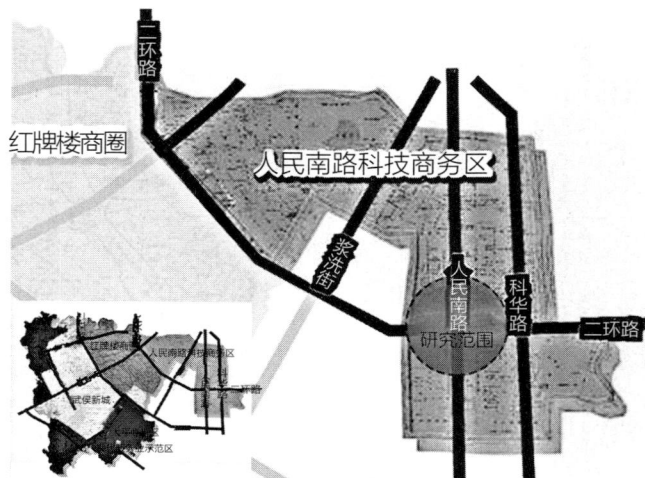

图 6-11　武侯区规划功能结构图
来源：武侯区规划 [EB/OL]. https://wenku.baidu.com/view/a25927cb51e2
524de518964bcf84b9d528ea2c08.html.

　　在研究范围内，对省体育馆站"电子科技一条街"的定位为"成都智慧CBD"。研究范围将依托"电子科技一条街"现有资源，通过对现有资源的整合，形成数字娱乐、一站体验式IT购物中心、智能社交服务平台为三大支撑，以品牌体验展示、行业高端发布、创新孵化基地、云智能互动平台、商业配套服务为五大主导的业态体系。科技一条街的新定位为IT品牌管理运营、IT产品展示体验交易服务、高端创新要素聚集的电子信息服务核心商务区。此外，还将通过打造"华夏梦工厂——成都数字娱乐传媒产业园"，引入国内外知名数字娱乐产业项目，带动传统IT卖场主动转型升级。"电子科技一条街"借助西南地区信息枢纽中心城市的地位及交通优势，不断拓宽市场辐射面，不仅与省内二级城市的电子市场建立了直接联系，还与云南、贵州、重庆、西藏、陕西、甘肃乃至新疆的电脑商家发展了业务联系，逐渐形成西部地区最大的IT产品集散地。

6.3.2　地铁开通前后商业空间演变中的自组织现象

1）地铁开通前——专业商铺的增殖与演替

　　四川省博物馆、华西医科大学[①]、四川大学、四川教育学院、四川卫生学院等学府林立，依托各个高校周边自发形成的商业街，是对校园商业空间的有利补充。高校

———————————

① 2000年9月，原华西医科大学与原四川大学合并组建新的四川大学，华西医科大学更名为四川大学华西医学中心。

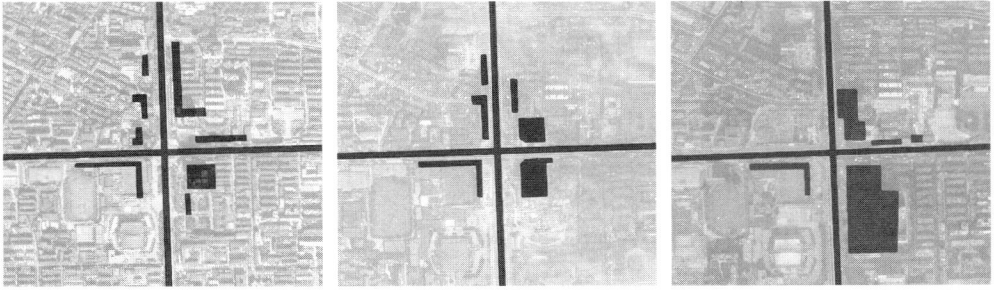

（a）2001 年省体育馆站域商业空间　　（b）2009 年省体育馆站域商业空间　　（c）2019 年省体育馆站域商业空间

图 6-12　商业空间的演替与增殖变化

教学、科研、生活等功能模块之间的相对关系是改变商业空间、商业业态构成的主要原因。自发性商业的聚集有其内部特殊的组织方式，其业态变化受商业街所处的区位条件、技术发展、学校管理、消费心理等多方面因素的干扰。

在研究范围内，大学周边浓厚的科技氛围使得相关商业空间在这里生根发芽。随着时代数码大厦、@ 世界电脑商城、东华电脑城等电子数码市场逐渐发展完善，并形成了一定的商业规模，商铺之间便存在协调与竞争的自组织性，通过不断地增殖与演替，逐渐发展成为一定规模的专业商铺（图 6-12）。

2）地铁开通后

（1）新的商业空间产生

2012 年 9 月总体量达 30 万 m² 的城市综合体来福士广场建于省体育馆地铁站附近，入驻商家超过 70% 为国际品牌，其中 50% 为第一次进入成都的旗舰店。目前省体育馆站的地下商业部分已与地铁形成较好的连接，并与来福士、人南国际广场等商业物业协调，预留了连接通道。而与地铁出入口直接连接的时代数码广场负一楼商业物业，租金水平为每月 600 元 /m²，出租率则达到 100%（图 6-13）。

（2）部分商家退出

随着新兴电子商务市场的盛行，电脑城的销售额大幅度下滑。而移动互联网的普及导致人们对电脑的依赖度变低，这又造成电脑产品销售额的不断下降。从 2012 年起，很多区位不佳的电子产品店铺陆续撤出，百脑汇、数码广场、@ 世界等诸多电脑商城连续多年经营困难，整体商业空间日趋萧条（图 6-14）。例如新世纪电脑商城，由于受到新兴商业模式的冲击影响，商业氛围逐渐变淡，于 2017 年 4 月 5 日正式停止营业。然而，店铺的缩减仍难以应对消费者减少带来的经营困境。与前几年相比，客流在平常或者周末都有所下滑，下降幅度在 20% 左右。不仅是成都，放眼全国，盛极一时的北京中关村、深圳华强北商圈也现颓势，区域商业类型亟待转型。

图 6-13   来福士广场及内部商业空间

图 6-14   省体育馆站商业街萧条景象

6.3.3　地铁开通前后商业空间自组织演变的差异性分析

1）地铁开通前

地铁开通前，省体育馆站域商业空间的自组织主要受到区位因素和商业集群的影响。

（1）区位因素

省体育馆地铁站域商业空间形成之初依赖于大型公共设施——省体育馆，其周边的百脑汇电脑城商业活力充沛，是成都市首次出现的规模整齐、品类齐全的 IT 卖场，它取代了原来狭小摊位售卖电脑的模式。数码电子产业就这样在这里生根发芽，发展形成了家喻户晓的"电子科技一条街"，并在此基础上形成电子科技产业群。

（2）商业集群

省体育馆站周边电子科技产业集群并发展，是外部条件和内生机制共同作用的结果[4]。其中，外部因素主要包括区位条件、城市化等，它们为商业集群在地理位置上集聚的产生提供了可能。同时，商业集群效应会降低消费者搜寻商品的不确定性，从而降低消费者在多中心购物过程中的成本。而对消费者的吸引力越大，商业集群的程度便会越高。另外，商业集群会吸引消费目标相对明确的客流。这类人群的消费行为会基于某种特定目的，他们尽可能地希望在商品搜寻过程中节省时间和减少花销。而商业集群不仅使得集聚区内的商品具有价格上的优势，还节省了消费者的时间，从而使消费者成为商业集聚效应的受益者。从生产者的角度讲，商业集群可以使其迅速、准确地掌握市场信息，从而减少商业追逐的盲目性，提高商业集群的整体收益。

该片区位于成都一环路附近，周边交通便利，区位条件优越，且城市化程度较高，为电子相关产业的发展提供了良好的外部环境支撑。内生机制主要表现为社会动力机制，这是该站点周边电子产业集群发展的根本原因。华西医科大学、四川大学、四川教育学院、四川卫生学院等均坐落于该站点周边，为电子科技产业集群提供了巨大的潜在消费人群。

2）地铁开通后

地铁开通后，省体育馆站域商业空间的自组织主要受消费者、商业竞争等因素的影响。

（1）消费者因素

①消费者数量。地铁线路的开通不仅大大提升了该站域商业空间的交通可达性，也缩短了该站域商业空间与城市内部其他商业空间之间的时空距离，进而提升区域型地铁站域商业空间之间的竞争强度。但省体育馆地铁站域的商业类型、等级及模式等已不适应外部环境的变化，这将降低商业对固有客流的吸引力，并增加城市内部其他

商业空间的竞争力。因此，店铺数量逐渐减少，来此消费的人群也日趋减少。

②消费者类型构成。省体育馆站域商业空间作为区域型商业中心，其客流结构相较于社区中心型地铁站点和郊区中心型地铁站点的站域商业空间更为复杂。该站域商业空间的主要消费人群为周边居住、上班和到此处购物休闲的人群（图 6-15）。同时，从客流结构与消费商品种类的交叉分析可知，主体客流人群对餐饮、生活服务等方面的消费需求较多。基于上述消费客流状况，研究范围内形成了不同等级的餐饮及生活服务商铺。

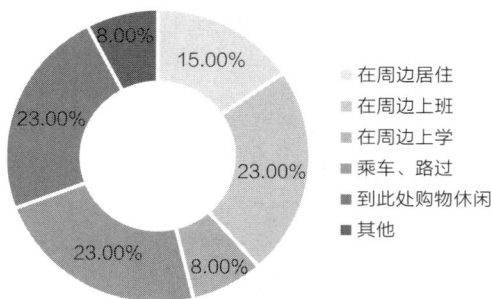

图 6-15　消费者类型构成

（2）商业竞争

竞争是系统演化过程中最为活跃的动力，这是因为只要系统内部或系统之间存在差异，就会有竞争。一方面，由于不同类型或同类型商铺在获取物资与信息方面均存在差异，这势必会引起商铺之间的资源不平衡，使站域商业空间系统内部存在商铺之间的竞争。另一方面，站域商业空间系统与其他系统亦存在竞争关系。而电子商务市场的非平衡性体现在以下几方面：电子商务市场与传统市场存在着非平衡态，传统市场与电子商务市场一直存在着竞争性关系；电子商务市场与社会经济发展具有不协调性。电子商务企业模式从不同方向改变和影响着传统商业企业模式市场。在耗散理论和非平衡理论的原理下，为适应系统的发展进行创新而形成的自发突变，正是现今新兴商业的发展方向。例如，省体育馆站周边的电子科技实体零售与新兴电子商务形成了竞争关系。随着电商在市场中的快速发展，实体零售的消费人群部分流失，致使该商业系统内部出现商铺收益下降、商铺倒闭或转移等现象。

6.3.4　商业空间演变中自组织和他组织的互动关系

地铁站开通前，省体育馆站域商业空间发展良好，其系统趋于平衡状态，商业空间的演变大多是基于城市规划他组织约束下的商业自组织活动。地铁开通后，由于电商的冲击以及传统商业系统发展速度缓慢，该商业系统与社会经济环境愈发不适应，表现出商铺转让、倒闭或效益下降等不良现象。虽然自组织作用力一直隐形而持续地存在于该商业系统的演变过程中，但单靠其使系统达到新的平衡过程相当缓慢，故此时介入他组织的力量显得尤为必要。

6.4　区域中心型地铁站域商业空间自组织演变规律及特征

区域中心型地铁站域商业空间系统在外部环境、内部动力及初始状态的共同影响下不断演化，并进行自我调整与优化，进而达到一种新的、有序的与更为高级的状态。当商业内部系统与外部条件发生矛盾，不能自身消化时，自组织的作用并不能使整体系统达到平衡。他组织的介入能结合地铁站的触媒作用，与其他区域协同发展，扭转商业系统混乱与衰退的趋势，引导片区走向理性的城市发展格局。

6.4.1　自组织演化条件

区域中心型地铁站域商业空间的自组织演化具有耗散结构特征，包括开放性、非平衡性、非线性、商业空间涨落四个特征。

区域级商业中心介于市级和社区级商业中心之间，是指商业中度集聚、经营服务功能比较完善、服务范围为广域型的地区商业中心和集聚区。区域型地铁站域商业空间一般存在大型的购物中心、商业综合体等，商业空间氛围浓厚、商业资源丰富。该等级商圈一般选择分布在各区通达性较好的地方，主要提供中间档次但销售频率较高的消费品[5]。在区域所服务的范围内满足居民的购物、餐饮、休闲、娱乐和商务活动需要，能量、物质、信息不停地由外向内输入，并与城市内部的能量、物质、信息不停地交互。如省体育馆站的来福士广场、人民北路站的万达广场都属于该区域内较大的商业综合体，消费者来此进行消费的同时获得相应的服务。

区域型地铁站域商业空间具有非平衡性。由于不同商业空间经营商品种类的差异、同种商品商店经营模式的差异、距离地铁站和道路交叉口远近的微区位差异等因素，使得商业空间的发展远离平衡从而导致"势差流"的产生，商业空间处于一种非平衡状态。例如省体育馆站中，处于优势地位的时代数码大厦与来福士广场吸引了地铁站点的大量人流，使该区域的商业空间具有非平衡性。宏观区位差异同样存在，随着商圈的不断发展和城市功能的不断完善，某些区位条件好、交通便利的区域级商业中心将充分发展演变成为城市级商业中心地。

区域型地铁站域商业空间系统内部各项要素较为复杂，由人流、交通、商业空间等子系统之间相互作用，并非线性的、简单的、单向的因果关系。各子系统以及各个商业企业间充满相互激励、相互制约、相互影响的复杂关系，导致各种正反馈和负反馈的形成。因此在这样的非线性系统内，系统内部元素的相互作用使系统具有了整体行为，可以牵一发而动全身，微小的扰动所形成的局部关联得以放大，从而形成整个系统的剧烈波动，正如著名的"蝴蝶效应"①[6]。例如省体育馆站域商业空间内的数码、电子类商铺间，由于业态、规模、品种、价格、空间等多重因素导致的复杂非线性关系影响推动着商业空间的演化不断远离旧有平衡状态，要实现新的平衡状态则需在政府、城市规划的他组织帮助下进行。在从无序到有序的空间涨落过程中，区域型地铁站域商业空间是自下而上的自组织，发展速度较为缓慢。商业空间多因素非线性作用形成多重涨落，涨落在非线性作用下形成"突变"[7]。这一无序向有序的空间递进过程需要他组织的介入对其进行控制和引导。

6.4.2 专业商铺集群

区域型地铁站域商业空间都具备商业集群的特征，例如省体育馆地铁站的电子数码商业一条街，人民北路地铁站的大量测绘仪器店、纸业店和小商品批发商铺。

商业集群的自组织演化过程受到了外部环境、内部动力及初始状态的共同影响。商业集群的初始状态决定了商业集群演化的方向及强度大小，商业集群面临的各种外部环境则通过系统涨落的影响加强或减弱了商业集群演化的动力。而自组织演化中最为重要的内部动力，主要由商业集群内部各企业的业态、规模、商品品种、价格、空间等多重因素导致的复杂非线性关系，以及商业集群与消费者行为间的复杂交互关系共同组成，它们共同影响推动商业集群演化进而不断远离旧有平衡状态，呈现新的商业集群平衡状态，内部竞争和外部他组织是商业集群演化的动力源泉[8]（图6-16）。

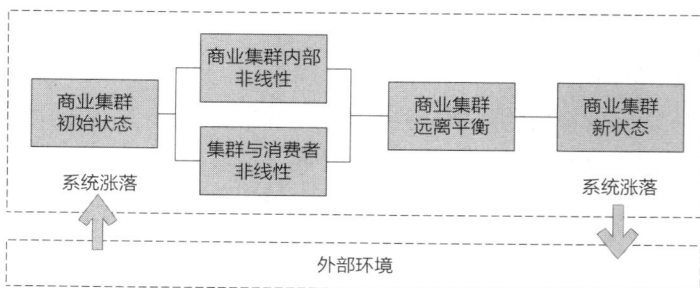

图6-16 商业集群自组织框架图

来源：唐红涛，朱艳春. 基于自组织理论的商业集群动态演化分析 [J]. 商业时代，2013（27）：4-6.

---

① **蝴蝶效应**：指动力系统中初始条件的微小变化能带动整个系统长期巨大的连锁反应，是一种混沌现象。

商业空间自组织是一个自我复制或功能聚集的过程。超循环理论认为，相同功能空间自身的发展是一个自催化循环增殖的过程，个体初始随机建设的区位优势在小范围空间中进行发展。由良好的区位和交通因素而形成相同功能空间的集聚，小范围空间集聚会进一步改变区位条件，产生新的、更大的区位优势，从而引起更大尺度的空间集聚。如此循环往复，直到此种功能空间的发展受到限制。

6.4.3　商业空间更新

区域中心型地铁站域商业空间具有一定的商业发展传统和区位优势。例如省体育馆站域商业空间有电子、数码传统商铺的聚集，人民北路站的大量测绘仪器店、纸业店和小商品批发商铺。这些专业性的商铺在该地区形成一定的商业格局及商业基础，不仅服务区域范围内的居民，甚至为更大范围乃至整个成都市的居民提供服务。该产业使得区域商业中心具有一定的区位优势，出现了客流量增多、交通路网通达、商业规模扩大等现象。

随着商业发展到一定程度，原有商业配套基础设施开始不能满足商业活动的需求，交通拥挤、商业发展空间不足、环境恶劣等问题随之出现，同时网络店销售对实体店销售的冲击也造成了很大的影响。随着时间的推移，商业空间与商业活动之间的矛盾越发不可调节，最终导致商业发展的混乱和衰变。例如人民北路站治安环境差、交通拥挤、基础设施落后、城市环境破败，城市脏乱差的状况限制了这片区域的发展。省体育馆站电子数码产业由于网络店销售等因素的影响，致使多个大型企业衰败甚至倒闭。

为了使混乱和衰变的商业空间重新发展，商业空间的更新显得格外重要。例如人民北路站，政府全面推进了"北改"项目，以此振兴城北、改变脏乱差的城市面貌。省体育馆站域则由来福士广场为该区域注入新鲜的血液，同时使该片区的功能多样化。多样性的人群活动带来了建筑功能的多样性，也带来了建筑形态的多样性。因此，功能多元化也是提升城市风貌与活力的有力手段，商业设施受益于地铁站点带来的巨大人流，商业发展与交通发展相辅相成。

6.4.4　发展动力不足

区域中心型地铁站域商业空间是城市现代商业体系的重要组成部分，推动着成都的商业格局由"一心"向"多心"发展，是城市经济繁荣的表现，如成都西边的光华、金沙、双楠等商圈，北边的沙湾、城北商圈，东边的建设路、万年场商圈及南边的金科、玉林商圈等，每个区域商圈都有集中的商业中心。区域商业中心的原有商业空间大多是基于周边大量居住用地、商务用地及邻近城市干道的区位优势而形成的，之后则在城市政府的支撑扶持下，发展成具有一定规模的区域商业中心。

区域相互之间的协同及区域内部的协同都与区位、客流、商业功能等因素有着十分密切的关系。区域相互之间的协同体现在区位上，各区域商业中心具有一定的空间布局规律，过分集中分布则会造成商业空间的浪费。区域内部的协同体现在商业空间的规模及功能上，客流的大小影响着商业空间的规模，消费者的需求则影响着商业空间的功能。区域型地铁站域商业空间大多具有一定的指向性，服务的人群也有一定的特殊性。

城市的商业分布符合中心地学说中所描述的地域分异规律，会形成区域级商业中心和市级商业中心。地铁站点贯通各级商业区，加速人流的流通，增强各商业区的关联。由于区位、客流、商业功能等因素的限制，区域级商业中心自身发展动力不及市级商业中心充足，且各区域商业中心之间、区域商业中心与市级商业中心之间都存在激烈的竞争，想要实现商业空间的可持续发展，必须不断增强自身的商业发展优势。

参考文献

[1] 成都封面传媒有限责任公司. 成都，下一个百亿商圈在哪里 [EB/OL]. （2018-12-11）[2019-02-05]. https://baijiahao.baidu.com/s?id=1619481760343314046&wfr=spider&for=pc.

[2] 蜗牛互动. 成都北改，五块石商圈的蜕变 [EB/OL]. （2017-04-07）[2017-12-21]. https://cd.news.fang.com/open/24880418.html.

[3] 阎学通. 历史的惯性：未来十年的中国与世界 [M]. 北京：中信出版社，2013：13.

[4] 吴成军. 商业集群生成机理分析 [J]. 中国市场，2008（40）：104-105.

[5] 佚名. 商业中心 [EB/OL]. （2018-07-08）[2018-10-06]. https://baike.baidu.com/item/ 商业中心 /4421339.

[6] 黄宏磊，李海蓉. 论耗散结构理论视角下的城市发展 [J]. 青岛行政学院学报，2006（5）：56-58.

[7] 李松，崔大树. 关于城市空间耗散结构研究的文献综述 [J]. 经济论坛，2011（6）：180-182.

[8] 唐红涛，朱艳春. 基于自组织理论的商业集群动态演化分析 [J]. 商业时代，2013（27）：4-6.

7.1　成都市社区型地铁站域商业空间开发现状

7.1.1　社区型地铁站点

我国城市空间形态和城市功能结构转型的标志之一是社区功能的强化，人的生活围着社区中心转，活动半径基本以住宅、居住区为中心。大型社区的形成与发展，标志着大量人口在一定区域内的集聚以及某一特定消费结构、消费偏好的形成[1]。近年来，社区的形成与发展使城市轨道交通的发展逐渐蔓延开来，轨道交通迅速发展的同时也为社区的发展提供了良好的交通条件，两者的形成与发展是相辅相成的。

根据本书第四章的分类，社区型地铁站周边具有一定规模的商业，邻近用地以居住用地为主，商业用地为辅，通常还包含少量的办公用地。站点的交通客流及站域商业空间的消费客流主要为周边常住居民和少量办公人群。站域商业空间带有明显的社区商业特征，以购物中心加临街商业为主要形式。

社区型商业空间对区位、客流等外界环境变化反应敏感，且客流大多是通过步行方式在商业空间范围内进行消费选择，因而站域商业空间应限制在适宜步行的距离范围以内。根据 TOD 的相关理论[2]，城市轨道交通站点的影响范围约为 10 分钟左右的步行距离[3]，即约 400～800m 的半径范围。因此，社区型地铁站所影响的站域商业空间范围可根据合理的步行交通距离进行限定，大致分为三个圈层：以站点为圆心，半径 300m 内为核心影响圈层，半径 300～600m 为直接影响圈层，半径 600～800m 为间接影响圈层。本类型站点的调查研究范围为社区型地铁站核心影响圈及直接影响圈的商业空间。

7.1.2　社区型地铁站域商业空间开发现状

由于社区所属的性质与人群需求，社区的周边必定会形成一定规模的商业。成都的社区商业开发建设较为成熟，大多数站点周边的商业活力较高。由于当前城市更新速度较快，社区分为老旧社区与新建社区两类。老旧社区邻近商业主要以独立的菜市场、底商和摊贩等形式存在，新建社区邻近商业主要以商业综合体以及局部底商等形式存在。按前述对社区型地铁站的定义，成都市现有 24 个社区型地铁站，占地铁站总数的比例约为 20%（图 7-1）。作者通过分析历史发展因素、区位因素及"大事件"影响因素等，对成都社区中心型地铁站域商业空间的开发建设进行调查，发现地铁

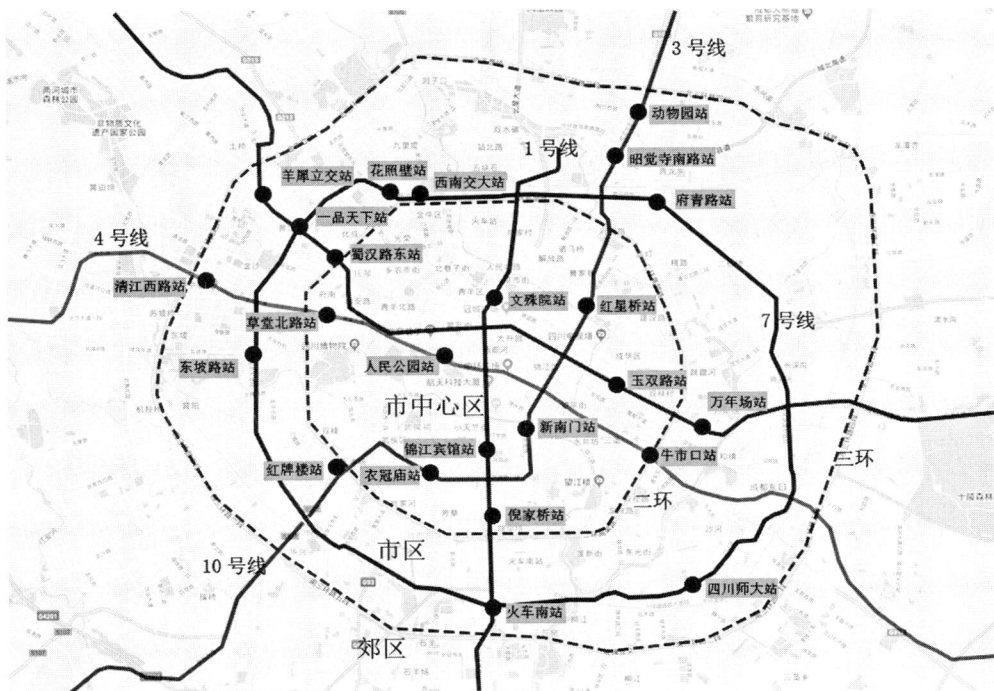

图 7-1　成都市部分社区型地铁站点分布图

2 号线蜀汉路东站与地铁 4 号线万年场站具有典型性，因此本书将对蜀汉路东站与万年场站进行站域商业空间的演变特征与规律的研究。

7.2　蜀汉路东地铁站域商业空间自组织演变

社区中心型地铁站点的交通客流及站域商业空间的消费客流主要为周边常住居民和少量办公人群，带有明显社区商业特征的站域商业空间经过一段时间的发展调整后，消费人群和商业空间趋于稳定，商业结构、业态不会发生大的改变。在此，作者以成都蜀汉路东站为例，对地铁开通前后社区中心型地铁站域商业空间的自组织演变进行分析。

7.2.1　地铁开通前后商业空间的演变

蜀汉路东站邻近成都市二环路，是集公共汽车、地铁、城市 BRT 于一体的换乘站点，共有 A、C、E、F 四个出入口。站点附近聚集了欧尚购物中心、迪信通、必胜客、

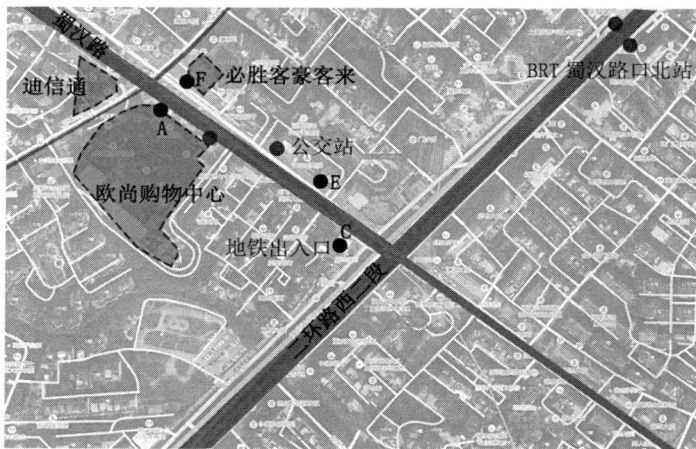

图 7-2   蜀汉路东站域的商业空间、交通设施及路网

豪客来等商业，周边以居住用地为主，发展形成了初具规模的社区型商业中心（图7-2）。

1）地铁开通前

蜀汉路东站属成都地铁2号线（2007年获批并开始修建）站点，2012年9月随着2号线一期工程的运营而正式投入使用。作为一般的社区型商业中心，蜀汉路东地铁站不同于春熙路站，商家对地铁选址规划的敏感性较弱，地铁规划对其站域商业空间的影响较小，因而此处忽略地铁开通前的地铁规划对站域商业空间的影响，以2012年9月蜀汉路东站的正式通车为时间点，分析地铁开通前后站域商业空间的演变。

2003年前后研究范围内的城市建设基本完成，除大量的居住建筑外，沿蜀汉路两侧还有少量的商业和办公建筑。2003年11月欧尚购物中心①入驻，伴随着欧尚主力店的进驻，迪信通、肯德基、必胜客以及部分服饰专卖店等次主力店开始聚集，同时占据着片区主要道路（蜀汉路）与居住区小区道路（蜀通街、同善街）交叉口这一优势交通区位。周边大量的交通客流、车流于此聚集，逐步发展形成社区商业中心。

蜀汉路是研究范围内的主要道路，相当于居住区道路级别，商业沿街底层分布，多为中、低等餐饮、点心、个体服饰店及手机专卖店等，服务周边居民及来此的城市其他客流。

蜀通街、同善街是研究范围内的主要生活性道路，相当于居住小区道路级别，两侧密集排布着西丽苑、花好月圆、艺家等居住小区（图7-3），这些小区大都在2000年左右建成，沿街商铺以便利店、水果店、美发店等社区配套商业为主。

---

① 蜀汉路欧尚超市是法国欧尚超市集团在中国的第五家门店，2003年11月13日开业。

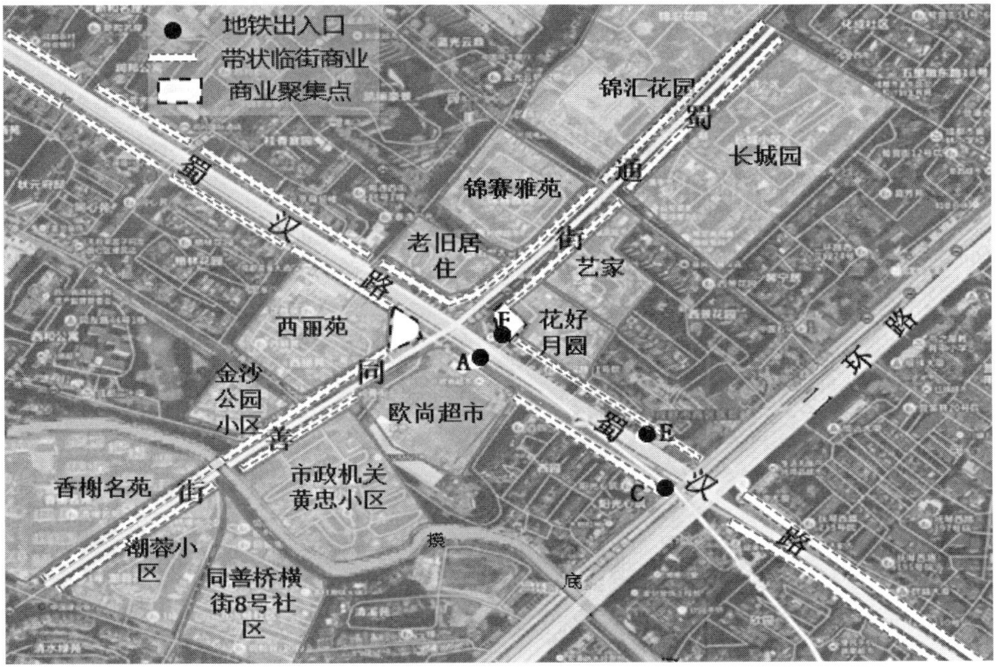

图 7-3　蜀通街、同善街两侧的居住小区

2）地铁开通后

2012 年 9 月蜀汉路东地铁站正式开通，通过腾讯街景地图查看到，2012 年 9 月地铁站域商业与此次调研时（2018 年 10 月）的商业在业态、主力店（欧尚购物超市）与次主力店（迪信通、肯德基、必胜客等餐饮及服饰专卖店等）构成上基本相同，商业空间没有发生明显演变（图 7-4）。

2012 年 9 月

2018 年 10 月

A 出口有欧尚购物中心及肯德基等餐饮店

A 出口依旧为欧尚购物中心及肯德基等餐饮店

B 出口有必胜客、豪客来等餐饮及美容院、药店等社区配套商业

B 出口仍为必胜客、豪客来等餐饮及美容院、药店等社区配套商业

图 7-4　2012 年与 2018 年蜀汉路 A、F 出口站点附近主力店、次主力店的构成
来源：腾讯街景、作者自摄

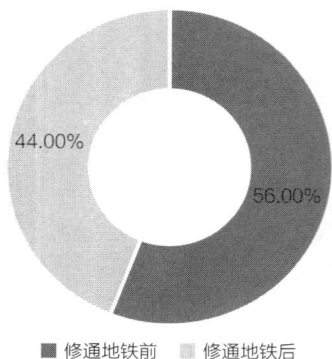

图 7-5　蜀汉路东地铁站域商家开业时间统计　　　　图 7-6　地铁开通前已开业的商家的开业时间统计

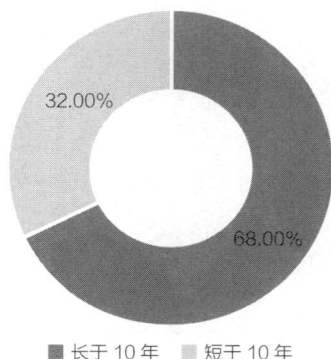

图 7-5 为蜀汉路东站域商业空间在地铁开通前后开业商铺时间的统计图，现有商铺中 56% 在地铁开通前就已开业，其中营业时间长于 10 年的商铺占 68%（图 7-6）。以上两个数值再次表明，蜀汉路东站域商业空间发展时间较早、商业空间相对稳定、商家变迁少，地铁的开通对站点周边的商业有影响，但尚未打破该地区商业空间原来的平衡状况。

7.2.2　地铁开通前后商业空间演变中的自组织现象

1）地铁开通前

（1）次主力店的聚集

研究范围内的欧尚购物中心是基于商业地产订单模式引进的，随着欧尚主力店的入驻，在主力店的人流带动、品牌号召等作用下，次主力店、一般的专业店铺自发地到此聚集，经过一段时间的发展调整，形成了相对稳定的主力店、次主力店结构。

（2）社区商业中心的形成

参照成都 2016—2020 年总体规划，蜀汉路与同善街、蜀通街交会的路口规划了一定数量的商业用地和办公用地，依托周边大量稳定的居住人群、商务办公人群以及邻近城市次干路的交通区位优势和良好的公交可达性，商业聚集发展形成了一定规模的社区型商业中心。

蜀通街和同善街为居住小区级道路，两侧紧密排布着居住小区，临街商业以满足居民日常所需的社区配套商业为主，如水果店、便利店、诊所等。在靠近蜀汉路的路口，小食餐饮店密集，满足了蜀汉路上班人群的就餐需求。蜀通街两侧居住小区建成年代晚于同善街两侧小区，且小区品质、沿街商业等级明显比同善街好（图 7-7）。

（a）同善街两侧的社区商业

（b）蜀通街两侧的社区商业

图 7-7　蜀通街与同善街两侧的社区型商业对比
来源：百度街景

2）地铁开通后

商业空间保持原有的格局。蜀汉路东站域商业在地铁开通后的 6 年内（2012 年 9 月到 2018 年 10 月），主力店、次主力店、业态组成等方面没有发生明显变化，商铺之间维持着原来的商业格局，这是商家基于自身发展诉求而自愿维持现有商业空间的自组织行为。

7.2.3 地铁开通前后商业空间自组织演变的差异性分析

地铁开通前后，蜀汉路东站域商业空间没有发生明显的变化，现将该商业空间的形成、自组织演变及维持原有格局的原因进行分析。

1）结构主导型的商业关联

欧尚主力店与肯德基、迪信通等次主力店及其他一般专业性商铺的聚集是由于商铺间存在相互庇护、互补的结构关系。一方面，欧尚主力店具有良好的品牌形象，依托自身的品牌号召力，能吸引大量消费者，聚集人流，为次主力店、一般专业性商铺提供大量潜在客流；另一方面，主力店、次主力店和一般性商铺间形成业态互补的关系，完善了整个商业业态结构，实现共同成长。

2）消费者主导的商业关联

研究范围内商业空间的消费者以周边常住居民、上班人群为主。基于商家对到店客流结构的分析（图7-8），同时基于客流结构与消费商品种类的交叉分析可知（图7-9），居民的消费商品主要为生活日用品、生活服务及餐饮等，上班人群的消费商品主要为餐饮、生活日用品等。基于上述消费客流特征，研究范围内的商业除带有明显的社区型商业特征外，还聚集了大量的餐饮店，是消

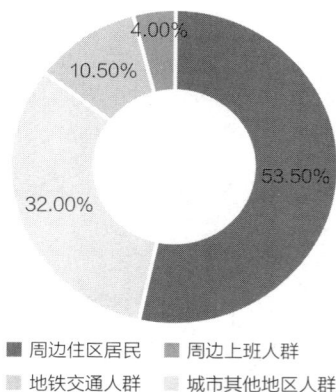

图7-8 蜀汉路东地铁站域商业空间客流构成统计图

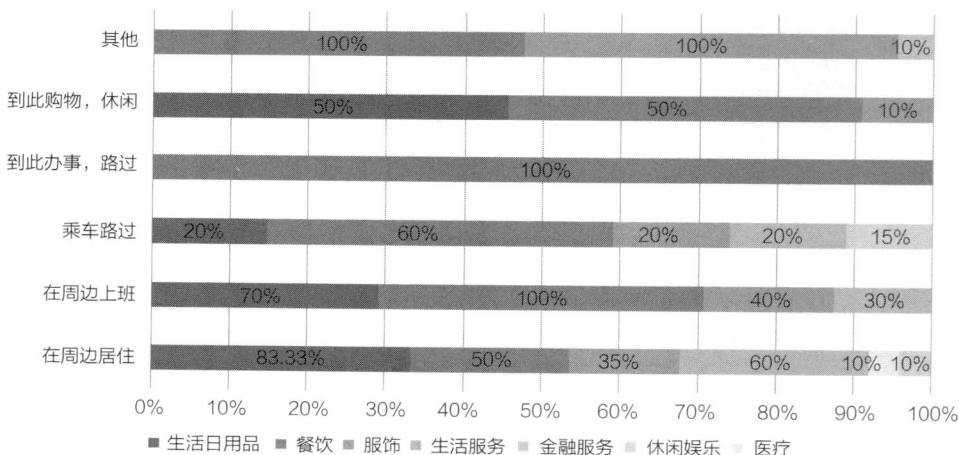

图7-9 蜀汉路东地铁站域商业空间客流结构与消费商品种类的交叉分析

费者主导下形成的商业关联。对于这种依托周边用地性质形成固定客流的商业空间，在商业开业后的 1～2 年内商业空间结构基本成形，只要周边用地性质不发生大的改变，客流人群将基本保持稳定，原有的商业空间不会发生大的演变。图 7-10 是商家对地铁开通前后来店消费客流结构是否发生变化的调查统计，75% 的商家认为来店消费的客流结构没有发生明显变化，这一数据表明地铁开

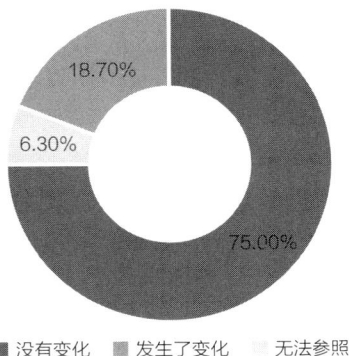

18.70%

6.30%

75.00%

■ 没有变化　■ 发生了变化　□ 无法参照

图 7-10　蜀汉路东地铁站域商家对地铁开通前后到店消费客流结构是否发展变化的统计

通后研究范围内的消费者结构没有发生明显变化，商业结构维持原有状态。

3）区位优势

研究范围内商业空间的形成离不开邻近城市道路、道路交叉口、公交换乘站点等优越的交通区位条件，同时站点周边大量的住区为其提供了丰富的客源，这些都为商业空间的形成提供了先决条件。

4）商业竞争导致的商业协同

蜀汉路东站域商业空间自 2003 年开始生长，一直到地铁站点开通前夕（2012 年），商业空间历经了 9 年的发展演变，已经由前期对客流、优势区位等区域资源的争夺，发展为后期相互协同的关系。目标消费者人群基本稳定、商业空间发展成熟、区域资源实现了最大化的合理利用，各商家在激烈竞争中谋求到自己的生存空间，形成了互利共赢的商业格局。

一方面，蜀汉路东地铁站的开通没有导致站域土地使用性质的变化，没有导致客流结构发生较大的调整，同时由于缺少他组织的干预，商业空间继续维持原有的状态；另一方面，地铁的开通增加了站域商业空间的交通区位优势和客流量，提高了该商业空间在同等级商业空间中的地位，在一定程度上促进了原有商业的繁荣。

同时，对当地商家的访谈也能在一定程度上解释该商业空间维持原有格局的原因。蜀汉路两侧经营状况较好的商家表示即使铺面租金上涨也没考虑过撤店，经营状况一般的商家表示只要能维持盈利就不会撤店，仅部分经营状况较差的商家考虑撤店。蜀通街和同善街两侧大多为营业长达 10 年之久的个体老商铺，大多经营状况一般或较差，但由于商铺是商家自有，在商业竞争中占有成本优势，对市场竞争感知能力弱，加上商家自身无其他就业意向和打算，因而选择继续维持现状。

7.2.4   商业空间演变中自组织和他组织的互动关系

研究范围内的商业空间地处成都市内发展比较成熟的居住片区，政府他组织对片区商业发展的干预少，居民是片区活动的主要参与者，商业空间的演变基本取决于商家与居民间的自组织活动。这种自组织活动的力度和作用范围有限，但能在一定程度上缓解地铁站点对商业空间造成的冲击，使商业空间保持原有空间结构。

7.3   万年场地铁站域商业空间自组织演变

地铁 4 号线上的万年场站位于成都市主城区东二环万年场片区，该片区过去是传统的老工业厂区，近十几年来随着传统工厂的合并、搬迁，新进入该片区的建设项目众多，已逐渐发展成以居住为主、商业为辅的现代城市片区。在地铁 4 号线获批建设及开通之后，整个片区的居住与商业环境发展态势良好，万年场地铁站与其站域商业空间的相互作用具有较强的典型性。

7.3.1   地铁开通前后商业空间的演变

万年场地铁站域商业空间的演变与城市及周边环境的发展息息相关、密不可分，总体上大致分为以下三个阶段（表 7-1、图 7-11）。

万年场地铁站域商业空间演变阶段　　　　　　　　　　　表 7-1

阶段	商业空间状况
1950—2005 年	主要以军工、机械工业厂区为主，早期商业以国营供销社为主，20 世纪 90 年代以后以私营商店和小规模集市为主
2005—2012 年	传统工业逐渐合并、搬迁，用地性质转变为居住为主、商业为辅。随着居住人口的增加，商业业态升级、商铺数量增加、配套服务设施增加
2012—2019 年	随着地铁站的建设及开通，片区开发相对成熟，商铺数量逐步稳定，配套服务设施逐渐完善，商业空间环境品质稳步提升

1）地铁开通前

自 20 世纪 50 年代开始，万年场片区及周边集中了众多大型工业企业，成都配件厂、成都发动机厂、无缝钢管厂、四川棉纺织一厂等均坐落于此，是成都市的主

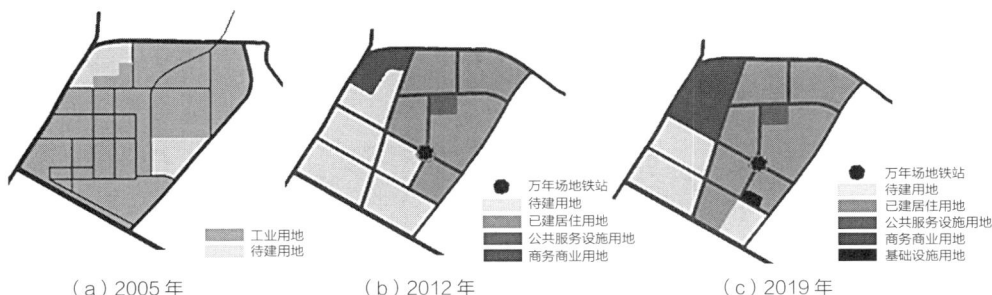

（a）2005 年　　　　　　　（b）2012 年　　　　　　　（c）2019 年

图 7-11　2005 年、2012 年、2019 年万年场站域用地性质变化分析图

要工业区。改革开放之后，这些工厂在国有企业改制过程中逐渐合并、搬迁。至 21 世纪初，万年场片区只留下一大片零零散散的老成都聚落，片区内的商业也以私营商店和小规模的各类集市为主（图 7-12）。2005 年 12 月，华润集团以 21.4 亿元竞得成都发动机厂土地开发项目，并开发居住区华润二十四城以及商业综合体华润万象城。伴随着居住小区的分期建成和业主的迁入，万年场片区逐渐形成沿社区街

图 7-12　万年场集市旧景

来源：成都万年场旧照曝光，目前已"沦为"华润的地盘 [EB/OL]. https://cd.news.fang.com/2014-12-26/14491397.htm.

道和小区底层布置的商业空间，吸引并满足周边居住人群的消费。

2）地铁开通后

成都市地铁 4 号线于 2011 年获批建设，万年场地铁站选址于双福二路和双成五路交会处，设有 7 个出入口。华润万象城商业综合体（图 7-13）距离地铁站 B 出入口 500m，于 2012 年 5 月正式开业，定位为集多元业态于一体的中高端购物中心。万象城共引进主力店及品牌门店 58 家，其中泰国尚泰百货、华润 OLE 精品超市、香港百老汇电影院、NOVO 精品百货等均是首次进入成都。随着地铁 4 号线于 2015 年底正式开通运营，地铁站域商业空间逐渐又聚集了餐饮、金融、休闲、生活服务、电子电器、医疗诊所等商业类型，发展成初具规模的社区型商业中心。

图 7-13　华润万象城商业综合体

7.3.2　地铁开通前后商业空间演变中的自组织现象

1）地铁开通前——早期社区商业空间发展缓慢

研究范围内的用地类型以居住用地为主，华润二十四城居住小区项目相继在
2007 年、2009 年、2010 年开发了一期、二期、三期住宅。一期为纯住宅，无商业设

施；二期、三期有少量的底层商业。这一时期由于地铁线路与二环高架快速路尚未开通，万年场片区的交通可达性不高，投资者入驻开店的意愿不高，社区商业发展缓慢。整个社区商业空间多以便民、利民等消费为主，商业沿社区街道底层零散分布，业态多为中低端餐饮、百货店、蔬菜店等，另有少量个体服饰店、水果店、小型超市、理发店等选择在此片区开店。这一阶段，万年场片区的社区型商业在规模大小、提供的主要商品种类、商圈服务的范围等方面远远低于城市中心型商业和城市区域型商业，亦无法与成都市其他类似的社区型商业相比。

2）地铁开通后——现阶段社区商业空间拓展迅速

2011 年地铁获批并开建以后，更多的市民愿意在此买房居住，华润二十四城居住小区项目在 2012 年、2013 年、2014 年开发了四期、五期、六期住宅。随着成都市二环高架快速路于 2013 年 5 月开通，万年场片区的交通可达性大幅提高，各类商家的投资意愿加强。与 2012 年之前相比，除二至三层中等规模的临街商业外，还发展出地下空间与地上空间相结合的独立商业体——万象润街（图 7-14）和专门的农贸市场。业态也由低端向中高端发展，包括社区便利店、水果店、中大型超市、美容美发店、手机专卖店、英语培训机构、婴幼儿俱乐部、银行等，从而形成了高中低结合、种类丰富的商业业态结构。

图 7-14　现阶段万年场地铁站域商业空间业态

图 7-15　万年场地铁站域商业空间现状情况

　　目前，华润万象城商业综合体与华润二十四城住宅小区项目已经成为成都市东二环的新地标。2015 年万年场地铁站开通运营之后，整个片区的商业开发相对成熟，各类商铺数量逐步稳定，配套服务设施逐渐完善。地铁站域商业空间依托良好的交通可达性、万象城的综合吸引力以及周边大量的居住人群发展形成颇具规模的社区型商业中心（图 7-15）。此外，随着近期华润二十四城七期、八期住宅和万象城二期商业的开发建设完成，片区商业空间的环境品质亦稳步提升。

7.3.3　地铁开通前后商业空间自组织演变的差异性分析

　　1）社区型地铁站域商业空间演变的自组织因素

　　社区型地铁站域商业空间的自组织演变过程一般受历史因素、区位因素、行为因素的影响（图 7-16）。

　　（1）历史因素

　　历史因素主要会影响消费者的消费习惯以及消费者对片区商业文化的认同感。而

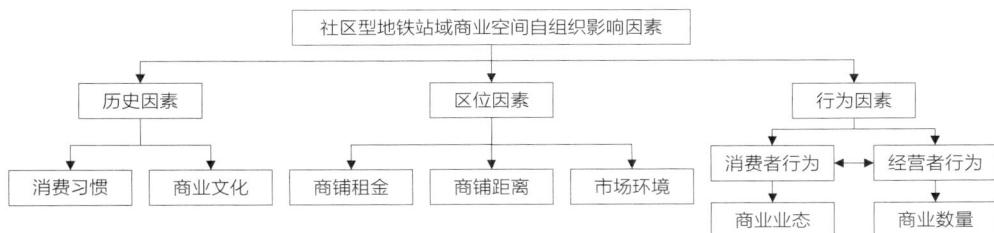

图 7-16　万年场地铁站域商业空间的演变因素

且商业空间的发展一般具有历史延续性，其影响因素包括地理、行政、交通条件带来的独特市场资源，这些市场资源的存在使商业空间得以持续稳定地发展。

"场"在四川话中是集镇、场镇的意思，万年场之所以叫"场"，是因为它曾经是一个乡村场镇。成都老城区指的是现今内环线内早已被拆除的城墙以内的地方。万年场如果按早先的小路算，离成都城东门距离有几公里，属于乡下地区。由此可以推想，万年场可能曾是成都人"赶场"的去处①。

（2）区位因素

区位因素是商业空间发展演变过程中的一个不平衡因素，不单纯指物理上商铺与地铁站点的相对位置和距离，而是将地理距离换算成运输或其他具有经济利益或负担的经济距离[4]。对社区型地铁站域商业空间来说，宏观区位因素导致的市场环境变化对其影响较小。导致万年场站域商业空间变化的中观区位因素是以万象城为主导的商业综合体，故其服务的消费者不限于社区范围内。地铁的开通提高了站点周边城市空间、商业空间的交通可达性，提高了其在同类社区商业中心的地位与沿线的地价，并且在一定程度上增加了对片区外部消费者的吸引力。万年场站域空间的开发采用TOD 模式，其地铁 A 出口被华润房地产开发商买下，不仅有利于 TOD 模式的进一步发展，也方便居民和工作者更好地出行。万象城是万年场站最大的商业综合体，也是成都首个引入退台设计的购物中心，从屋顶花园到景观连廊等室外与半室外空间均设置了大量的餐饮业态，将阳光、自然与生态巧妙地嫁接到高端商业、餐饮等业态上来。万象城的开发，吸引了周边地区的大量人流，形成了新的商业圈层。而在微观层面，区位对商业空间的影响是缩短商铺与地铁站的时空距离和扩大商铺销售的服务范围，同时也会影响商铺租金的高低。

（3）行为因素

行为因素包括消费者行为和商业经营者行为，两者通过商品的供需关系相互作

---

① 资料来源：百度百科 :https://baike.baidu.com/item/ 万年场街道 /3164398?fr=aladdin。

用，即消费者的结构、消费习惯与偏好等引导着商业经营者的供应行为，而经营者的供应和对商业空间的改造也会间接地影响和改变消费者的结构、习惯、偏好等。消费者和商家之间的相互作用共同影响着商业空间中的商业业态与商业数量。目前，万年场地铁站域商业空间的消费者以周边常住居民和上班人群为主，还有一部分远距离来万象城消费的人群，居民的消费商品主要为日用品类、服务类及餐饮类等，上班人群的主要消费则为餐饮类。

2）社区型地铁站域商业空间演变的他组织因素

社区型地铁站域商业空间的他组织一般由政府部门完成，通过商业规划、空间规划等规划及相关政策来建设和引导。在城市规划的宏观土地控制下，站点周边用地从以工业用地性质为主逐渐转变为以居住用地性质为主。与此同时，附近居民日益增多，空间更具活力。可以看出，用地结构的转变和万象城的入驻为站域商业空间注入了新的活力，使商业空间的结构、规模和功能在潜移默化中发生了改变。

对此类商业空间而言，政府他组织对商业空间发展的干预较小，一般仅从城市规划和设计的角度对片区商业空间的位置、商业等级规模、商业布局结构、商业形式进行规范和引导，很少对商业空间发展进行直接干预。

7.3.4   商业空间演变中自组织和他组织的互动关系

因研究范围内的房地产正处于开发建设中，政府他组织对片区商业发展的干预较少，故商业空间的发展较依赖于周边居住和工作的消费者。此类商业空间的演变基本取决于商家与居民间的自组织活动，但这种自组织活动的力度和作用范围较为有限。另外，地铁站带来的交通优势会吸引更多的人群，使站域商业空间出现规模扩大、业态更新升级、结构转变等变化。

7.4   社区型地铁站域商业空间自组织演变规律与特征

7.4.1   商业空间发展受限

社区型地铁站域商业空间与城市中其他大型商业空间不同，其周边主要是各类住宅小区，城市功能以居住为主，社区商业空间亦主要是为本片区服务。因此，此类商业空间的发展在功能、空间、时间等方面会受到限制。

　　首先，社区型地铁站域商业空间主要采用的是沿街店铺零散布局的商业形式，以周边居民日常生活必需品、餐饮、生活服务等为主，确保满足社区居民的生活需求，但要想在这些功能上进一步升级则很困难。

　　其次，社区型地铁站域商业空间在服务范围的拓展上也会受到限制。此类地铁站一般位于社区商业的中心或十字路口附近，从而形成一个以地铁站为中心的放射状商业空间。其中最常采用的商业布局方式是向道路两侧延伸的沿街式商业街布局，即在地铁口附近等人流相对较多的区域布置各类商业服务设施，通常为一至三层的裙楼或居民楼底层。其优点是外向性较强，与地铁站相结合容易营造出浓厚的社区商业氛围，且服务半径合理，商业分布均匀，缺点是较少有集中的商业空间。

　　最后，社区型地铁站域商业空间的发展是随着社区人口的变化而变化的，是一个缓慢的过程。此类商业空间在经过一段时间的发展和调整后，消费人群和商业空间会趋于稳定，商业结构、业态不会发生大的改变。在城市空间改造更新的过程中，此类商业空间完全通过自组织的力量而趋于完善所需的时间相对较长，而若想依靠政府他组织来实现快速发展则可能出现功能错配的情况，后期亦会需要较长的时间来进行修正。

7.4.2　消费者主导商业空间

　　对城市社区中心型地铁站域商业空间而言，政府他组织对商业空间发展的干预小，一般仅从城市规划和设计的角度对片区商业空间的位置、规模和形态进行建设引导和规划，很少对商业发展进行干预。其商业空间的发展演变完全是商家与消费者相互作用的结果。

　　社区型地铁站域商业空间与服务主体之间的关联较强。例如蜀汉东路站是城市密集建成区内的社区中心站点，站点周边的城市环境在地铁开通前就已发展成熟，商业空间依托周边大量稳定的居住人群、商务办公人群，聚集形成餐饮店、水果店、便利店、诊所等社区型商业空间。万年场地铁站域商业空间便围绕周边住区居民，聚集形成了由生活日用品店、餐饮店、便利店、洗衣店、诊所等组成的社区型商业空间。由于商业空间在长期发展过程中依赖于周边住区居民、办公人群等稳定的消费客流，消费客流结构未发生较大变化，商业业态、等级及结构也不会发生大的改变。

　　消费者在购买商品和服务时，受交通成本、时间成本、机会成本的限制，除目的性购物外，大多数活动发生在一定出行范围内。万年场站域商业空间的竞争实质是"顾客对商铺选择的竞争"，是消费者行为和喜好的表现，同时也是商家对客流的争夺和划分。商业空间的竞争引发了商业空间对客流的新一轮争夺，表现为原有商业空间的重组和新的商业空间扩张。

地铁站域商业空间内各要素之间非线性地相互影响，由于各类商业空间均属于同一类功能空间，其自身的发展是一个自我催化增殖的过程。如万年场地铁站域商业空间，由于用地性质转变、居民增多、人流聚集，站域商业空间为满足人群的多样性选择而进行自我演化和更替。

7.4.3　商业空间结构与布局

社区中心型地铁站域商业空间的结构在空间上的发展是由社区商业区规模的扩张和新型房地产开发带动的，从原来的"一条街"式的单一线形结构向单一核心、多极发展转变。大型商业一般位于社区中心道路的十字路口附近，形成一个放射状的核心，它到周边小区距离相对平均，交通区位也比较优越。而其他小型商业以大规模的超市为中心向道路两侧延伸，形成具有一定规模的商业街，形成所谓的多个"极"。当"极"发展到一定程度后，整个社区的商业就会呈现聚集发展的特点。

社区中心型地铁站域商业空间位于商业规模等级最末端，其自身的特点与发展规律、性质、内容更多地受市场的引导。同时，它的规模与布局会考虑一定地域的功能组合、集聚效应及服务半径，有很大的灵活性和弹性。社区商业服务设施以为社区提供服务作为主要的经营手段，但是它的服务范围不仅仅局限于本社区内，还面向城市所有人群。社区中心型地铁站域商业空间布局特征是外向型的，布局在人流车行相对集中的区域，通常以线形的街道空间为主。社区中心型地铁站站域商业空间的形式以一至二层底层商业为主，辅以少量大中型商业。此外社区中心型地铁站点周边城市空间在地铁开通前就已发展成熟。地铁的开通提高了站点周边商业空间的交通可达性，但地铁的开通并未触发站点周边土地使用性质的变化，站域商业空间所服务的消费群体仍以周边常住居民为主。因此除新增的少量以服务地铁交通客流为主的便利店外，整体商业空间不会发生大的改变。

7.4.4　自组织与他组织共同作用

如前文所述，社区型地铁站域商业空间的规模和发展主要取决于社区规模、住户构成、居民的经济状况以及居民对社区生活品质的要求等实际需求因素，商业空间及商业业态的发展演变基本取决于商家与居民间的自组织活动，政府他组织对其干预较少。但政府他组织因素对商业的位置、规模、形态等的控制和引导仍会对商业空间的发展起到一定的影响作用，尤其是地铁站及地铁出入口的选址会对客流的流动方向及商业带的形成造成较大的影响，选址的变化会使商业空间的重心发生偏移、形态发生改变。这种影响的作用时间相对较短，在以后的长期发展中，社区商业空间的演变仍将以自组织为主。因此，总体来说，社区型地铁站域商业空间是在消费者与商家的自组织以及政府他组织的共同作用下逐渐演变形成的。

参考文献

［1］刘晓倩. 成都市城市商业空间发展研究［D］. 成都：西南交通大学，2008.

［2］马强. 近年来北美关于"TOD"的研究进展［J］. 国外城市规划，2003,18（5）：45–50.

［3］郭涛，刘波，田磊，等. 轨道交通站点TOD 合理区范围探讨：以广州地铁二号线江南西站为例［J］. 规划师，2008,24（3）：75–78.

［4］克里斯塔勒. 德国南部中心地原理［M］. 北京：商务印书馆，2010.

第

8 章

郊区型地铁站域商业空间自组织演变

8.1 成都市郊区型地铁站域商业空间开发现状

8.1.1 郊区型地铁站点

郊区是指城市建成区的边缘地带，通常是商业区较少，以住宅区为主，或者还有相当程度的农业活动，但属于都市行政辖区的地区。郊区型地铁站即位于郊区的地铁站。中国部分城市郊区的人口密度相当高，甚至超过了西方国家大城市的人口密度，空间发展出现了市区的特征，但尚未发展成熟。同时，在城市发展过程中，政府通过兼并郊县等系列政策逐步调整行政边界，城区的范围不断扩大，旧的郊区逐渐融入主城区，新的郊区重新形成。

根据成都市总体规划（2016—2035）（在编），本书将三环路以外的城市集中建设区定义为目前成都市的郊区。其中，高新南区大源组团和金融总部片区属于天府新区的核心区，城市开发建设日趋成熟，人口及商业集聚迅速，故将此片区从上述范围内剔除。

与城市中心区相比，郊区地铁站域的开发建设尚未成熟，或多或少都有一定量的空地有待开发，同时在客流结构、人口密度、产业类型、商业类型等方面有很大的差异。这些因素导致郊区地铁站域商业空间的演化过程与城市中心区有很大的不同。

成都市于2016年11月完成了城市轨道交通线网规划修编工作，其中远景规划线网由46条线路组成，总长2450多公里，覆盖全市各个区域，并辐射周边县市区。郊区型地铁站域的规划建设将成为成都市未来发展建设中非常重要的一环。因此对郊区型地铁站域的开发模式和交通接驳方式进行研究十分必要。

8.1.2 郊区型地铁站域商业空间开发现状

为了改善中心城区与都市边缘区的交通联系，优化调整城市空间结构，多数大城市地铁逐步向郊区延伸。由于郊区和市中心区在土地利用、人口密度和产业特征等方面的差异性，郊区地铁站域的开发模式与交通接驳方式均不同于中心城区。同时郊区地铁站域商业空间自组织演化的动力与发展速度相较于市中心站域有很大的差别。成都市郊区型地铁站域的商业开发建设尚未成熟，土地开发程度较低。其中，1号线上

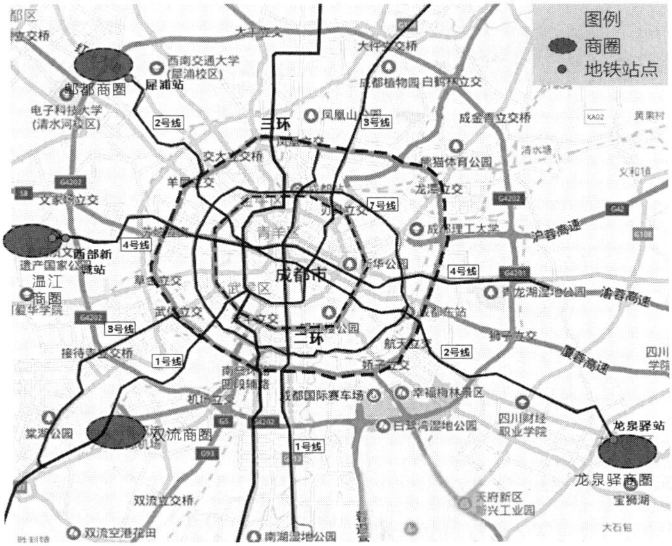

图 8-1　成都市郊区商业中心及邻近地铁站点

的站点基本位于市区，只有天府新区核心区以南的站点属于郊区型地铁站。这些站点周边用地依然以农田等非建设用地为主，商业建设匮乏。2 号线、3 号线、4 号线和 10 号线沿线的郊区型站点是以居住功能为主导的居住片区，抑或是以产业功能为主导的产业集聚区和小城镇。其中，商业开发分布在住区周边，以底商为主，局部建设有购物中心、工厂和科技工业园等，商业开发量极少。沿线周边多为农田等非建设用地，建设用地沿着地铁线路向外延伸而逐渐减少（图 8-1）。

　　本书结合实际情况，根据地铁站域商业发展的成熟程度，将成都市的郊区型站点分为郊区中心型、郊区一般型和未开发型。其中郊区中心型站点是指地处郊区重要城镇主要道路、集散客流大、周边商业发展初具雏形的站点。郊区一般型站点是指周边有少量商业设施，以居住用地、学校或工业用地为主的站点。未开发型站点是指周边多为未开发的土地、农田的站点。

　　城市郊区中心型地铁站点指城市密集建成区以外的地铁站点，与城市建成区相比，郊区开发建设尚未成熟，站点客流结构不稳定，同时站点周边还留有一定的建设发展空间，使站域商业空间的演变与城市建成区存在差异。随着城市空间结构的重组及功能分化，郊区地铁站点的地位越来越重要，可能成为未来城市发展的新中心。基于此，本书将以成都犀浦地铁站、四河地铁站为例，分析地铁开通前后站域商业空间的自组织演变。

8.2   犀浦地铁站域商业空间自组织演变

犀浦地铁站属成都地铁 2 号线二期西延线工程的终点站，位于犀浦镇老区与新区交界处，是高铁、地铁双铁合一的城郊站点，其客流量为西延线各站点中最多的。整体来看，犀浦地铁站的定位高于一般站点，与周边城市商业空间的相互作用比一般站点明显。

8.2.1   地铁开通前后商业空间的演变

犀浦地铁站于 2013 年 7 月开通运营，发展至今，其空间效益开始凸显。图 8-2 为犀浦地铁站域商业空间的研究范围。

1）地铁开通前

天府路是犀浦地铁站前新区的主要门户大道，一端为地铁站点，另一端连接西南交通大学，全长约 1000m。地铁开通前，仅靠近红光大道（老成灌路）的路口建有居住小区（现万树森林一期、二期小区）且入住率较低，商业以住宅底层形式分布，其中靠近万树森林二期的临街铺面面积较大，主要为培训

图 8-2   犀浦地铁站域商业空间研究范围

学校、投资金融公司、银行及中低档餐饮店等，除银行外，其他商铺经营状况较差，转租商铺较多。万树森林一期临街商业中靠近红光大道的路口进行了多层开发，主要为装饰装潢、建材及诊所、便利店、餐饮等社区商业。

2012 年，万树森林一期小区面向红光大道的临街商业以家装、建材、电器为主，以满足小区新入住业主装修房屋的需求，小区东边的临街商业未有商家入驻。万树森林二期小区靠近成都市车辆管理所一侧的临街商业多为与车辆相关的汽修汽配商铺。研究范围西边为犀浦镇老区，由于离镇中心较远，建成年代较久，整体商业氛围差，仅有少量个体杂货店（图 8-3）。

2）地铁开通后

2013 年 7 月成都市犀浦地铁站正式开通，在开通后的两年内，地铁站域商业空间发生了较大变化。

（a）万树森林一期临红光大道的商业
——以家装建材商铺为主

（b）万树森林一期东边尚未入驻的商铺

（c）万树森林二期临红光大道的商业——以汽修汽配为主

图 8-3　地铁开通前的商业空间（2012 年 9 月）
来源：腾讯街景

　　万树森林一期小区东边原来未入驻的商铺相继进驻了便利店、洗衣店、餐馆等社区商业。在面向红光大道的商铺中，原有的家装、建材等商铺逐渐退出，被一些社区商业如宠物店、水果店、美甲店等取代。

　　万树森林二期面向天府路的临街商业空间中，原处于转让状态的商铺现为经营状况良好的网吧、餐饮店等。其面向红光大道的临街商业中，随着地铁站的开通，基于其靠近地铁站、犀浦公交站的交通区位优势，商业业态由原来的汽修汽配转为便利店、快食餐饮等为主的站前商业。

　　2014 年 1 月与犀浦地铁站相距约 500m 的百伦购物广场开业，设有苏宁电器、百伦超市两大主力店，二层到六层依次设有男女服饰专卖店、电影院、儿童游乐园及餐饮店，同时配套了较多社区服务型商店，如美发店、美甲店、面包店、花店等，是片区商业的中心。

　　犀浦地铁站西侧的老区商业空间，在地铁站开通后，小食店、流动摊贩数量剧增，同时出现了各种私搭乱建现象，商业空间开始无序蔓延，导致片区环境混乱。同

（a）社区商业

（b）社区商业

（c）站前餐饮

图 8-4　地铁开通后的商业空间（2019 年 7 月）

时，地铁站点的核心影响区外，润扬双铁广场配套商业空间建设完成，目前两期工程均已完工，一期工程以社区商业为主，如美发店、便利店、面包店等；二期以中端餐饮娱乐商业为主，如饭店、电影院、卡拉 OK 店等。与百伦购物中心相比，双铁广场面临天府路，与犀浦地铁站的空间呼应性较好，步行流线的引导性更强，步行环境也更舒适，在以后的发展中，更有可能承接犀浦地铁站的客流辐射（图 8-4）。为更直

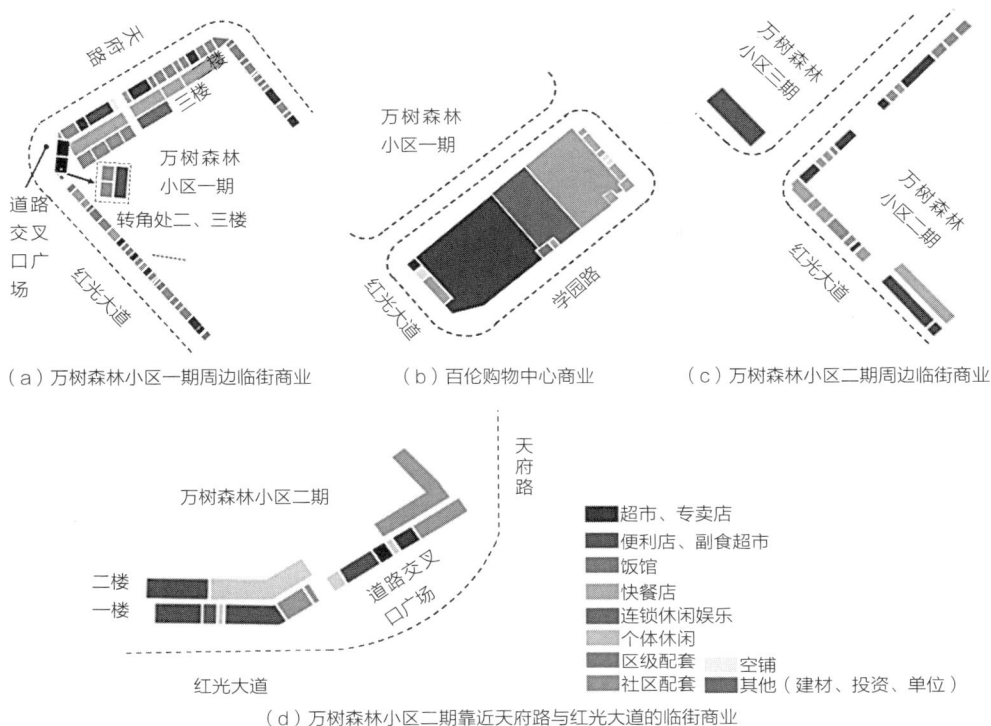

（a）万树森林小区一期周边临街商业　　　（b）百伦购物中心商业　　　（c）万树森林小区二期周边临街商业

（d）万树森林小区二期靠近天府路与红光大道的临街商业

图 8-5　地铁开通后犀浦地铁站周边商业空间业态分布图

观地分析购物、餐饮、休闲娱乐、服务等业态在商业空间中的布局情况，根据卫星图和调研资料，将各类商铺用深浅不一的色块表示，以面积换算平面化（将百伦购物中心各业态的纵向联系转变为横向联系）（图 8-5）。从图 8-5 中可以看出，红光大道与天府路交叉口开发强度较大，以专卖店和社区配套服务为主；天府路左侧以大型饭店、银行为主，右侧以小型社区配套商店为主，百伦购物中心是集购物、休闲、餐饮于一体的社区购物中心，以服务周边居民为主；万树森林二期面向红光大道的临街商业，快速餐饮、零售、副食店、酒店旅馆集中，重点服务车站流动客流。同时片区有一定数量的房屋中介和家装商铺，说明片区业态更换快、人口流动性大，供给和需求处于不断调整的状态。

8.2.2　地铁开通前后商业空间演变中的自组织现象

1）地铁开通前

（1）天府路沿线部分商家的转租撤店

地铁开通前，研究范围内天府路沿线仅万树森林一期、二期、三期三个小区，由于远离成都市中心、周边缺少大型商业等基础设施，小区入住率较低，常住居民数量少。西边旧区居民受红光大道、菜市场等用地阻隔，到红光大道以东的商业空间活动少，导致天府路沿线商业空间消费者数量不足，同时研究范围地处犀浦新区，加上邻近红光大道（地铁开通前，片区与成都市区联系的主要道路）的交通区位优势，商铺租金较高，尤其是商铺面积较大的商家，长期处于入不敷出的经营状态，不得不转租撤店。

（2）商铺空铺

万树森林小区一期于2008年正式入住，到地铁开通前（2013年）5年的时间内，其东边临街商业空间仍有大量的空铺，说明在犀浦地铁站开通前，万树森林小区和一般郊区住区一样，因远离成都主城区，周边缺少大型服务配套设施，难以吸引商家入驻。

2）地铁开通后

（1）商业业态的调整

地铁开通后，研究范围内的商业业态发生了较大变化，总体表现为：原来大量的装饰装潢等商业退出，转而被社区型商业取代；万树森林二期面向红光大道的临街商业空间，原来的汽修汽配商铺被便利店、餐饮店等站前商业取代。

（2）新的商业空间产生

随着地铁的开通，研究范围内吸引了大量商家入驻，通过图8-6可以看出，现状69%的商家是地铁开通后开业入驻的。此外还新建了很多商业，如邻近犀浦地铁站的空地上新建了几处点状商业（图8-7）。

（3）站点西侧商业环境质量下降

地铁开通后，站点西侧邻近老区的商业空间流动摊贩数量增多，商业空间无序蔓延，出现各种私搭乱建摊位的现象，商业空间环境质量下降。

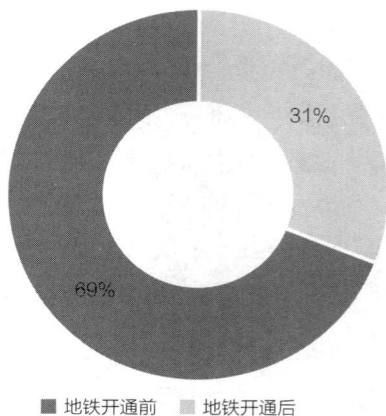

图8-6 犀浦地铁站域商家开业时间统计

3）开发建设速率明显加快

2002—2008年之间，犀浦站尚未建立，站点周边的建设状况基本没什么变化，站点北部为大片农田，南部为集中建设的村落（图8-8）。2010年犀浦快铁通车，万树森林地产逐步建设起来，2013年犀浦地铁站通车，地铁站域各类地产相继建设，商业内街和商业广场林立，商业发展和建设开发的速度明显加快。

（a）石犀里商业综合体（东侧）　　　　　　　　　（b）石犀里商业综合体（内部）

（c）润扬双铁广场商业综合体　　　　　　　　　　（d）餐饮商业综合体

（e）润扬双铁广场 SOHO 沿街商业及对街商业

图 8-7　犀浦地铁站域新建点状商业（2019 年 7 月）

8.2.3　地铁开通前后商业空间自组织演变的差异性

1）地铁开通前

地铁开通前，犀浦地铁站域商业空间自组织演变主要受区位、客流等因素的影响。

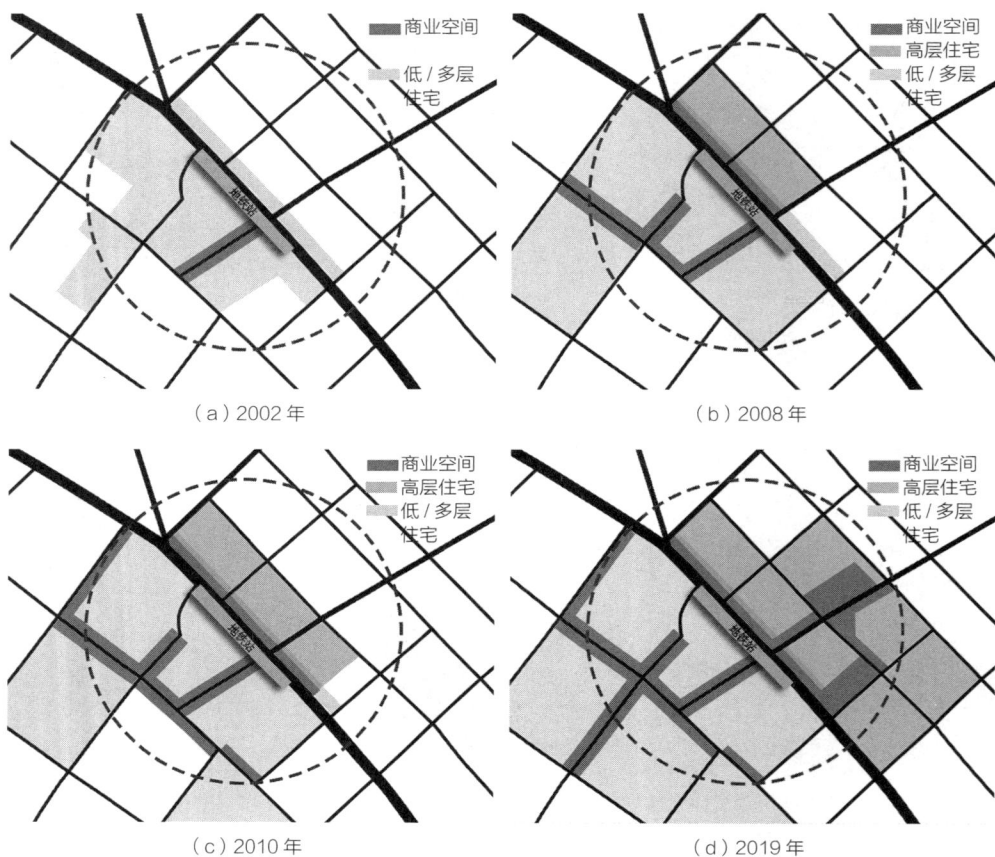

（a）2002 年

（b）2008 年

（c）2010 年

（d）2019 年

图 8-8　犀浦地铁站域商业空间演化情况

（1）区位因素

研究范围所处的犀浦镇，为成都西郊卫星城，距市区（金牛区）约 7km，主要依托老成灌路与成都市区联系，交通不便，发展相对落后；同时红光大道以东的犀浦新区尚处于建设阶段，建成的居住小区数量少，周边缺少大型公共服务设施，居民入住率低、客流少、商业氛围差，导致部分商家撤铺。

（2）客流因素

研究范围所在的区域以居住用地为主，居民是商业活动的主要参与者，因而商铺特别是邻近小区出入口的商铺是以满足居民日常所需的社区商业为主；同时由于小区入住率较低，大量新住户在入住后有家装需求，因而装潢、装饰类商家占一定比例。

2）地铁开通后

地铁开通后，犀浦地铁站域商业空间自组织演变主要受交通可达性、地铁站点等级、红光大道、城市原生环境等因素的影响。

■1~2 年　■2~4 年　■4 年以上

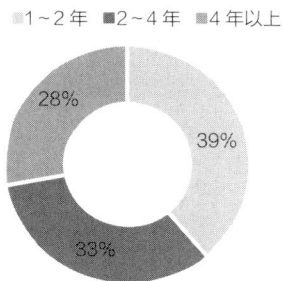

图 8-9　犀浦地铁站域居民居住时长统计图

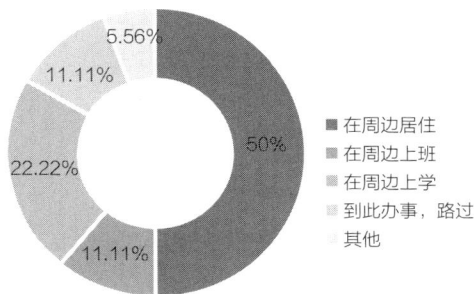

图 8-10　犀浦地铁站域商业空间客流构成统计图

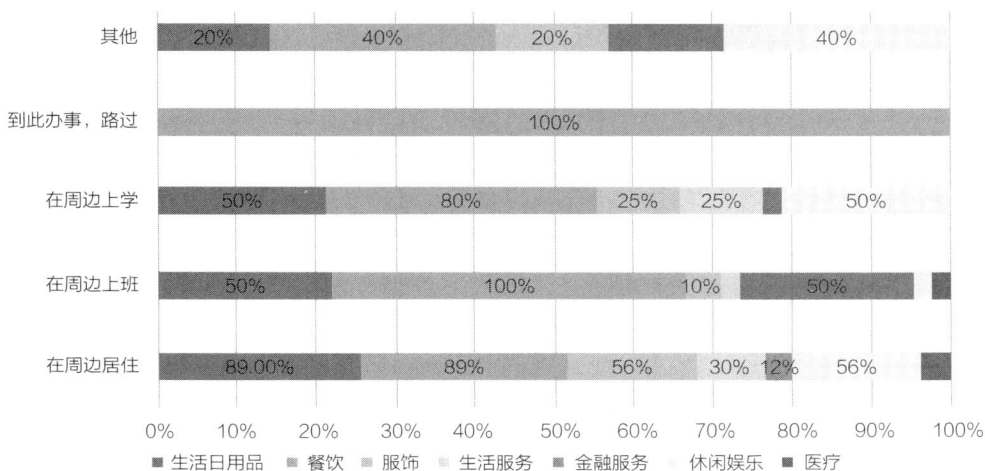

图 8-11　犀浦地铁站域客流构成与消费商品种类交叉性分析

（1）交通可达性提高

犀浦地铁站点的开通极大提升了周边土地的交通可达性，缩短了与中心城区的时空距离，吸引了大量居民前来购房，提高了周边住宅的入住率。随着居民完全入住，家装商铺需求减少，开始逐渐退出，与居民日常生活相关的社区商业开始大量入驻。

下面基于问卷调研，对上述结论作进一步分析：图 8-9 为地铁站域（主要指红光大道以东的新区）居民居住时长统计图，其中居住时间少于 4 年的占 72%，即超过 2/3 的现有居民为犀浦地铁站开通后[①]来此居住的，该数据从一定程度解释了前文所提到的地铁站的开通提高了周边住宅入住率的说法。此外通过对该商业空间客流结构的统计分析（图 8-10），50% 的客流为附近居民，22% 为附近学生，少量为在周边上班、办事的客流。基于对客流结构与消费商品种类的交叉分析（图 8-11），发现

①　犀浦地铁站于 2013 年 6 月 28 日随着成都地铁 2 号线二期西延线（茶店子站—犀浦站）的开通而正式开通运营，距现在开通逾 6 年。

居民、学生消费群体对餐饮、生活用品、休闲娱乐的需求均大于或等于50%，说明该商业空间的主要消费群体（居民、学生）的主要消费商品基本相同，即餐饮、生活日用品及日常休闲娱乐三大类，加上居民客流量为学生客流量的2倍，这类消费可以理解为学生依附周边居民进行的消费，居民是该商业空间的主要消费群体。基于上述客流结构和特征，研究范围内的商业空间在不断演变中最终定格为与居民日常生活相关的社区商业类型。

此外，交通可达性的提高导致了周边商业地价上涨，同时吸引了大量新的、有实力的商家进驻，原来一些传统的、经营管理不善的商铺，迫于高昂的铺面租金及新增商店的竞争而被迫撤店，又转而被高承租能力、经营效益好的商家取代，从而促进了整体商业业态的升级演变。

（2）地铁站点等级

犀浦地铁站是集城市地铁、城际高铁于一体的城郊重要站点，邻近犀浦公交站，客流量大，囊括了周边村镇客流、本地的换乘客流及旅游客流（前往青城山、都江堰）等，因此在站点东西两侧分别形成了一定规模的站前商业空间。

（3）红光大道的阻隔

红光大道即原来的成灌路，2014年4月进行封闭改造，改造后的道路变身双向8车道、宽约35m，车流密集，该道路纵穿研究区域，将地铁站点与东边商业空间分割开来，受红光大道影响，地铁集散的客流活动范围通常局限在站点一侧，大部分客流不会穿越红光大道到地铁对面活动，极大地削弱了站点对红光大道另一侧商业空间的影响。

（4）城市原生环境

地铁开通后，站点东西两侧的站域商业空间品质受城市原生环境影响很大。站点东侧商业空间处于犀浦新区，以连锁餐饮为主，商业经营管理较好，铺面整洁；站点西侧商业空间主要依托犀浦老区发展，商业以个体餐饮、杂货店为主，商业等级、商业氛围较东侧站前商业差（图8-12）。

8.2.4　商业空间演变中自组织和他组织的互动关系

由前文的分析可以看出，如犀浦地铁站这样的城郊地铁站由于远离市中心，地铁开通前，站域商业空间发展不成熟；地铁的开通为站域城市空间及商业发展注入了大量活力，商业空间发生了大的演变，这些演变大多是城市规划他组织约束下的商业自组织活动，主要表现为在城市规划划定的商业空间范围内进行商业业态、等级及结构的调整。

（a）西侧站前商业空间

（b）东侧站前商业空间

图 8-12　犀浦地铁站东西两侧站前商业空间
来源：百度街景

8.3　四河地铁站域商业空间自组织演变

四河站属于地铁 1 号线二期工程，为双岛式车站，共有 4 个出入口，其中 A、B、C 出口位于天府大道西侧，D 出口位于天府大道东侧。四河站靠近天府大道，位于天府大道与新川路交叉口处，西北临接府河。自 2015 年开通至今，它对站域商业空间的影响已经初步显现，产生了良好的经济社会效益。四河地铁站域商业空间的具体研究范围如下（图 8-13）。

图 8-13　四河地铁站域商业空间的研究范围

8.3.1　地铁开通前后商业空间的演变

1）地铁开通前

四河站邻近的 G213 道路，即 213 国道（俗称天府大道），是连接成都市老城中心和天府新区的城市主干道。道路为双向十车道，四块板，道路两侧均铺设有宽阔的绿化带。2001 年，其周边就已经兴建了府河音乐花园、长城馨苑、华阳滨河花园等地产，周边的商业主要以汽修和社区服务业为主。

虽然地处城市郊区，但四河站片区毗邻成都市华阳街道办事处（原华阳镇）。华阳镇总人口 118255 人，非农业人口占总人口的 63.73%，辖区面积 70km²（2006 年数据）。2006 年，华阳镇撤销，改建为华阳街道；同一时间，四河站周边的地产发展起来，如锦官丽城、亲水湾、盛世名居等。商业的类型也逐渐增多，新增了很多建材装潢店，以及更多的社区类商业。

2010 年 4 月，华阳街道范围内天府大道以东的会龙村、观东村、红松村、石河村、蒲草村共 5 个村以及劲松村的 1、2、3、4、5、6、7、9、10 组和东寺村 2、3、

4、7 组被整组，划归成都高新区管辖。

2013 年 12 月，剑南大道（元华路）将东华阳街道部分划归成都市天府新区管辖。而剑南大道以西原华阳街道部分，共计 11.9km² 区域，则于 2014 年 1 月被设立为双流协和街道。在该项重大行政改制作用下，四河站周边区域由间接受到天府新区的影响转变为直接由天府新区统一规划管制。

在此期间，住区的数量持续增长，建筑质量逐渐增强，越来越多的开发商入驻。周边的居住社区日益增多，入住率高，住区外围设置了少量的住宅底商，业态包括超市、餐饮等，还有部分商业是以社区商业的形式分布于小区内部。

2014 年 11 月 24 日，《四川天府新区总体方案》经国务院同意并正式印发。方案预计，到 2018 年，四川天府新区基础设施网络框架基本形成，重点功能区初具规模，一批国际国内知名企业成功入驻，战略性新兴产业、现代制造业和高端服务业集聚效益明显，单位面积产出高于成都平均水平；到 2025 年，基本建成以现代制造业为主、高端服务业集聚，宜业、宜商、宜居的国际化现代新区。

站点西北侧邻接的府南河，实名为锦江，是岷江流经成都市区的两条主要河流（府河、南河）在合江亭处合为一条河流后的总称。20 世纪 70 年代，都江堰关闸，府南河断流。与此同时，随着城市化进程的加快，城市规模扩大，人口膨胀，农业和工业用水急剧增加，河流不堪重负，府南河变成了藏污纳垢的臭水沟。在这一背景下，成都市开展了府南河综合整治工程。府南河综合整治工程是以治理河流为龙头，带动整个城市基础设施建设、城市小区建设、城市环境建设、城市生态建设的综合性城市建设项目。通过对河道整治、污水治理、道路建设、管网建设、安居工程、滨河绿化等多项内容的综合整治，不仅解决了城市防洪、城市水污染、城市基础设施落后以及两岸 3 万户居民的安居问题，还对遏制岷江流域、长江上游的污染有着举足轻重的作用，此外对避免城市环境恶化、促进城市人类住区的可持续发展也有着深远的影响。府南河的整治工程大大改善了府河的环境条件。

府南河两侧商业空间比较丰富，尤其是在靠近四河地铁站的东南一侧，商业种类繁多、经营状态良好。西侧是一条仿古美食街，尽管业态都是以餐饮为主，变化不大，但店铺更新换代速度较快。站点西南侧的四河路是一条南北走向的城市次干道，道路东侧以居住底商为主，商业类型最初是以建材、汽修汽配为主，并辅以茶馆和就餐环境较差的特色地方食品店。之后，商铺逐步转变为超市、餐饮等社区商业类型。

2）地铁开通后

2015 年 7 月，四河站正式开通。自地铁站点开通运营，天府大道两侧商业空间并无太大变化，沿该条城市主干道的底商空铺率依然很高，新建的成都市高新产业孵化园也鲜有人流聚集。

站点西北部和府南河东侧的店铺进行着持续的更新换代，业态也趋于丰富多样，主要包括药店、餐饮、美容美发、超市、便利店、金融、辅导培训班、洗浴足疗等生活服务类商业空间。站点西南部四河路东侧依然保留有少量汽修、建材店，西侧商业街的商家仍以经营餐饮为主，餐饮业态品质持续更新与升级。

8.3.2　地铁开通前后商业空间演变中的自组织现象

1）地铁开通前

（1）商业业态更新换代

四河站虽然于 2015 年才正式开通，但四河站域商业空间在站点开通之前便已经开始了自发的更新换代行为，店铺数量也随着常住居民人数的增加而逐渐增多。自组织演变行为主要体现在府南河两侧的商业空间，并已经开始自发地聚集和提升品质。原有的装饰装潢等建材商业、汽修汽配店铺逐渐退出，转而被日常的社区型商业空间取代。由于过宽的道路与绿化带造成阻隔作用，天府大道道路两侧的商业并没有跟河流两侧的商业实现同步繁荣。

（2）商业空间规模扩张

这一时期，研究范围内不断有新的商家入驻，例如御景台住区西北侧店铺开业率逐渐上升。之前较为低端的餐饮类商业空间也逐渐被中高端餐饮空间所取代，完成了业态层级的提升。

2）地铁开通后

地铁站开通之后，商业也处于持续变化的过程，但是空间扩张的速率和店铺更新换代的规律与站点开通之前并无太大的差别。由此可见，地铁站点的开通运营并未给区域内商业空间的演变带来大的影响。

8.3.3　地铁开通前后商业空间自组织演变的差异性

1）地铁开通前

地铁开通前，四河站商业空间自组织演变主要受区位因素、政策因素、顾客消费需求因素、城市环境因素的影响，具体分析如下：

（1）区位因素

研究范围在当下尚处于天府新区的郊区部分，距成都市中心区（以天府广场为界）约 16km，主要依靠 213 国道，即天府大道与成都市区联系。二者之间距离较远，联系并不紧密，故区域受到城市发展的影响效应不明显。

对于华阳镇，过去几年有两个比较重要的时间节点，分别是 2006 年与 2010 年。2006 年，撤销华阳镇，改建为华阳街道；2010 年 4 月，华阳街道范围内部分村庄整组，划为成都高新区管辖。由表 8-1、图 8-14 可以看出，四河站域的房地产开发在 2005 年和 2009 年两个年份建设最为集中，周边房地产建设的两个高潮与华阳街道行政发展的两个重要时间节点相吻合。在 2009 年 8 月，天府新区的核心部分，仅在天府大道沿线高新南区范围内零散地修建了高新区政府中心、金融城、世纪新城国际会展、天府软件园等个别高品质建筑组群。直至当下，四河站周边的居民区仍然与之前基本一致。片区内部的商业空间以底商为主，业态主要是建材、装修、汽修、餐饮。综上可以做出如下推断：这一时期片区内部地产业的发展、人流的集聚、商业空间的演变主要是受华阳街区发展的影响。而在 2005 年，包括天府软件园在内的其他项目的启动只是给片区发展带来了一定的影响，如通过提供大量的工作岗位，吸引了一批高新技术人才来此定居，为当地商业的发展提供了一定的基础客流。

四河站周边房产开发年限表　　　　　　　　　　　　　　表 8-1

时间	地产项目名称
2001	府河音乐花园、长城馨苑
2003	华阳滨河花园、兰桥尚舍
2004	金南园
2005	御景台、三和南庭、左岸花园、远大都市风景
2006	锦官丽城、亲水湾、出水芙蓉
2007	盛世名居
2008	凯华丽景、城南名著
2009	大城际、棕榈南岸、晋元鸿阁一号、南郡七英里
2010	城南晶座
2012	蒂梵妮 Town、名著司南

来源：作者自绘

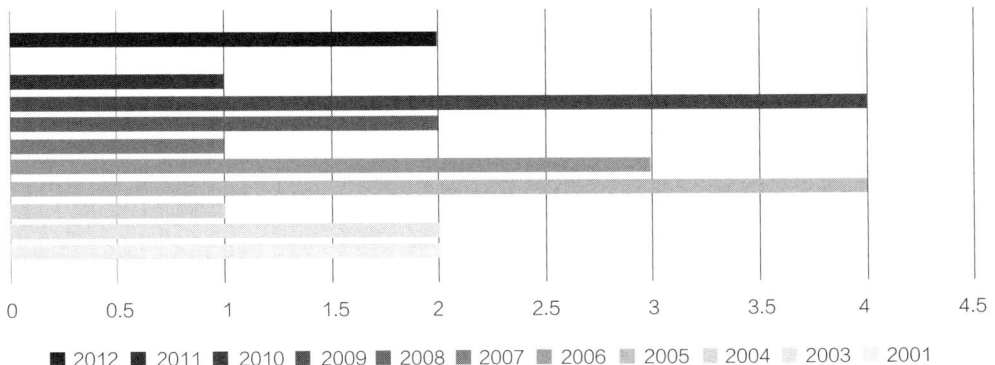

■ 2012 ■ 2011 ■ 2010 ■ 2009 ■ 2008 ■ 2007 ■ 2006 ■ 2005 ■ 2004 ■ 2003 ■ 2001

图 8-14　四河站周边房产开发年份分布图

（2）政策因素

《四川天府新区总体方案》获批印发后，东华阳街道划为天府新区，西华阳街道设立双流协和街道。在该项重大行政改制作用下，四河站域由间接受到天府新区的影响转变为直接被天府新区统一规划管制。天府新区的飞速发展带动了该地区的全面提升，同时也极大地促进了地区内部商业空间的发展。

（3）顾客消费需求因素

研究范围所在区域以居住用地为主，住区居民是该地区商业活动的主要参与者，故店铺的经营业态主要以满足居民日常生活消费所需的社区商业为主。到 2012 年为止，四河站附近的地产都处于不断开发建设中，居民对住房装修需求较高，因此这一时间段装潢、装饰类商家的比例很高。

（4）城市环境因素

①濒临府河。府南河的整治工程大大改善了府河的环境条件，在此影响下，沿府河两侧逐渐发展起各式各样的商业。而四河站域也受到这项工程的极大影响，其周边商业空间基本是沿府河两岸分布建设的。

四河站周边区域濒临府南河的府河，是天然的公共空间，容易吸引商家沿河道两侧建设发展商业空间。

②天府大道的阻隔。天府大道是国道 213 的一部分，双向 10 车道，横截面宽度约 70m，四块板，利用中央绿化带将道路两边分隔开来，致使天府大道两侧很难相互交流、联系。因此，四河站周边的商业空间主要分布在有着较好商业基础的道路东侧，西侧则几乎没有商业空间发展起来。

2）地铁开通后

地铁开通后，四河站域商业空间自组织的演变主要受到交通可达性、客流结构、既有形态惯性等因素的影响，具体分析如下。

（1）交通可达性与客流结构

首先，随着四河站周边的地产建设速度放缓，居民对新居的装修、装饰的工作逐渐完工，此类商业项目的需求持续减弱，因此建材等家居装饰类业态逐渐退出该区域。

其次，天府新区成为成都市规划建设的重点之后，商务办公，高新技术产业蓬勃发展，时至今日已逐步发展成为成都市的次级中心，大量的高新技术人才到此工作。但由于房价逐渐上涨，很多年轻人选择在城市核心区之外居住，尤其是地铁 1 号线二期工程开通之后，华府大道、四河站和广都站等三个郊区型站点周边区域以优异的交通可达性和相对较低的生活成本，吸引了大批在城市核心区工作的年轻人入住。使四河站域商业业态逐渐调整为更加适应年轻人消费需求的便利店、KTV 等业态类型，之前更偏向老年人需求的茶馆等业态逐渐走向没落。

（2）既有形态的惯性

地铁站开通之后，商业的空间分布规律基本没有变化，依然沿府河和天府大道东侧分布，其余的商业则以社区型商业的形式分布在各个住宅小区的内部。

8.3.4　商业空间演变中自组织和他组织的互动关系

通过上文的分析可以看出，四河站这类城市郊区型地铁站由于远离市中心，因此受到市中心辐射的影响极小。高新区及天府新区的发展规划与地铁站的开通对该站点的影响主要是体现在消费者的年龄构成上，站点开通运营后，商业空间的业态主要是向迎合在天府新区工作的年轻人的需求方向发展的。但与此同时，由于其毗邻华阳街区，受到周边街道发展的影响和自身具有的特性，使得区域内部的房地产业有所发展。因此可以推断出，商业空间的自组织演化经常会受到距离最近的外部环境因素的影响。

通过对以上郊区型站点的分析可知，对于郊区型站域来讲，商业空间发展较为缓慢，并且对城市的发展影响很小。因此，在空间发展过程中较少受到他组织的直接干预作用（如城市规划），反而是自组织作用机制在郊区型地铁站域的商业空间发展中起到了决定性的作用。

8.4　郊区型地铁站域商业空间自组织演变规律与特征

8.4.1　以地价低、交通便利吸引客流

每个地铁站域商业空间的辐射范围与自身的用地性质、所在的空间区位和交通区位有关，在都有地铁站的情况下，商家和消费者会综合考虑环境条件、交通便捷性、地价等条件，择优定居，由此产生了商业空间对客流的第一轮争夺。

地铁网络建成之后，郊区以其地价和交通优势吸引大量人流来此居住。而在整个郊区范围内，部分站点由于更低的地价，或者更为吸引人的用地性质脱颖而出，以更丰富的商业业态、更高的商业等级、更优秀的经营模式、更广阔的商业空间和更好的经营效益成为某一范围内郊区的中心，最终演化成为以该站点为主，周边其他站点为辅的平衡状态，如犀浦站。

8.4.2　消费者主导商业空间的演化

由于居民出行会根据自己的出行目的，权衡出行距离和出行时间。因此，地铁站域商业空间的辐射范围是有一定限制的。

在有优势的站点，客流大量增多，商家通过改组原来的商业空间和业态，开始了对客流的第二轮争夺。如犀浦站开通之后，站域的客流结构发生变化，其需求的种类和数量相应变化，商家会据此整改相应的业态和商业空间，具体表现为初期入驻的建材店撤离，改为金融、餐饮、超市等。例如百伦广场入驻，商业形式由原先的零散店铺变为效益更好的购物中心。同时，在空间层面，越靠近地铁站的地块，越能吸引到更多的客流，店铺也竞相租赁，从而导致地价上涨。久而久之，原先的店铺会逐渐被经营效益好的店铺所取代。

不同业态的店铺之间互相合作，构成一个完整的满足当地需求的商业空间体系。犀浦站周边以居住用地为主，商业空间则由餐饮、理发、金融等为主，共同服务当地的居民。

8.4.3　地铁站改变商业空间发展结构

对于郊区型站点来讲，地铁站的建立相较以前的功能空间产生了一定的交通优势，由于商家对商业空间的升级换代是受到消费者需求影响的，地铁站的建立加速了人流的集聚，使得原先的商业空间形成一定程度的空间集聚。而这种小范围的空间集聚则使地铁站域有了更加优秀的区位条件，从而引起更大范围内的空间集聚，如此循环往复，直到没有剩余的发展空间。以犀浦站为例，商业空间发展过程如图 8-15 所示。

地铁的开通为周边地区发展带来了大量的人流、资金流，一方面缩短了片区与市中心的时空距离，提高了片区的交通可达性，吸引部分居民前来购房，提高了小区的入住率，本地常住居民增多。为满足居民日常需求，原有商业空间进一步向社区商业

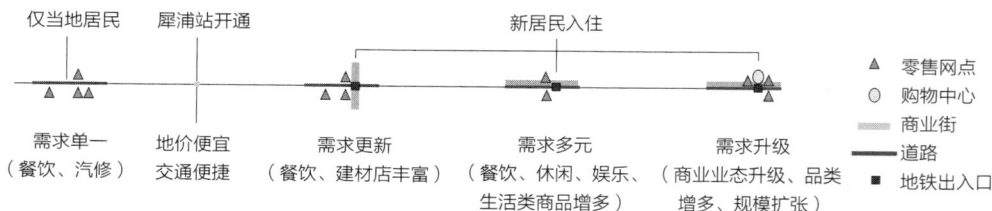

图 8-15　犀浦站商业空间自组织演变过程

转变；另一方面，郊区中心型站点一般是本地居民及周边村镇居民换乘的重要站点，交通客流较多，基于这些新生的交通客流，站点周边发展形成站前商业空间。同时，对于城市郊区而言，增量土地较多，地铁的开通提高了这些土地的区位价值和商业价值，吸引了大量房地产开发商前来投资建设，由此也产生了新的商业空间。

而如若没有地铁站，原有的地价优势依旧存在，人们仍然会在居住成本和出行成本中抉择，站域商业空间依然会发展起来，但该过程的发展会经历漫长的时间。在郊区型地铁站域商业空间发展演变的过程中，地铁站以催化剂的形式改变了商业空间的结构。商业空间自组织演变实际上是商业空间结构和商业功能相互作用的结果，地铁站的建立使整个商业空间的结构发生转变，这必然会引起一系列的功能改变来与新的结构相适应，而新功能的产生会反过来影响结构的构建。

8.4.4　地产与社区类优先发展

对于郊区型地铁站来讲，其最初的优势条件基本只有交通便利和地价低廉两种，而小学、中学、医院等公共服务设施的条件较差，又没有能够吸引人流的工作岗位，因此多数人仅仅选择在郊区定居，工作和消费中心仍然在市中心，郊区型地铁站域往往是地产以及与地产有关的商业优先发展起来。

如犀浦站，在站点开通之前，犀浦站域商业业态以汽修为主，地铁站的建设加速了其周边万树森林、双铁广场等多项地产的开发建设。同时，由于地产的兴建与新住户的入住，站域的商业业态被建材、装修、电器以及各类家用饰品店代替。同时，为了满足居民的生活需求，会有相应的餐饮店、水果店、美容美发店等生活服务类商业发展起来。

8.4.5　间接受政策影响

郊区型地铁站域商业空间的演化一般都不是直接受到政策影响的，由于郊区的社会效益和经济效益较差，极少成为政府关注的重点。如四河站最初的发展是受到华阳街区整体的影响，四河站周边用地作为华阳街区的外围部分，以低价土地优势吸引人流，后期的四河站周边用地归属天府新区管辖，作为天府新区的外围部分，以低价土地优势吸引天府新区的工作者来此定居。

综上所述，郊区型地铁站周边商业空间的演化机制可以从两个层面来讲。其一，在整个郊区范围内，商业基础比较差，地铁站开通之后，其站域商业空间凭借低廉的地价和方便的交通，通过吸引居民来此居住而吸引客流，站点之间形成竞争关系，部分站域商业空间最终成为局部商业中心。其二，在每个站域商业空间中，由于地价与距站点的距离成反比，因此站点附近由经营效益较好的商铺代替效益较差的商铺，同时商家会依据客流的需求来相应调整商业业态、商业形式、经营模式等。

地铁开通前，郊区型地铁站域商业空间与一般城市郊区商业空间一样，周边缺少大型服务设施，本地常住居民少，消费者数量不足，导致商家与消费者间的相互作用力小，商业自组织演变的内部动力不足。由于地处郊区，社会、经济、交通等区位优势也不足，难以通过成为政府规划的重点来吸引外部投资，致使商业自组织演变外部刺激不足。地铁的开通则为片区发展注入了活力，促进了原有商业空间的演变及新的商业空间产生。

第

9 章 一般型地铁站域商业空间自组织演变

9.1 　成都市一般型地铁站域商业空间开发现状

一般型地铁站点附近一定范围内无较为集中的商业设施，用地类型以居住用地、绿地或其他用地为主，其站域商业带有明显的趋向性服务特征。商业经过一段时间的发展调整后，消费人群和商业空间趋于稳定，商业结构、业态不会发生太大的演变。与其他类型的地铁站相比，一般型地铁站的站域商业空间内商业服务设施较为分散，客流结构、人口密度、产业类型、商业类型等都有自身固有的特征，从表面上看，地铁站开通与否对其站域商业空间的发展并没有大的直观影响。

对于一个城市的地铁网络系统来讲，一般型地铁站点的数量占比是最多的。地铁线路在规划的时候往往是以点带线，通过确定数个亟待开通地铁的重要节点来确定整条地铁线路的走向，线上其他站点的选择则是根据站点间隔的需求以及地块具体的现状来确定的。因此，从城市地铁网络系统整体上看，具有很大商业潜力的站点数量占比较少，而一般型地铁站点的数量之多和特点之庞杂是其他各类型的站点无法比拟的。本书结合实际情况，根据地铁站域商业发展的成熟程度，将站域商业开发程度较低，具有一定历史惯性且不具有大的商业发展潜力的站点定义为一般型地铁站点。这类站点的共有特点是商业数量较少，以居住或某一类型用地为主，站域居民的特征和商业的业态、等级、规模有相当程度的惯性，较难在商业上做出大的改变。

与其他类型的站点相比，一般型地铁站点的客流结构比较稳定、站域发展空间较少、商业业态和类型的惯性大，因此其站域商业空间的演变较其他类型站点有一定的差异。随着更多地铁线路的建设开通，一般型地铁站点数量的增加速度远高于其他类型的站点，尽管其站域商业发展的潜力较弱，但其站域商业空间的演化规律也非常值得分析研究。基于此，本书以桐梓林地铁站、磨子桥地铁站为例，分析地铁开通前后站域商业空间的自组织演变。

9.2 　桐梓林地铁站域商业空间自组织演变

桐梓林地铁站是成都地铁 1 号线上的站点，于 2015 年 7 月 25 日建成并投入使用，站点周边集聚了新希望中心、华能大厦、上善国际、国航世纪中心等办公楼，以及锦绣花园、曼哈顿、凯莱帝景花园等居住区。

9.2.1　地铁开通前后商业空间的演变

1）地铁站点开通前

1985 年，美国驻成都总领事馆设立，起初位于锦江宾馆西侧楼一层。1993 年，总领事馆搬迁到位于人民南路倪家桥的现址，此时的桐梓林还是一片农田。20 世纪 90 年代初，一大批外企及高端写字楼在城南扎堆建设，亟须配套高端、舒适的居住区。1992 年，位于人民南路的锦绣花园（现在的 1 号线桐梓林站附近）亮相，与城西的五大花园可以算是成都最早的一批商品房。锦绣花园是成都第一个真正意义上的高端低密度住宅。在锦绣花园的带领下，银都花园、中华园、凯莱蒂景等中高档小区纷纷亮相桐梓林。

历史上成都桐梓林片区定位较为高端，加上较为优越的区位条件使得该片区土地资源成为地产商竞争的热点对象。2002 年 1 月，华能大厦正式落地桐梓林；2008 年，国航世纪中心建设完成；2009 年 4 月，新希望大厦竣工。而诸如上述国际或国内知名地产的相继落地使桐梓林片区成为集聚金融、商务办公、高端居住为一体的综合性城市空间。另外，从地价也可直接反映出桐梓林土地资源对各地产商的吸引，而早在地铁开通前，桐梓林地铁站 D 口旁的新希望大厦的写字楼每平方米均价已经达到了 2.2 万元，销售可谓非常火爆。

2）地铁站点开通后

桐梓林地铁站属于成都地铁 1 号线一期站点，地铁站在 2010 年开通后，前期因周边市政建设，桐梓林站只开放了 C 口和 D 口，B 口于 2011 年 6 月 10 日开放。

桐梓林地铁站点的开通并未引起站域空间功能的明显变化，仅有上善国际于 2015 年 12 月落地于片区内，片区整体仍以金融、商务、高档居住功能为主。尤其是商业空间方面，通过腾讯街景地图可知，2012 年 12 月地铁站域商业（图 9-1）与此

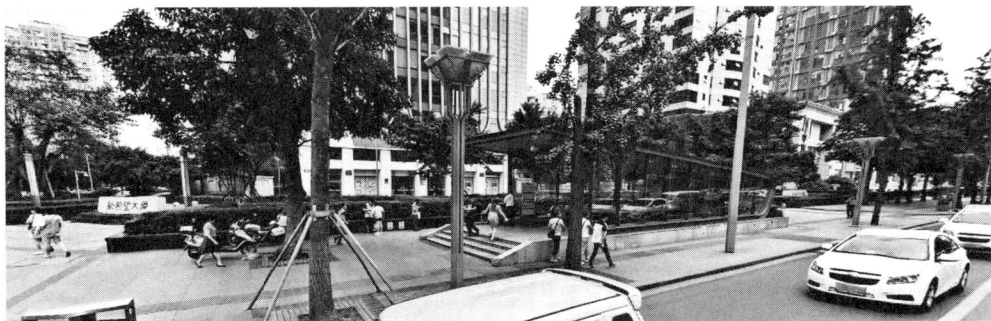

图 9-1　2012 年桐梓林地铁站周边街景图
来源：腾讯地图

图 9-2　2019 年桐梓林地铁站周边街景图

次（2019 年 10 月）调研时的地铁站域商业（图 9-2）在业态类型、商业规模上基本相同。这说明桐梓林站域商业空间的演变速度较为缓慢。

桐梓林作为成都外籍人士最集中的片区，据 2017 年的不完全统计，共有来自 46 个国家和地区的 2575 名外国人居住于此。在这个初具雏形的国际化社区，他们就业、留学、生活，把成都当作港湾。

9.2.2　地铁开通前后商业空间演变中的自组织现象

1）地铁站开通前

（1）写字楼的聚集

地铁开通前，华能大厦、新希望大厦、国航世纪中心等商务办公楼相继入驻桐梓林，桐梓林片区已形成较为成熟的商务片区（图 9-3）。根据耗散结构理论，在没有外部指令对业态、空间过于明确的限制条件下，系统会表现出较强的开放性。桐梓林商圈受到外部指令的约束较小，因此具有较强的开放性，与外部环境联系紧密。

（2）高端商业的聚集

由于桐梓林片区被定位为品质高端、设施完善、文化氛围浓郁的国际化社区，往

图 9-3　国航世纪中心

图 9-4　桐梓林地铁站周边商铺

来人群多为白领、上班族及片区居民，消费能力较强，故研究范围内的商店消费水平相对较高，高档餐厅、高端服务设施鳞次栉比（图 9-4）。

　　2）地铁站开通后

　　（1）商业空间保持原有的格局

　　在地铁开通后的 7 年内，虽然桐梓林地铁站域商业空间的可达性有了较大提高，但商圈规模、业态组成、消费人群等没有发生明显变化，片区功能依旧以商务办公和居住为主，这是商家基于片区发展定位而自愿维持现有商业空间的自组织行为。

（2）商铺的更替升级较慢

地铁开通前，桐梓林商区系统已是相对高级、有序的状态。系统内部虽仍存在各种随机、偶然的涨落，但这些涨落以微涨落为主，不足以引起系统的突变。地铁站点的开通对于系统而言虽说是一种较大的涨落因子，但由于系统内部的非线性作用机制并未将其扩大成足以引起系统突变的巨涨落。因此，桐梓林地铁站点的开通对系统平衡性影响不大，系统内部仍趋于稳定状态，商铺的更替升级速度较慢，商铺仍多以连锁零售店、高档餐厅、高端服务设施为主。

9.2.3　地铁开通前后商业空间自组织演变的差异性

对桐梓林地铁站开通前后的站域商业空间进行对比分析发现，其站域商业空间整体上并未发生明显变化。基于此现象，下文将对该商业空间的形成、自组织演变及维持原有格局的原因进行详细分析。

1）消费者主导的商业关联

研究范围内商业空间的消费者以周边常住居民、上班人群为主。图9-5为桐梓林地铁站域商业空间客流构成分析，其中周边住区居民占37%，周边上班人群占36%，两者之和占总比70%以上。另外，基于客流结构与消费商品种类的交叉分析可知（图9-6），到此片区购物、休闲、办事或路过的

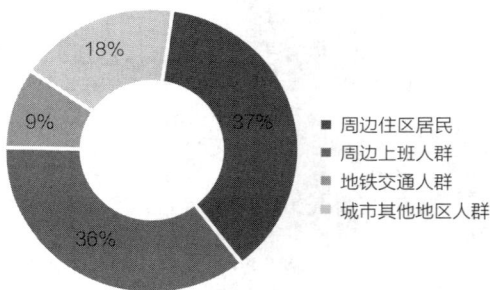

图9-5　桐梓林地铁站域商业空间客流构成统计图

人群有较小的餐饮消费和休闲娱乐消费需求。而在此居住、上班的人群则拥有生活日用品、餐饮、服饰、生活服务、金融服务、休闲娱乐、医疗等多项消费需求。而桐梓林片区早在地铁开通前便已形成较为成熟完善的业态结构，基本满足在此居住、上班的人群需求。因此，若无大型的外部环境干预与影响，片区内会拥有比较固定、稳定的消费客源，其商业空间结构会长期保持稳定，自组织演变速度缓慢。从商家对地铁开通前后来店消费客流结构是否发生变化的调查统计中看出（图9-7），67%的商家认为来店消费的客流结构没有发生明显变化，仅有16%的商家认为地铁开通后消费客流结构有变化。这一数据也直接表明了地铁开通后研究范围内的消费者结构并未发生明显变化。综上，桐梓林地铁站域商业空间的演化与消费者之间有较强的关联性，由于桐梓林地铁站的开通并未改变片区内的来往人群结构，因此其商业空间整体上并

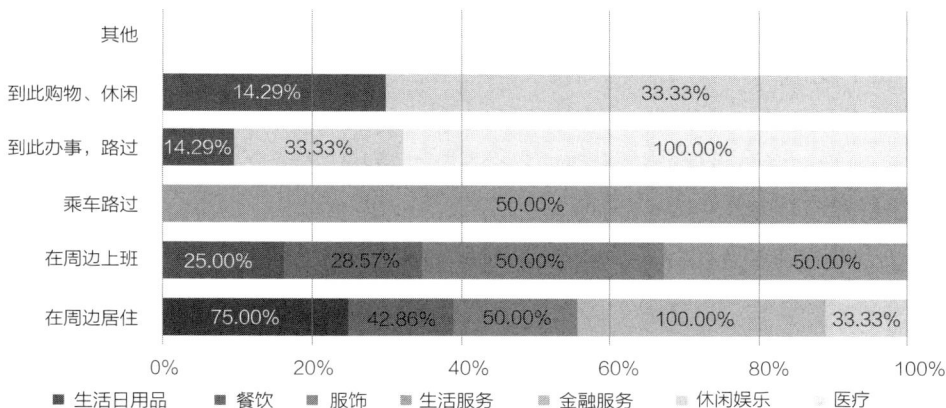

图 9-6　桐梓林地铁站域商业空间客流结构与消费商品种类的交叉分析

未发生较明显的变化。

2）区位优势

无论是地铁站开通前还是开通后，研究片区均具有较强的区位优势。首先，研究范围位于成都市城市中轴线——人民南路上，靠近二环路南部，地理区位优越，为商业空间的形成创造了良好的条件。其次，桐梓林片区内的交通在地铁开通前便较为方便，其公交线路多、换乘快捷，道路网较密，可达性较强。同时，早在多年前，桐梓林站域便建有大量居住和办公建筑，广阔客源为桐梓林商业空间的快速形成提供了先决条件，从而使得桐梓林站域商业空间并未受到地铁站开通的较大影响。

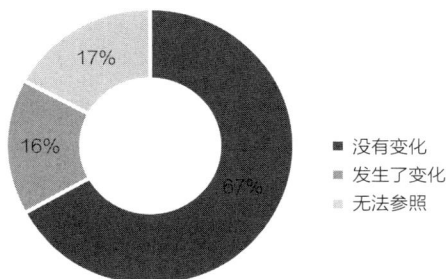

图 9-7　桐梓林地铁站域商家对地铁开通前后到店消费客流是否发生变化的统计

3）商业竞争与协同

研究片区内的消费客源较为稳定，商业空间发展相对成熟，促使片区内各商家相互之间的协同作用较之竞争关系更为明显，表现出稳定的商业格局。基于早期的高品质定位，研究片区内商铺普遍较为高档，如大象花园泰式海鲜料理、东方美美容 SPA 会馆等，这些高档店铺彼此之间相互作用，在非线性机制下产生了"1+1>2"的协同效应，使得各个商家相互之间形成共生共赢的积极状态。另外，周边的便利店多为国内外知名的连锁店，如 WOWO 便利店、711 便利店等。各商家因经营时间、出售产品等的差异化而相互弥补，进而实现互利共赢因此，研究片区内的商铺更替速度普遍较慢，商业空间发展稳定。

4）无较大的特定干预

由于没有较大的政府干预等他组织作用，桐梓林地铁站的开通没有引发站域土地使用性质的变化，也没有引起客流结构发生大的调整，故商业空间继续维持原有状态。但与此同时，地铁的开通增加了站域商业空间的交通区位优势和客流量，提高了该商业空间的可达性，在一定程度上促进了商业空间的繁华。

5）发展前景持续良好

从对商家的访谈中得知，虽然商铺租金普遍上涨，但桐梓林地铁站域商业空间的商家普遍表示不会撤店。原因有三：一是商家认为周边上班族、居民、外国人较多，商业发展前景好；二是虽然电商对实体经济冲击较大，但桐梓林片区白领和高档小区居民对线下消费仍有较大需求且消费水平较高；三是小部分商家的店铺为个人所有，租金的上涨对其影响不大。

9.2.4　商业空间演变中自组织和他组织的互动关系

研究范围内的商业空间地处成都市城市发展中轴线——人民南路上，位于发展比较成熟的片区，政府和城市规划等他组织行为对片区商业发展的干预较少，上班人群和片区居民为片区活动的主要参与者。商家与居民间、商家与上班人群间的自组织活动是影响商业空间演变的因素，这两种自组织活动的力度和作用范围有限，但能在一定程度上缓解地铁站点对商业空间造成的冲击，使商业空间保持原有的空间结构。例如，地铁的开通虽然使周边商务办公楼、商铺租金上涨，但在自组织活动的作用下，商业空间系统能够在涨落中回归平衡态，形成稳定的商业空间。

9.3　磨子桥地铁站域商业空间自组织演变

磨子桥是成都市新南路和一环路交叉点上的一座桥，其名称寓意古时父母辛勤地用石磨磨出豆腐来供养子女，比喻父爱和母爱的伟大和无私。时光流转，磨子桥经历了不同阶段的成长、蜕变。现在磨子桥的两旁已是成都市最繁华的IT产品销售地带，包括成都电脑城、新世纪电脑城以及百脑汇电脑城等。此外，周边亦有成都七中、四川大学、四川音乐学院、四川广播电视大学、军区总部、军区总医院、军区招待所、少量居住区和商业，其中商业多为底商。

9.3.1　地铁开通前后商业空间的演变

2015 年 6 月，磨子桥地铁站作为地铁 3 号线上的站点正式开通运营。而作为市中心的一般型站点，地铁站规划选址的敏感性较弱，地铁规划对站域商业空间的影响非常小，因此可以忽略 2015 年之前地铁规划对站域商业空间的影响。目前，其站域商业空间有百脑汇、书店、服装店、休闲快餐店等商业，周边多为老旧居住、商业建筑，年代久远，且商业面貌较差，等级较低（图 9-8）。

1）地铁开通前

在成都，如同武侯祠、锦里一样，磨子桥之名家喻户晓。尤其是电子零售产业，在成都市有着举足轻重的地位。自 2000 年百脑汇入驻磨子桥以来，多家电子产品零售商家相继入驻，吸引了大量消费人群，磨子桥逐渐成为成都数码电子产品的集聚地。

2）地铁开通后

2012 年，成都科技一条街客流量同比下滑 60%。2015 年，成都九大电脑城倒闭了4 个。@世界、数码广场、百脑汇等主流电脑城，都不同程度地下调租金，摊位出现空置的现象。但研究范围内，商业空间的功能结构并未发生明显变化。商业业态仍为超市、电子科技、餐饮、金融、购物广场等，周边兼具办公、教育等功能（图 9-9）。此外，站域商业业态的更换频率相对较高，餐饮类商业数量日趋增多。需要注意的是，研究范围内的特殊用地，由于政策因素的干预，部分原有商业空间无法继续发展。

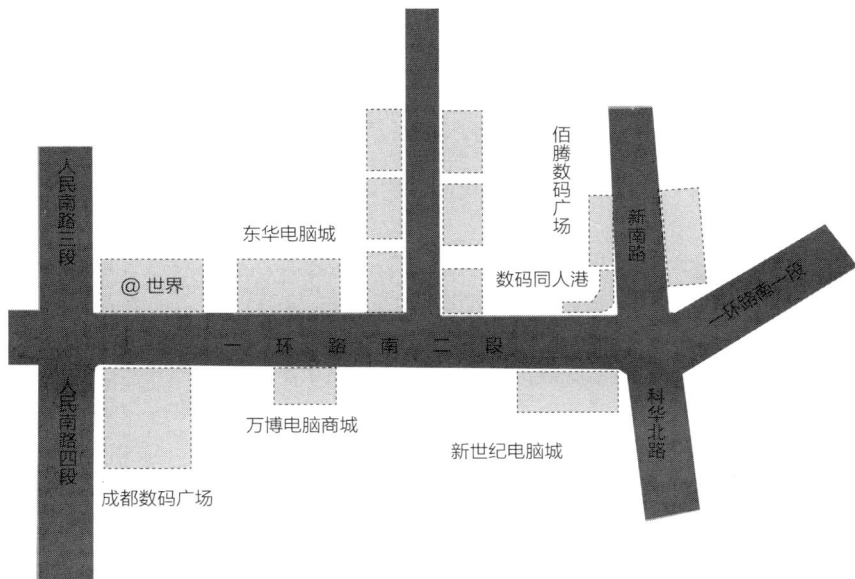

图 9-8　磨子桥地铁站域商业

图 9-9　磨子桥地铁站域商业

9.3.2　地铁开通前后商业空间演变中的自组织现象

1）地铁开通前——商铺的聚集

成都电脑城是以磨子桥为中心的"科技一条街"，在地铁开通前，片区内便汇集了 3000 多家开发、经营电脑及相关产品的企业，由于紧邻四川大学和四川音乐学院，大批大学生作为消费主力，加上刚刚成立不久的几个敞亮、大型的 IT 商业卖场，习惯去狭小摊位淘电脑的成都人倍感新鲜，于是迅速奠定了磨子桥在全国 IT 业的地位。原为 6 路汽车总站的用地转变商业用地，原来的特殊用地也逐渐转变为军区招待所，片区内另有国家重点中学成都七中、电子科技城、军区以及居住区消费人群，商业氛围十分浓厚。

2）地铁开通后

（1）商业空间结构偏移

地铁开通前，商业空间发展已经成熟。地铁开通后，由于磨子桥站域的用地性质由商业转变为军事用地，居住用地转变为绿地，商业空间逐渐向南偏移。目前，商业形式多为底层商业，业态主要有快餐店、水果店、奶茶店、超市、书店、电脑维修店等，且由于服务对象较为固定，商家之间竞争压力较大，商铺的更替频率较快。

（2）部分商家被动退出

由于市场需求的不足、电子商务对传统市场的冲击等多种原因，许多电脑商城连续多年经营困难，百脑汇、数码广场、@ 世界电脑商城逐渐萧条。例如新世纪电脑商城于 2017 年 4 月 5 日正式宣布停止营业。商业的变革导致磨子桥周边数码电子氛围逐渐变淡。

另外，由于相关法规规定，军事用地不能作为商业用地，成都市于 2013 年对军事用地的商业用途进行严格管控，部分商铺因此搬迁，导致商业在空间层面上断裂，进而使得地铁站、公交站站域商业空间活力度下降。

9.3.3 地铁开通前后商业空间自组织演变的差异性

1）地铁开通前

（1）商业空间的集聚

商业空间的集聚是指某一商业主体在一定区域范围内的分布状态高于平均分布，由此形成一定的规模，体现了个体与群体的关系。商业空间关联指商业主体和个体在空间上的相互联系，反映了商家主体对外部效益的利用和影响。同时，空间聚集体现了主体在空间上的分布状态，反映了主体间的相互联系。首先，磨子桥站域商业空间存在明显的集聚现象，由于人群对于电子数码产品的大量需求，百脑汇、世纪电脑城、东华电脑市场、@ 世界电脑商城等市场逐渐大型化、规模化。其次，磨子桥片区内商家彼此之间存在着一定的关联性，各个商家分别承担着咨询、零售、维修、保养等服务功能，并由此衍生出一片专为电子科技服务的城市空间，吸引了大量目标明确的消费客流，从而促进了整个研究范围内商业空间的快速发展和繁荣。

（2）消费者主导的商业关联

根据随机访问，研究范围内商业空间的消费者以周边上学、上班的人群为主（图 9-10），这类人群的消费商品主要为学习用品、餐饮、生活日用品等，可见该片区内除电子商铺发展繁荣外，也存在诸多生活服务类的商店、餐饮店（图 9-11）。因为这类店铺多为一些陈旧老店，店铺的客流较为稳定，一般是基于原有老店基础上进行重新装修换代。

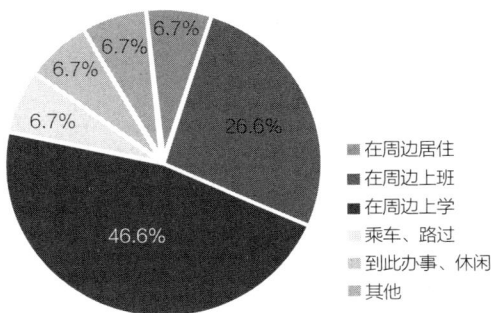

图 9-10 磨子桥地铁站域商家对地铁开通前到店消费人群结构的统计

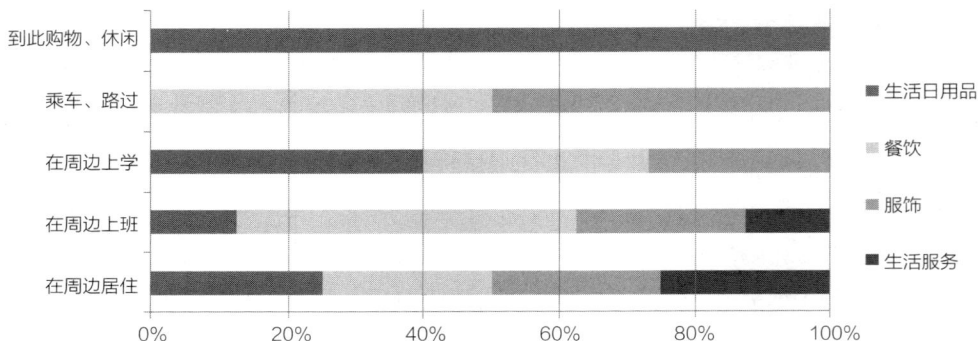

图 9-11　磨子桥地铁站周边商业空间客流结构与消费商品种类的交叉分析

2）地铁开通后

（1）城市规划

磨子桥站域商业空间在其演变过程中长期受到政府的较大干预，在这种他组织作用下，片区内商业的规模效益受到明显影响，商业空间氛围大打折扣。磨子桥研究范围内的用地较为特殊，包含四川省军区、军区总医院、军区招待所、军区住宅等多种与军事相关的用地。由于法律规定，军区范围内沿街店铺将被逐步撤销、拆迁，居住用地将改为城市绿地。商业店铺的相继迁移使商业带逐渐断裂，加上周边居住消费人群的减少，使片区的商业空间中心出现转移。

（2）地铁站点出入口的选择

地铁站作为城市发展的新元素，是促进周边空间演化发展的良好触媒体，能够促进周边空间快速更新发展，具有激发空间活力的功能，但这种触媒效应具有一定的辐射范围。就磨子桥地铁站而言，其出入口距周边商业空间约 500m，相距较远，并未与之良好衔接，不利于流动客群的即时消费，故该地铁站对周边空间的触媒作用相对较弱。

（3）商业空间的可扩散性和可定居性

地铁站域商业空间随着地铁站点人流的不断积聚得到一定的发展，呈现出一定的可扩散性和可定居性。这使商业空间随内外环境改变而不断进行自我调整，其中竞争力强的类型得以充分发展，而竞争力弱的类型将逐渐缩小自己的地盘，被高竞争力的类型所替代。就磨子桥站而言，其西 1km 外设有区域中心型地铁站——省体育馆站，两站周边商业空间类型具有相似性，均以数码科技相关产业为主，彼此构成相互竞争的关系。由于站点类型差异，承担功能不同，磨子桥站流动人群、即时消费均少于省体育馆站，使得磨子桥站域商业空间的定居性强于省体育馆站域商业空间，从而表现出省体育馆站域商业氛围、风貌较好，而磨子桥站域商业氛围、风貌较差的现象（图 9-12）。

图 9-12　磨子桥地铁站域商业

（4）城市割裂

高架道路虽具有强化快速干线交通、提高运输效率、缓解城市交通压力等作用，但也造成了城市空间的割裂。磨子桥站域商业空间由于高架道路的存在而被分割成了东西两片，彼此之间的联系也因此而降低。这不仅破坏了原有的商业面貌，还在一定程度上限制了站域空间内消费人群的活动范围，进而影响站域商业空间的经济效益。

9.3.4　商业空间演变中自组织和他组织的互动关系

由上面的分析可以看出，地铁开通前，磨子桥地铁站域商业空间发展较为成熟，商业氛围较为活跃、浓厚。而地铁开通后，站域商业空间并未表现出显著的自组织现象。但由于研究站点受政府干预、城市规划等他组织因素影响较大，其商业空间按照政策、规划等既定方向发展，并产生了一定的变化，主要表现在站域商业业态的变更、商业空间的转移、商业结构的调整等方面。

9.4　一般型地铁站域商业空间自组织演变规律及特征

9.4.1　同类型商业的聚集

一般型地铁站域商业空间的演变速度较为缓慢，是经过长期的商业自组织形成的。商业空间的发展主要受周边环境因素影响，不同类型的商业空间满足不同消费者的需求。地铁站周边一定范围内无大型集中的商业设施，以居住用地、教育用地、绿地或其他专业用地为主。站域空间内的商业在地铁开通前便大量聚集，并使得整个商业空间系统达到相对稳定的状态。这些商业大多为同类型，或彼此具有某种共性，如商店零售的产品虽不同但具有相关性。商铺之间相互协调、合作，在协同作用与规模效应下，成为特定领域的专业化商圈。

例如在桐梓林地铁站周边建设有很多的大体量办公楼，各办公楼互为催化剂，促使办公相关服务设施增加，使桐梓林商圈成为集聚大量商务设施的专业化商圈。同时，在协同作用下，系统能很快达到较为有序的状态。又如百脑汇、新世纪电脑城等在磨子桥地铁站周边聚集，在协同作用下各商业共生共赢，形成专业化的数码商圈，并长期享有较高人气。

9.4.2　商业空间格局稳定

一般型地铁站域商业空间大多是长期自组织演变的结果，地铁的开通对于商业空间的影响相对较小，站域商业空间的演化主要受周边环境、政策、规划等因素影响。因此，若无他组织的特定干预，地铁站开通后的站域商业空间演变速度并不会发生较大变化，整体格局相对稳定。

例如，桐梓林地铁站域用地以办公、居住、金融为主，磨子桥地铁站域以教育、商业（多电子产品的商业）、居住用地为主，各用地间、各用地与外部环境间已经形成了较为协调、有序的非线性关系，在无较大涨落因子出现的情况下，系统整体会处于相对平衡的稳定状态。对该系统而言，地铁站的建成虽可被视作较大的涨落因子，但并不会引起系统的突变。因为系统本身具有抵御涨落影响的能力，若未超过一定的阈值，系统则不会受该涨落的较大影响，并会逐渐恢复成原来平衡、有序的状态。研究范围内主要是以消费者为主导的商业空间，商业的发展演变是商家与消费者相互作用的结果，商业空间的主要业态也大都由周边消费主体决定。虽然地铁的开通提高了站域商业空间的交通可达性，提升了周边人群出行的便利性，但并未引起站域土地性质的明显变化，仅促进了少量服务于地铁交通客流的便利店的建立，其整体影响并未达到引起系统突变的阈值，因此商业空间并未发生大规模的变化。综上，地铁的建成对系统有一定影响，但是并不会引起商业空间格局的较大变化，系统内的商业空间仍将保持相对稳定。

9.4.3　商家的优胜劣汰

一般型地铁站点开通前，各类商家通过权衡成本、利润和最优市场等因素，自发选择适合其发展的区位，系统内部要素达到一种良性竞争环境下的平衡状态。地铁的开通带来了站点周边地价的上涨，这一因素改变了系统的平衡态，使得能够负担较高房租、具有商业优势的商家重新选择区位，占据较好的位置。而经营状况不佳、不愿负担高额房租的商家则退出竞争。在突变因素的作用下，系统内部发生变化，从一种有序走向新的有序。

例如桐梓林地铁站域商业空间内的零售店铺多为具备完善商业运作模式的连锁店，部分个体店由于无法承受商业竞争压力而选择退出。此外，商圈内大多数商铺定位高端，商铺更替速度较慢，处于平衡状态。又如磨子桥地铁站域餐饮类商家竞争激烈，更替速度较快，若把餐饮类商家视为一个系统，则该系统正处于走向新的有序状态的过程中。

第

10
章

成都市地铁站域商业空间的自组织演变机制

10.1   地铁站域商业空间自组织现象产生的原因

　　地铁站域商业空间的自组织现象可以理解为：地铁站点的开通运营引发了站域商业空间外部环境的巨大变化，但现有商业空间内部的功能结构难以满足外部环境变化的需求。在这样的情况下，商业空间基于自组织行为对自己展开"治疗"，完成商业空间功能、结构的调整[1]，最终实现了与外部环境的和谐相处。

　　地铁站点为邻近片区带来了客流量及交通可达性的提升，作为城市空间的触媒体，它促进了周边土地价值和开发强度的提升，从而加快了地区的发展速度。而地区的快速发展将会引起外部环境的显著变化，这必然会对原有的商业空间产生冲击，使商业空间的功能结构、内部氛围与外部环境产生极大的矛盾。由此会带来两个结果：一方面，会使商业空间不能很好地满足客流的需求；另一方面，会导致部分商铺难以获得充足的客流量。在这样的困境下，商业空间与外界环境之间不断进行交互，在商业空间演变自组织作用规律的影响下，商业空间实现了调整和升级（图 10-1）。例如犀浦地铁站域商业空间的大规模演变多发生在地铁站点建成之后。地铁站点的开通运营触发了新商业空间的产生、商业业态变化和等级提升等一系列演替过程，加速了商业空间朝着更为合理有序的轨迹演进。

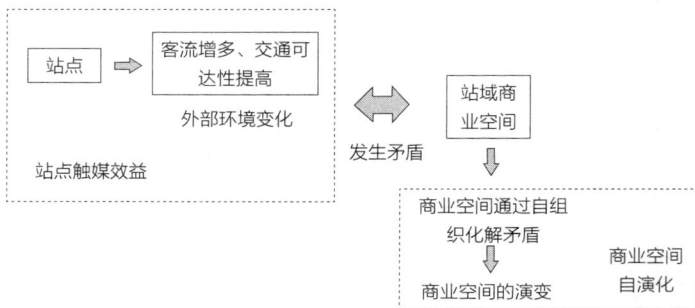

图 10-1　地铁站域商业空间自组织演变的诱因

　　因此可以看出，地铁站点的开通运营对商业空间的"触媒"作用是促进站域商业空间自组织现象运行的重要原因，站点的"触媒"效应、商业空间的演变都可以归结为自组织演变的内在基本机制。

10.2 地铁站点"基核"对站域商业空间自组织演变的引导作用

系统演变过程中最初始的核心就是系统演变的"基核"[2]。地铁站点在站域商业空间的演变过程中起着关键性作用，站点的开通运营触发了商业空间新一轮的快速自组织演变过程，同时也为系统自组织演变带来了源源不断的客流动力，是地铁站域商业空间演变的"基核"（图 10-2）。

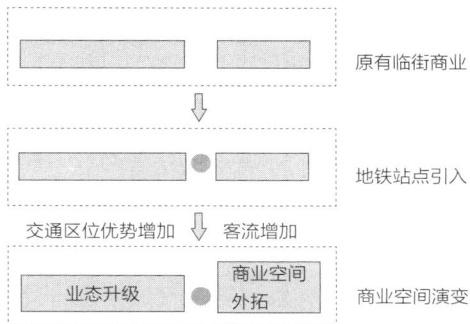

图 10-2 商业空间基于地铁"基核"的演变

地铁站点的等级及其在片区交通体系中的重要性，反映了其所能集散的客流数量规模、交通区位优势等，在一定程度上决定了站点作用于站域商业空间的强度及商业空间演变的速度与进程。一般情况下，在城市的郊区地带，公共交通系统不健全，地铁站点间隔大，单个站点的服务范围广，在片区交通体系及商业发展中占重要位置，能迅速激发站域商业空间的演变进程。例如位于成都市郊区的犀浦地铁站，在地铁建成并开通运营后迅速引发了站域商业空间的演变。而在城市商业较为成熟的区域，公共交通系统完善，地铁站点密集，站点在片区交通体系及发展中的影响作用小，对站域商业空间的作用力量有限。例如处于成都市成熟发展区的蜀汉路东地铁站域商业空间，由于商业空间本身已经发展到比较成熟稳定的阶段，站点的建设并没有引发周边商业空间进行大规模的调整。

10.3 地铁站域商业空间自组织演变的动力

哈肯提出的协同理论认为，自组织系统演变的动力来自系统内部的相互作用，即竞争与协同。竞争使系统远离平衡态，协同使系统在非平衡条件下促使子系统中的某些运动趋势联合起来并放大，形成序参量并占据优势地位，支配整体系统的演化[3]。

10.3.1 商业空间的竞争

地铁站域商业空间的竞争属城市微观层面上商业空间的竞争，与城市宏观层面商业空间竞争不同，属"不完全竞争"[①]，即消费者在购买商品和服务时，受交通成本、时间成本、机会成本的限制，其行为活动受到一定的空间限制[4]，除目的性购物外，大多购物活动发生在一定出行范围内。

这种不具目的性的购物行为使顾客购买活动的随机性很强。地铁站域商业空间竞争的实质是"顾客对商铺选择的竞争"，是消费者行为和喜好的表现，同时也是商家对客流的争夺和划分。地铁的开通为站域商业空间带来了大量新客流，引发了商业空间对客流的新一轮争夺，表现为原有商业空间的重组和新的商业空间扩张。如犀浦地铁站在地铁开通后，站域商业空间的客流人群结构发生了变化，以流动客流及本地常住居民为主，商业业态、等级随之进行了新一轮的调整。通过对多个地铁站域商业空间的调查可以看出，商业空间内部的竞争主要体现在对商业区位的竞争、同门类商家的竞争、不同规模商家的竞争等几个方面（图10-3），具体分析如下。

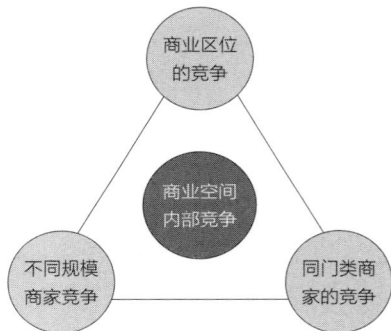

图 10-3　商业空间的内部竞争形式

1) 商业区位的竞争

区位指两个事物在空间方位和距离上的关系，除了两者的地理位置坐标，还包括与重要场所（如市中心、机场、港口、车站、政府机关、同行业等）的距离、从其他地方到达该地的可达性、从该地去往其他地方的便捷性，以及该地周围的环境、景观等[5]。对于不同的城市来说，区位条件的优劣影响着城市与外部要素间相互联系的便捷程度，左右着城市的发展进程。

与城市相类似，区位对于商业空间的重要性不言而喻，对地铁站域商业空间来说更是如此。地铁站点周边短距离范围内，随机性的商业购买行为占据较大比例，故良好的区位条件可以使商业空间获得更多的客流和关注，增加潜在顾客的基数，提升经营效益。而较为偏僻的区位条件则会导致商业空间缺乏足够的人气和关注度，致使顾客数量不足和经营效益差。商家的趋利性会促使不同经营模式的商家基于最优化原理，通过对成本与收益的综合权衡后选择自身所需区位，从而实现自身利润最大化。

---

① 完全竞争指商家非常多，而买家对商家、商品信息都完全了解。现实的经济活动中很少存在完全竞争的情况，因为消费者不可能了解所有的商家、商品信息，大多属不完全竞争。

例如，经营快销性质商品的便利店、小型超市等类型商家趋向于选择靠近地铁站的区位，便于进出地铁乘客的临时性消费。大型超市、饭店、综合商场等类型商家则会选择稍远的区域布局（图 10-4）。一方面是因为此类商家的目标顾客的购买行为更具目的性，另一方面是因为这类设施所需空间较大，需要一定的缓冲空间和弹性发展用地。

基于不同经营模式和销售行为而产生的商业空间对地铁站域用地区域位置的选择，其本质是一种商业空间的自组织过程。由于城市空间资源的稀缺性，商家为追求最大利润，对优势区位进行争夺，即对商业微区位空间进行竞争。越靠近站点，商业空间的交通区位优势和客流优势越明显，土地价格也更高，在长期的竞争中，一些经营效益好的现代连锁商业取代传统的个体商业。经长期的自组织过程，最终会形成一种最优化的商业空间布局模式，以迎合地铁站域乘客复杂多样的消费需求。

2）同种门类商家间的竞争

经营范围相似的商家之间既有相互竞争关系，也存在协同关系。竞争关系主要体现在提供的商品一致，对顾客群体的吸引力相同。顾客在进行购买行为时，考虑的是除商品本质属性外其他因素的吸引性，如购物体验、空间环境、距离远近、价格高低等。同时，购物目的性的强弱体现了不同属性商家的空间演化偏好（图 10-5）。

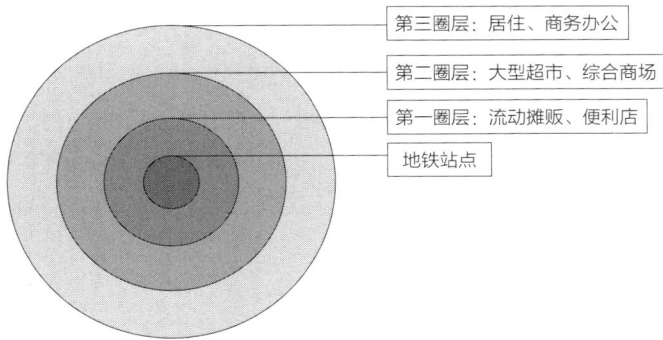

图 10-4 站点外围不同圈层商业类型示意

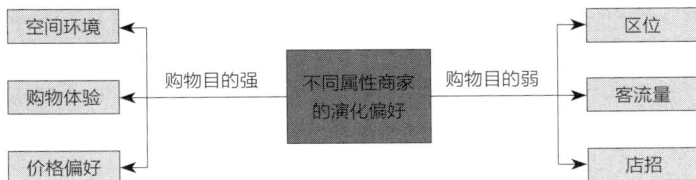

图 10-5 不同属性商家的空间演化偏好

　　购买行为目的性较强的商业门类，因为地铁站域便利的交通条件和良好的可达性，受距离远近因素影响度较弱。此类商家更加注重自身空间环境、购物体验、价格等因素，力求凸显与其他同门类商家的不同，以吸引更多顾客的青睐，提升经营效益。例如，大型餐饮商业空间、娱乐设施商业空间、家电卖场等，当这几类空间位于地铁站域时，它们会更加重视研究顾客的购买喜好与体验，注重营造良好的空间氛围，通过制造与竞争对手的差别来吸引顾客。

　　购买行为目的性较弱的商业门类，对地铁站周边庞大的人流量更为敏感。地铁站域客流群的购买行为有着随机性与临时性，对于便利店、小吃店、流动摊贩等商家具有极强的吸引力，会引导他们趋向于考虑如何提升关注度和顾客基数。在这种情况下，不同区位的优劣对比会被放大，对于优势区位的追逐是空间内部自组织行为的典型体现。优势区位代表着更多的人流量和关注度，也就意味着更多的潜在顾客群体和更高的营业额。如地铁站点周边的便利店就趋向选择位置明显、可达性高的地点，并会设置醒目、独特的广告牌，以便于顾客第一时间发现并实施购买行为。又如一些流动摊贩（图10-6），往往选择在地铁出入口两边布置摊位，并依靠喊叫方式吸引进出乘客的注意。这些都是商家根据地铁站点的特殊性而自发形成的商业活动，意图使自身在同行业竞争中脱颖而出。

　　3）不同规模商家的竞争

　　不同商家因为经营规模的差异会有不同的侧重。经营规模较大的商业空间拥有更全的商业种类、更完善的购物环境和更好的购物体验，但其经营成本高、占用空间大、灵活性不足。经营规模较小的商业空间商品种类单一，经营策略灵活，对市场变动的适应性更强。不同经营规模大小显示出的特征会造成商家的选择差异，经营规模较大的商家注重购买行为目的性强的顾客和老顾客的重复性购买活动，即重视客户黏性的培养。如大型卖场、饭店、美发店等常常依靠回头客来保证持续性的经营。经营

图 10-6　广都站域流动摊贩

规模较小的商家则更为重视初次购物顾客的体验和感受，如流动摊贩更倾向于满足顾客快捷便利的购物需求。受不同倾向的影响，小规模经营的商业空间逐渐向交通便捷、可达性强的位置聚集，并以快捷简化的购物流程为主。大规模经营的商业空间则分布于其外围的第二圈层，并形成丰富多样的商品种类和良好的空间氛围。在此过程中，地铁站域不同规模商业空间基于自身特性和倾向，选择最为合适的区位、经营模式和空间营造策略，以实现效益最大化，这是一种地铁影响下的空间自组织过程。

10.3.2　商业空间的协同

地铁站域商业空间的竞争引起了微观生态位的分化及空间梯度的形成，导致街区不均衡发展的加剧和整体效益的下降，此后经过一段时间的发展调整，对人流、信息流等资源在时空上进行合理分配，使总体资源得到最大程度的有效利用[6]，由此引发了地铁站域商业空间的相互协同。站域商业空间的协同主要表现在围绕同一服务对象的协同和围绕同一经营门类的协同两个方面。

1）围绕同一服务对象的协同

当具有同种性质的顾客群体聚集在某一区域且数量庞大时，围绕该区域会形成一批提供基础商业服务的商家，进而形成商业空间上的聚集，满足这批顾客的购买需求。这些商铺各自与服务主体需求发生关系，但相互之间由于经营范围不同，导致关联性较弱，不存在竞争关系。相反，店铺间由于对服务主体具有共同的需求，主要表现在服务主体数量、购买欲望等方面，反而会形成协同关系，力求实现多方共赢的局面。

对于此类协同关系，地铁站点的设立可能会带来大量人流，影响商业空间之间既有的稳定关系，也可能因原有服务对象的稳定而难以形成显著的影响效果。例如，犀浦地铁站的开通，提高了邻近楼盘的房屋入住率，形成了庞大的居住人群数量。这为社区级商业带来了巨大的商机。通过对比地铁开通前后站域商业空间的规模、数量可以发现，围绕周边住区居民，逐渐聚集形成了由便利店、餐饮店、洗衣店、诊所等组成的社区型商业空间（图 10-7）

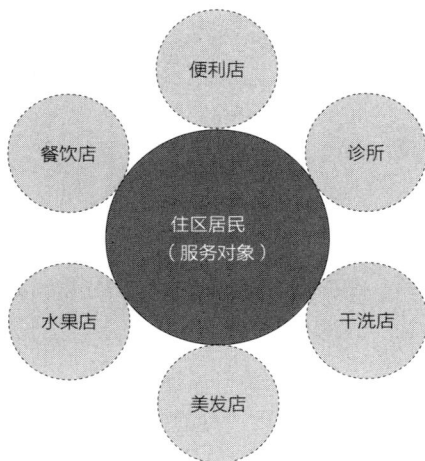

图 10-7　以住区居民为服务主体的商业协同

和中小型商业街（双铁广场商业街、石犀里等）（图 10-8）。这些商业空间之间协同发展，提供了丰富多样的服务类型，进一步吸引人群的汇集，最终形成良性循环（图 10-9）。又如蜀汉路东地铁站域商业空间以周边住区居民、办公人群为主要服务对象。由于服务主体的特定性，地铁的开通只是便捷了周边地区用户的交通，降低了出行时间成本，并没有进一步吸引更多人群的聚集。这就导致周边用地及客流人群的变化程度有限，商业服务对象没有发生大的变化，商业空间继续维持原有的稳定状态。

（a）双铁广场商业街

（b）石犀里商业街

（c）社区沿街商业

图 10-8　中小型商业街

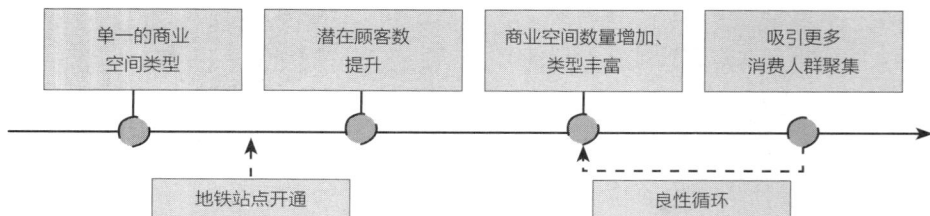

图 10-9　商业空间演变过程示意

2）围绕同一经营门类的协同

同一经营门类商家的协同关系体现在商家的聚集会形成规模效应和专业化市场，使顾客的购买行为形成惯性与定性，并将其作为产生购买需求时的首选。经营相同性质种类的商家往往倾向于聚集在一起，形成规模效应。由于此类商业空间经营性质相似、同一系列商品种类齐全，便于顾客进行对比、挑选，形成了高度专业性的市场空间。这种情况下，在固定的区域范围内往往会形成一批与主题相关或围绕主题的上下游业态种类，吸引拥有特定购买需求的大量顾客前来消费，进而带来巨大的利润。商业空间相互之间的协作关系共同促进了专门化市场空间的发展，提升了空间内部各个商家的效益，形成了多方共赢的局面。例如，人民北路地铁站 B 出口附近，沿街店面聚集了大量租售测绘仪器的店铺。究其原因，一方面是四川省地质调查院的专业需求吸引了最早一批商家的进驻；另一方面是商家之间的相互协同形成集聚效应，既引导顾客形成购买惯性，又会进一步吸引相关商家的入驻。

10.3.3　自组织演变中的序参量

自组织理论认为系统序参量支配着子系统的行为，主宰着系统演化进程。序参量不能简单理解为系统中的某个子系统，而是大量子系统集体运动的宏观整体模式。由于站域商业空间的复杂性，内部各子系统间的相互作用目前很难精确量化，故序参量很难通过计算得到。

在地铁站域商业空间演变过程中，客流行为通常是基于自身目的，在最小出行成本作用下做出对商业空间的选择。商家以获取更多消费客流、实现最大程度盈利为目标，不断对商业空间进行调整和探索，由此引发了商业空间的演变。而地铁站域商业空间的客流对于商业空间演变的重要性不言而喻。首先，庞大的客流数量是站域商业空间产生演变的最大影响力。地铁是一种大运量公共交通工具，每日乘坐地铁出行的人群数量庞大，目前成都市地铁每日客流量已超过 400 万，进出单个地铁站的乘客数量也数以万计。对于站点周边的商家来说，庞大的乘客数量代表着潜在的顾客和巨大的购买力，预示着无限的商机。各个商家都在思考如何吸引这些乘客产生购物欲望，完成消费活动。在这一过程中，地铁站域商业空间实现了演变与更新，形成了一系列自组织过程。其次，基于庞大客流数量基础产生的多样性消费需求，对于商业空间的演变同样具有较大的影响作用。受到处于不同区位地铁站点的影响，站域地区的商业业态层级、种类各不相同，对于顾客群体的吸引力也存在差异。而差异化的顾客群体又会反过来影响到商业空间，导致空间为迎合顾客需求而发生进一步演变。受到区位条件、历史因素、顾客购买喜好等多种内外部影响作用，站域商业空间发生着缓慢而持久的演变，逐渐形成与顾客需求相匹配的空间类型。

从以上分析可以看出，不论是客流数量还是由此产生的庞杂、多样的消费需求，基于客流对最小出行成本的追求以及商家对最大盈利的追求，都或多或少地支配着商业空间的演变，并作为演变过程中最直接和重要的影响因素发挥作用，是站域商业空间演变中的序参量（图 10-10）。

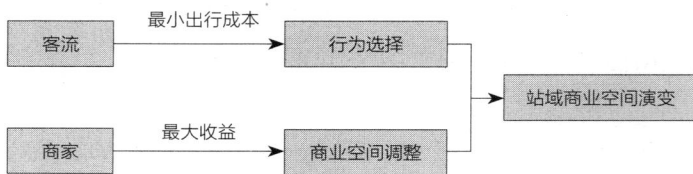

图 10-10　地铁站域商业空间演变中的序参量

10.4　地铁站域商业空间自组织演变的外部环境因素

地铁站域商业空间的自组织演变是系统内外两方面因素共同作用的结果，系统外指系统演变的外部环境，即外部变量因素通过平均的能力输入间接作用于系统内各主体，影响着商业空间自组织演变的进程，包括区位、周边环境、历史、社会文化、商业模式等因素。

10.4.1　区位因素

地铁站域商业空间的区位包括中观层面的城市区位、微观层面的街道区位（图 10-11）以及与区位密切相关的城市地租因素。

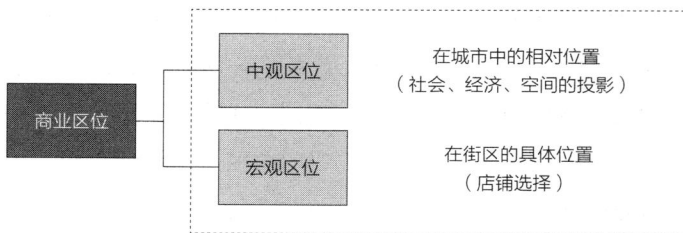

图 10-11　商业区位的分类

　　1）城市区位

　　城市区位指地铁站点及站域商业空间在城市中的相对位置，是城市经济、文化、社会、行政等因素共同组合在城市空间的投影[7]。

　　地铁站域商业空间在城市中的区位一定程度上决定了站域对周边城市空间的作用强度，影响着站域商业空间自组织演变的速度和进程。一般而言，在城市中心区，站域城市空间发展成熟，功能完善，空间与使用人群之间的供需关系平衡，客流稳定。而地铁站点的开通作为一种"嵌入式"的元素未引起人、物质、信息等各类"流"在此空间自由出入、相互联系和交换的较大变化，并不能促使现有的用地和客流结构发生大的改变，故站域商业空间自组织演变的动力不足，演变进程缓慢。例如成都蜀汉路东站邻近成都二环路，周边用地以居住为主并兼有少量的办公，具有一定规模的社区商业，城市空间发展已成熟。站域空间的使用者以周边常住居民和办公人群为主，站域商业空间带有明显的社区商业特征，消费人群与商业空间之间的相互关系趋于平衡。地铁站点的开通虽带来了客流出行效率的提升，但基本未引起客流结构的变化，站域空间与外界相互交换的平衡系统并未被打破，故站域商业空间在地铁开通后基本没有发生变化。

　　而城市郊区整体空间发展不成熟，存在较多闲置或未充分利用的用地，空间之间的交互关系较弱。地铁线路作为空间之间相互联系的纽带，促进了各类"流"在地铁邻近空间的涌入或流出，增加了"流"对各类空间功能的需求。而各类"流"对空间的需求与空间功能供给的不平衡关系促进了闲置土地的开发利用，进而加快了站域商业空间自组织演变的进程。如成都地铁 2 号线的终点站犀浦站，地铁开通前，周边闲置用地较多，商业空间较少，客流稀少，商业空间自组织演变动力不足；地铁开通后，周边用地快速得到更新、更替或开发，商业空间大量增加，人群随之增加，商业氛围迅速变浓。

　　2）微区位

　　微区位指商业空间在城市内部具体街区或街道所占的位置。商铺现实的、具体的区位反映了各商铺间的空间位置关系，一般更优越的区位能产生更高的经济效益，不同区位间形成商势差，推动着商业空间的竞争。

　　国内关于微区位的研究起步较晚，王兴中、孙鹏在其研究中介绍了西方国家零售业区位的选择规律[8]，从居民行为和交通载体角度，考虑顾客的便利性、区位的安全性、区位的适停性①等人本区位因素，并在此基础上对优势区位进行划定。对于顾

---

① 适停性：满足顾客的停车需求，其核心是营造舒适、方便、安全和便利的出入口停车环境。

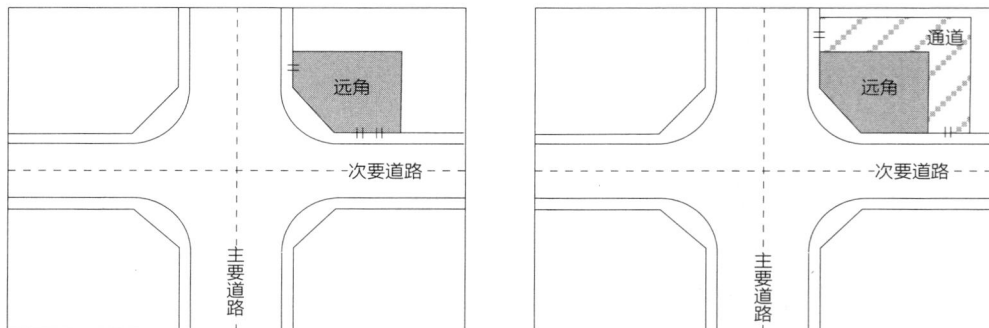

图10-12   优势区位——远角、靠近远角的商业空间

图片来源：孙鹏，王兴中. 西方国家社区环境中零售业微区位论的一些规律（一）[J]. 人文地理，2002（2）：63-66.

客、交通载体而言，可视性、易接近性与区域展示性好的区位具有更好的吸引力，因而远角①或靠近远角的地方是零售商业空间的最优选择（图10-12）。

另外，微区位反映了商业空间与周边空间的关联性，消费者则作为两者联系的中介。这种空间关联的类型分为依赖型、互斥型等。依赖型如磨子桥站，由于附近有四川大学、四川广播电视大学、成都七中、四川音乐学院等的存在，围绕消费客群的需求，站域内形成大量为相关群体服务的商业空间，如书店、文具店、小吃店、打印店等。互斥型如文殊院站，由于宗教文化因素，站域形成与祭品、宗教产品等相关的商业集群，而歌舞厅、游乐场所、酒吧会所等由于会影响相应的气氛则不适宜在此地设置。亦如居住配套等相对落后的郊区站域，由于周边消费群体的收入、地位不同，站域附近易形成较为大众的服装、餐饮设施等，而高级休闲会所、精品商务等设施则不宜在此发展。

3）地租

地铁站域商业空间自组织演变受地租条件约束，地租指购买土地的效用或为实现预期经济收益所付出的代价，是对土地价值的反映[7]。城市区位及微区位优越的商业空间预期商业价值较大，因而租金较高。对于某一特定的优势商业空间而言，商家之间首先形成竞争关系，由于商家的承租能力是此次竞争的首要条件，具有较高承租能力的商家将在商铺租赁中胜出。若商家的经济效益低于商业空间的市场价值，则原商铺倒闭，商家之间重新建立竞争关系，新商铺出现。在整个竞争过程中，市场的优胜劣汰功能使得经济效益更好的商家最终占有商铺，也因此形成了商业空间的自组织演变（图10-13）。在市场经济中，地铁站域商业空间的经济效益越好，其产生的竞

① 远角：指主要道路和次要道路交叉的拐角处，且两条路上都有可以进入该店的入口，两条路的中间没有用隔离带分开，该区位就具有非常强的可视性和易接近性。

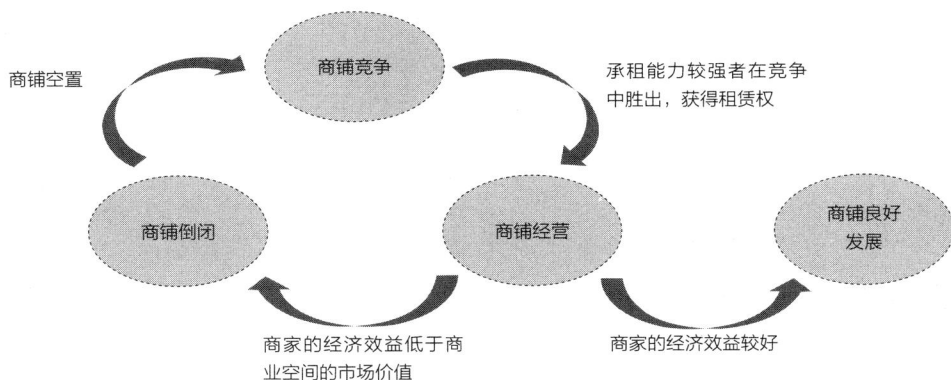

图 10-13　地租与商业空间自组织关系

争作用越为明显。如作为 1 号线与 3 号线换乘站的省体育馆站，位于成都人民南路一环路口，是区域级商业中心的地铁站点。地铁开通前，该区域商铺租金相对较低，临街小商店较多；地铁开通后，租金上涨，小型商铺因难以与大型商业竞争而逐渐被替代，来福士广场等大型商业综合体出现。

10.4.2　周边环境因素

1）周边城市建设状况

地铁站域商业空间属城市微区位，商业空间受周边城市建设状况影响大，城市交通干道、周边用地性质等会很大程度地干扰和影响商业空间的自组织演变，同时也可能使商业空间形态带有本地特色。

城市交通干道：一方面，城市交通干道为地铁站域空间带来各类"流"，成为城市各个空间之间相互联系的纽带；另一方面，城市交通干道可能会对城市空间进行分割，从而影响站域商业空间的渗透性。如位于成都市郊区，作为 2 号线起终点站的犀浦地铁站，设置有 A、B 两个出口，但均设置在红光大道的西南侧。因红光大道割裂了地铁站点与大道东北侧站域商业空间之间的直接联系，站点对站域商业空间的影响作用被削弱。同时，由于背靠住区，商业呈现出明显的社区型商业特征，日常生活服务等配套商业较多（图 10-14）。

周边用地性质方面：站域空间通常具有多种用地性质，各类用地既可能独立存在，又可能相互依赖、相互影响和相互作用，并组成一个复杂的开放系统。站域商业空间受到该系统内部的相互作用影响可能发生演变。如磨子桥站，包含四川省军区、军区总医院、军区招待所、军区住宅等特殊用地，由于军事用地区域对用地性质的限

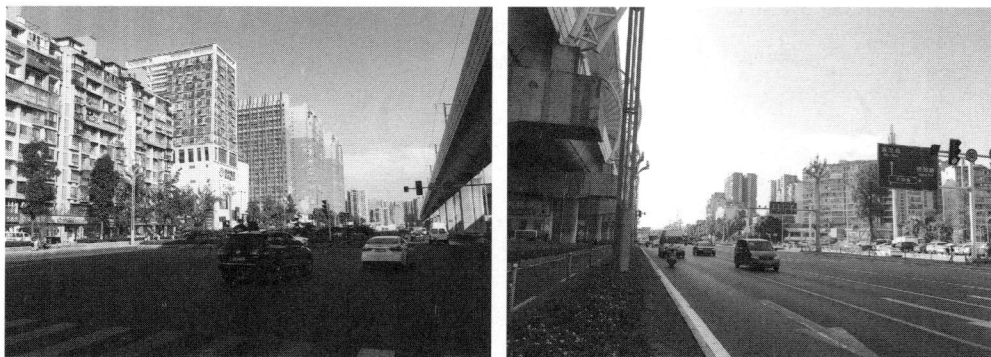

图 10-14   宽阔的红光大道——犀浦地铁站周边环境现状

制，部分商铺被迫搬迁，造成磨子桥站南北商业空间带的断裂，整体商业氛围逐渐下降。

2）交通因素

交通是实现城市系统内部人、物资、信息等各类"流"相互联系的通道，影响着城市的社会、经济、文化等各个层面。毋庸置疑，交通与站域商业空间的自组织演变有很大关系，且主要体现在以下几个方面。

地铁站点等级：一般而言，站点等级越高，客流量越多，站域商业空间的效益和发展潜力越大，自组织演变的动力也更充足。例如，换乘站域商业氛围一般情况下比普通站的商业氛围更加浓厚。

道路等级：我国现行《城市道路设计规范》中的城市道路被划分城市快速路、主干道、次干道、支路等，而不同等级的道路对商业物业价值的影响不同。一般情况下，快速路的主要作用为快速通车，道路出入口较少，对商业空间的负面影响较大；主干路、次干路的交通流量较大，对商业物业价值的正面影响较大，附近的大型商业较多；支路的交通性较差，主要是为了满足居民生活服务的需求，道路两边的商业则表现出社区型的特点。

靠近道路交叉口、公交站点等交通节点的地铁站，其站域商业空间有更大的发展潜力。图 10-15 两条曲线分别表示了零售商业面积与距道路交叉口和公交站点距离之间的相互关系。从该图可以看出，零售业营业面积随道路交叉口的距离增大而衰减的趋势相当明显，说明零售商业向交通节点集聚并以节点为据点呈辐射状分布[9]。

另外，路面设施也会潜在地对站域商业空间的自组织演变造成影响。如道路中的绿化、栅栏会影响人的视野与通达性，进而影响人群在商业空间的驻留；又如道路两侧未设置专用的人行道，也会影响人行的通达性，进而降低周边的商业空间效益。

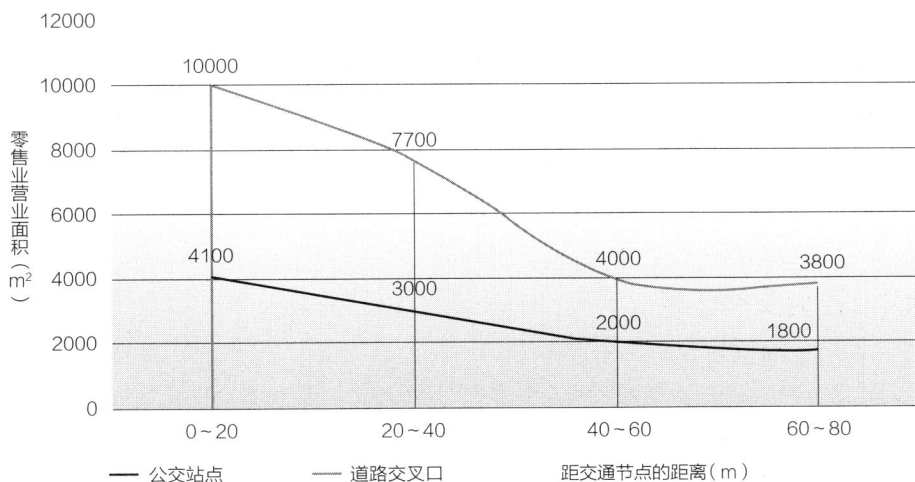

图 10-15　零售业面积与交通节点关系图
来源：曹嵘，白光润. 城市交通的零售商业区位效应探析 [J]. 上海师范大学学报（自然科学版），2002（3）：86-90.

3）自然环境

城市中的自然环境因素包括地形地貌、气候、河流水文、土壤、植被等。站域商业空间自组织演变过程中受自然环境的影响或制约，商业空间形态、结构、模式等会呈现与之相关的特性。如东门大桥站，附近空间被河流切割，商业空间沿河布置并呈现带形发展的态势。同时，滨水空间因具有生态、景观等优势，租金相对较高，适合酒店、综合体、酒吧会所等较高品质的商业发展，而大排档等大众型服务商业效益相对较低，难以在此地得到良好发展。

10.4.3　历史因素

地铁站域商业空间的自组织演变受历史因素影响，主要体现在两个方面：传统商业空间发展的历史惯性及消费者行为的惯性。

靠近传统商业中心区的地铁站点受商业中心大量人气的影响，站域商业空间发展动力充足，商业空间能在较短时间内发展壮大。如骡马市站域，曾拥有成都市金融业发展最早、最成熟的历史底蕴，与春熙路、盐市口并称为成都三大商圈，而后的很多年由于商圈业态单一、定位模糊等原因导致商业活力降低。后来受到相关政策影响，站域商业空间的发展态势良好，大量商业设施入驻，大型商务、精品娱乐、国际国内中高端餐饮入驻汇集，整体业态得以快速升级更新。

人的消费行为具有一定的惯性，对新的消费模式、新的商业空间的选择需要一段时间，导致一些商业空间的演变存在滞后性，使整体商业空间处于新旧并存的状态。如磨子桥站附近汇集各类电子产品企业，虽然电子商务对实体零售的冲击力越来越大，但由于人群的消费习惯，实体零售仍为主体，站域商业空间的演变过程缓慢，电子产品相关服务商业依然呈规模集群状态。

10.4.4 社会文化因素

文化是社会发展的重要组成部分，为城市经济、社会发展提供了精神动力。各站域空间因受该地域内社会群体、社会环境等因素的影响而形成了独特的文化，这些站域空间与使用人群在长期的相互作用过程中形成的特定社会文化，是站域空间的地域特点、人口特性等在经济和社会生活中的反映，这种文化作为一种隐形的因素影响着站域社会群体的风俗习惯、价值观念、审美观念等，进而驱使着商业空间向某种特定的方向形成或发展。

如桐梓林站，站点西侧空间以高档居住为主，居民中有一定比例外国国籍人口，小资群体占比较高，居民社会地位、阶层较高，素质、修养、学识普遍较高，具有一定的生活品位、思想水准和艺术鉴赏能力等。基于此，商业空间表现出与之对应的文化特性，除常见的基础生活服务设施外，美容养生、咖啡禅茶、西餐厅等类型的商铺相对较多，且品质较高、风格鲜明，装潢时尚、新潮精致。

10.4.5 商业模式因素

除上述区位、人流、历史等因素外，地铁站域商业空间的演变不可避免地受到商业模式的影响。在市场经济、经济全球化及互联网时代的大背景下，商业模式日新月异，深刻影响着实体商业空间的发展。地铁站域商业空间大多属于传统店铺模式，即在具有潜在消费者的地方开设店铺，但随着电子商务、传递模式创新、O2O、B2B、C2C等互联网商业模式的出现和普及，实体商业空间由于投入成本高、客流受众小、商品种类和数量有限等因素[10]，发展动力受限，客流日益流失，商业空间正面临着冲击和重组。在未来带有明显便利性和体验性的实体商铺，如咖啡厅、便利店、体验性书店等才更易存续。同样，作为实体商铺的地铁站域商业空间，其演变不可避免地受此商业模式变革影响。如磨子桥站域空间IT产业集群，产业规模效应明显。但受到电子商务的冲击，部分电子产品类商铺的性质发生转变，且由于附近生活服务类需求增加，超市、餐饮等相关商业逐渐增多。

10.5　地铁站域商业空间自组织演变的阶段性特征

　　事物的发展过程是渐变与突变的统一，即突变理论中所提到的系统内部状态的整体性"突跃"，其特点是过程连续而结果不连续，是一种从量变到质变的过程。自组织理论认为：系统演化过程中，原因的连续性作用可能导致结果的突然变化。地铁站域商业空间演变的阶段性特征，主要指随着地铁的开通运营，其站域商业空间所经历的演变初期积累、中期渐变和后期突变等过程特征，较好地诠释了突变理论中渐变与突变的统一性。

　　地铁站域商业空间的演变是一个长期、深刻的过程。在地铁开通之前，站域商业空间与常规类型商业空间一致，受到多种其他因素的外在影响作用，发生着缓慢、持续的演变。地铁的开通运营是一种强有力的外部作用，刺激站域商业空间脱离原有发展轨迹，进入快速调整过程，经历从渐变到突变的新流程。

10.5.1　演变初期

　　作为一种强大的外部作用力，地铁站点的开通运营对站域商业空间产生了较大影响。影响作用的初期主要体现在新生客流大量增加以及交通可达性改善引起的商业空间调整。

　　一方面，地铁的开通运营带来了大批量客流，也随之产生了大量购买需求和商机，促进站域商业空间的繁荣与演变。为满足新生的大批量客流的多样化消费需求，要在客流影响作用下对现有空间的布局模式、承载的商业业态类型与层级进行调整。例如，春熙路商圈的不断演进过程就是受到地铁站点开通的影响。伴随着地铁站点的开通，春熙路商圈的商业中心逐渐向站点出入口靠近，并围绕出入口向外扩张，形成大范围的商业片区，完成空间的演进交替。虽然这一演变过程中伴有政府、开发商的宏观调控等外部作用力的影响，但在站点开通初期却是一种自发的内部作用行为。

　　另一方面，地铁站点的开通还显著改善了交通的可达性，这在短期内会极大提高周边商铺的租金水平。根据商业区位理论，受此影响而经营效益差的商铺难以为继，逐渐被承租能力较强、经营效益较好的商铺取代，在此过程中商业空间组合便实现了新旧更替。例如驷马市商圈，虽然很早之前就已形成浓厚的商业氛围，但在地铁开通前，主要还是以传统、单一的商业业态为主，人气不足。之后，虽经整治、改造，但整体层级仍然处于较低水平。随着地铁站点的开通，人流量增加，周边用地价值提升，传统平民化的、低端的商业类型难以承担站点周边地区不断上涨的租金，逐渐被综合性、大型商业商务设施所取代，最终完成了商业空间的更新换代。

该阶段商业空间及业态的演变是微观、不显著的渐变过程，演变进程的快慢依片区发展阶段、发展活力而定。与此同时，该阶段也是系统发生突变前的基础阶段，是引起事物最终产生"质变"的"量变"积累过程，在系统演进过程中扮演着重要的角色。

10.5.2　演变中期

随着地铁站点带来大量客流持续性产生影响和作用，站域商业空间的演变也进入深层次、大幅度的阶段，以进一步匹配其所处的优势区位，最大化地实现经营效益。这一阶段的演变特征主要体现在市场经济驱动下的部分土地使用性质置换和小规模的再开发建设活动，具体分析如下。

地铁站域向来是城市中的优势区位，也往往是周边地区的核心与空间发展的触媒，引领着周边城市空间的提升优化。在土地使用性质方面，通常是以高开发强度、高利用效率的用地类型为主。潘海啸[11]于2000年和2003年分别对上海莘庄站点周边的土地使用进行了调查，对地铁开通前后土地的使用性质和开发强度进行了纵向比较分析，以观察莘庄站点与莘庄公共服务中心的耦合过程。通过研究发现：莘庄地铁站点开通后，周边1000m范围内商业用地、公共服务设施用地、办公用地、公共绿地的比例大幅增加，而居住用地比例呈现下降趋势，尤其是站点500m范围内的土地开发强度有较为明显的提升。据此可以看出，地铁站点的开通对周边土地使用性质的调整有较大影响。随着时间的推移，站点周边土地的利用效率及开发强度逐渐提升，并围绕站点向外圈层式延伸，形成"核心–外围"式空间布局模式，演变成为小范围内的核心地带。

此外，地铁站点的建设还会引发站域商业空间开展一系列小规模的建设活动。例如，当地铁站点建成运营后，有部分站域的商业综合体为加强与地铁站点的联系，以便吸纳更多的地铁客流直接到达综合体内部，另行修建了与地铁站厅直接相连的地下通道或空中连廊，如春熙路地铁站的IFS、银石广场等。人民北路地铁站周边的金牛万达广场等则在地铁开通后补建了地下通道与地铁站厅相连，方便站内乘客直接进入商业空间内部（图10-16）。

这些表现一般属于演变中期，属于在中观层面上可感知的渐变或小规模的突变，其活动主体是居民、商家、企业等个体，是在演变中期渐进式改变基础上基于市场经济规律和规划建设引导下的自组织与他组织结合的行为。

（a）春熙路站地下通道

（b）金牛万达广场地下通道

图 10-16　地下通道与商业综合体相连接

10.5.3　演变后期

当渐进式的更新与小规模的建设活动难以满足地铁站域庞大的客流量时，周边区域便开始进行大规模的改造行动，步入空间自组织演变的后期。地铁站域商业空间演变的后期主要是由政府和企业引导的大尺度、彻底的建设活动，是商业空间完成最终突变的一个阶段。具体行为一般表现为片区更新或在新区建设的背景下推翻原有的老旧商业空间，结合站点进行地铁上盖物业或 TOD 模式的开发。该阶段演变过程中，各种行为措施都比较剧烈，系统内部的自组织行为已不再局限于商业空间范畴，而是扩展到了城市空间层面，通常会涉及城市用地性质的调整、建筑属性的变更、建构筑物结构的改善等方面。这一阶段的演变过程通常会伴随有剧烈的阻力，尤其是对于周边区域本身发展比较成熟的地区，阻力尤为强大。此时，需要有外部力量的强势介入并施以影响作用，推动系统内部演变过程的顺利进行。例如成都市春熙路商圈，在地铁开通前的较长一段时间内，都是以中山广场为中心缓慢演变的，业态层级不高。随着地铁的开通及较长时间的各种层面的影响作用，商圈逐渐东扩并扩容升级，经历了演变的中期和后期，最终形成以银石广场为中心，包含有 IFS、远洋太古里等高端商业类型的大规模商业聚集地，成为成都的城市一级中心区域。

上述演变的三个阶段的实质是商业空间在不断调整中适应外部环境变化的过程（表 10-1），这三个阶段不一定发生在每个地铁站域商业空间自组织演变的全过程中，而是通常依据片区的经济、交通、地理区位（外部参量）、居民个体、企业行为（内部自组织）及规划政策（他组织）现状情况而定。例如一些地铁站点地处郊区，城市开发程度较低，地铁的进驻在短时间内带来了巨量人流。这种情况下，商业空间的演变往往越过初期甚至中期，直接进行大规模的建设与开发，完成最终的商业布点。另一些开发程度较高的地铁站域则会在政府相关政策的引导下，依次经历演变初期演变、中期等不同的发展阶段，并最终过渡到演变后期，实现商业空间的转型升级。

站域商业空间自组织演变的阶段性   表 10-1

阶段	演变初期	演变中期	演变后期
特征	渐变	渐变或小的突变	突变
表现	基于大量新生客流及交通可达性的商业业态、等级的调整	基于市场经济下的土地使用置换和小规模的建设活动	由政府、企业引导的大尺度、彻底的建设活动

10.6 地铁站域商业空间的自组织演变机制

通过上述分析可以看出，消费者基于最小出行成本的消费选择以及商家基于最大利润的商业行为是商业空间自组织演变的序参量；由消费者引起的商家之间的竞争和协同是商业空间自组织演变的动力；商家、政府作用于商业空间的行为体现了商业空间演变的阶段性特征。因此，地铁站域商业空间自组织演变的实质就是消费者、商家基于外部环境变化而作用于商业空间的过程，可从空间行为主体的角度研究地铁站域商业空间自组织演变机制[12]。

10.6.1 自组织演变的主体

1）消费者

消费者是地铁站域商业空间自组织演变的重要主体，其产生的消费活动是基于一定目的、价值引导下进行的，消费者的构成、特点、行为原则决定着商业空间的演变。

（1）消费者构成

地铁站域商业空间的消费者以地铁客流为主，辅以周边用地上的居住、办公等固定人流，不同区位的地铁站域商业空间客流结构不同。如居住型地铁站域商业空间以地铁客流和周边常住居民为主，而城市中心型地铁站域商业空间则以地铁客流为主，包括旅游、购物人群和本地办公人群等。

（2）消费者特点

虽然消费者的构成不同，但地铁站域商业空间消费人群总体上具有快速性、随机性、轻便性及大众性的消费特点。

（3）消费者行为原则

消费者行为效用最大化原则和习惯性原则同样适用于地铁站域商业空间消费客流，即消费者在购买商品和服务时，总会选择自己认为最优的商品组合，使自己在各种商品上的花费边际效应相同。

同时，消费者受过去购物行为习惯的影响，在短期内消费习惯和消费偏好保持不变。消费习惯的养成一方面由收入水平决定，另一方面受消费者自身的价值观念及所处环境影响，后者导致了消费者行为的习惯性和滞后性。

2）商铺

商铺是消费者行为活动的空间载体，是地铁站域商业空间重要的物质实体单位，连接着消费者和商业空间，是地铁站域商业空间自组织演变过程的中间受力对象，并直接作用于商业空间演变。

（1）商业业态

一般而言，商业业态与消费者结构关联密切，地铁站域商业空间以地铁客流为主要消费者，决定了其商业以即时性、便利性、大众化的消费品为主，如食杂店、便利店、流行时尚服务店等。

（2）商业发展潜力大

地铁站域商业空间处于靠近地铁站点的优势区位，拥有较大的客流量及良好的交通可达性，商业发展潜力大。以东京地铁站点为例，整个地铁商铺年平均销售总额近 1000 亿日元，仅便利店的年销售额就达 370 亿日元。我国地铁建设起步晚、地铁商业开发程度低，同时缺乏专业化市场运作，地铁商业发展滞后，发展潜力较大。

（3）商业活动特点

市场经济条件下，商业活动以追求利润最大化为目标，商铺发展总是在不断寻求优势区位以获取更多利润，客流、交通状况、周边商业环境是商铺在选址中主要考虑的区位要素。同时商铺在城市街道等微区位层面选址时，通常会与周边商铺发生一定联系而形成商业关联。

此外，商业空间是城市经济活动、居民消费活动作用于城市空间的产物，在一定程度上反映了社会经济的发展状况。随着城市经济的发展，商业业态和商业模式不断更新，城市商业空间形态不断调整。

10.6.2   自组织演变主体间的交互作用

地铁站域商业空间自组演变主体间的交互作用是指消费者与消费者之间、消费者与商家之间、商家与商家之间的交互作用，即商业空间自组织演变的作用力。

1）消费者与消费者之间的交互作用

现代商品经济时代，物质产品异常丰富。就商品选择而言，消费者与消费者之间一般不存在相互竞争行为，消费者与消费者之间的交互作用主要体现在消费观念和消费习惯的相互影响、商家和产品信息的传播等方面。前者能在一定程度上改变消费者原有的消费行为，后者能帮助消费者做出更为合理的购物决策。

2）消费者与商家的交互作用

商家的命运取决于其商品能否在市场进行快速交换，市场是商家能量的来源，而消费者是市场的灵魂。商家要想在激烈的市场竞争中求得生存，就必须以消费者的特点和行为原则为导向，不断进行自我调整以争取更多的消费市场。

地铁站域商业空间的消费者主要来自地铁客流及周边用地的固定客流，商业业态、等级、规模依消费者特征进行调整。一般而言，大型商业型站点客流以购物人群为主，消费能力强，商业空间投资潜力大，适合发展中高端商业，如大型百货购物中心等；交通枢纽站域则以外来客流和本地换乘客流为主，客流量大，但目的性消费不强，难以形成系统性消费，商业的档次低，以餐饮、零售及批发为主；居住区及一般型地铁站点客流人群较集中，以周边居民和办公人群为主，商业发展潜力小，主要发展社区商业和一些即时性小型商业。

3）商家与商家间的交互作用

商家与商家间的交互作用主要表现为相互间的竞争与协同。如前所述，商家通过对客流、优势区位的争夺导致相互间的竞争，并基于同一服务对象或商品的关联形成相互协同关系。在长期的发展中，经营效益好的商家得以存续，效益差的商家会逐渐被更高等级业态的商家所取代（图10-17）。

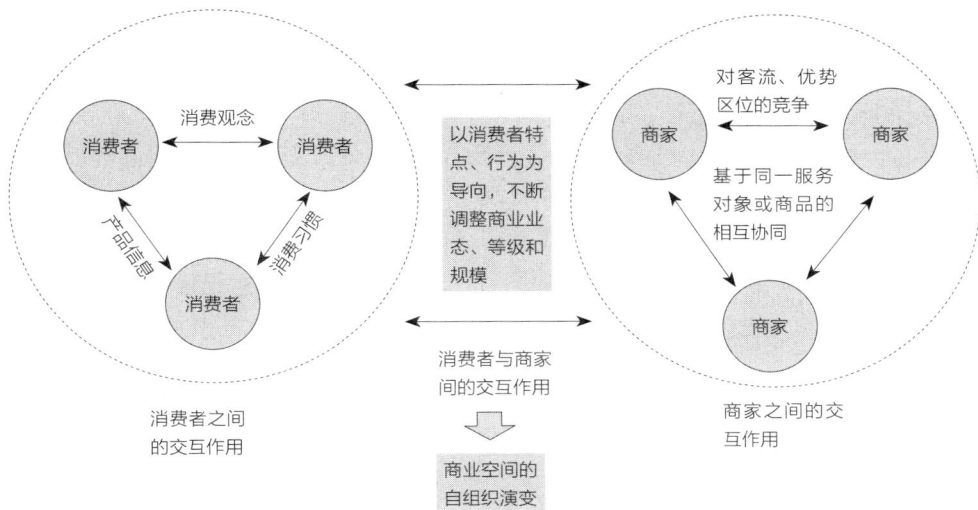

图 10-17　地铁站域商业空间自组演变主体间的交互作用图

10.6.3　商业空间自组织演变的过程

从上述对交互作用的分析可以看出，商业空间的自组织演变是消费者作用于商家、商家作用于商业空间的过程，商家是商业空间自组织演变的直接施动者，表现为商业业态、等级及规模的调整等。消费者虽不能直接作用于商业空间，却是商业空间自组织演变的本源动力，从根本上引导着商业空间的演变。

一般而言，地铁站域商业空间自组织演变的过程如下：

阶段一：地铁站点的建设和投入使用，使站点周边聚集了大量交通客流，为站域商业空间发展提供了大量新的消费群体。

阶段二：随着地铁站点投入运营时间的增长，客流人群特征变得稳定。为满足这些新增地铁客流的消费需要，地铁站域商业空间开始自发进行演变，主要表现为新增一定数量的小食店、便利店等。

阶段三：地铁站点为站域商业空间带来大量客流的同时，也提高了周边商业地价水平。在市场经济作用下，一些经营效益差的商铺开始退出，与客流相适应的更高等级的商铺入驻。

这种自组织演变过程常见于一般地铁站域商业空间、地铁地下商业空间或城市郊区站域商业空间中，商业发展具有非常显著的客流相关性，是以地铁客流为主要消费对象的商业空间自组织演变的典型过程。例如，蜀汉路东站厅通道内的地下商业逐渐聚集了与客流关联密切的全家、沁园等快速消费型食杂店。

10.6.4　自组织演变机制

　　基于上述分析，本书尝试从城市外部环境、地铁站点、消费者、商家、商业空间等5个方面构建地铁站域商业空间自组织演变机制的框架（图10-18），此框架只是从消费者、商家角度对商业空间内部商业等级、商业业态的演变进行了解释。在城市规划和城市管理的严格控制下，地铁站域商业在空间层面的自组织能力大大减弱，其自组织主要体现在商业的运营管理上。因此，城市规划在进行这种微观层面的商业空间设计和策划时，应尽可能关注商业主体间的相互作用，选取适合的空间组织形式，为地铁站域商业空间的自组织演变创造更合理的物质空间载体，使之能成为一个充满活力和场所感的商业空间。

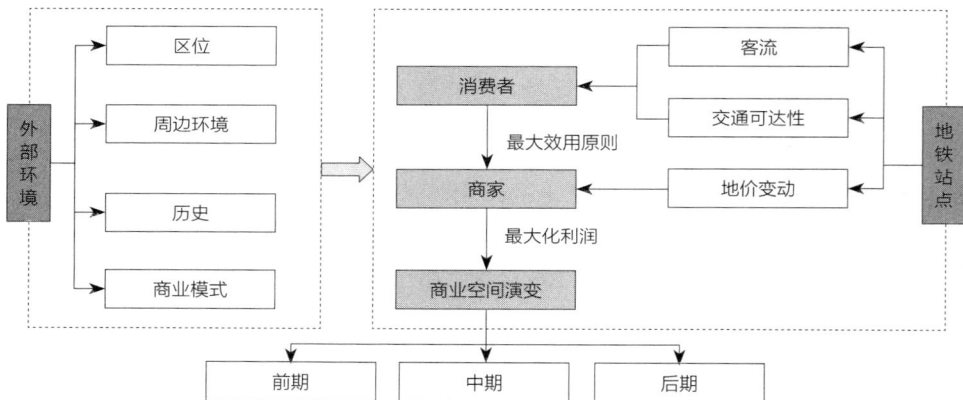

图10-18　地铁站域商业空间自组织演变机制

📑 参考文献

［1］李胜. 居住性历史街区的空间自组织现象初探：以上海卢湾区绍兴路历史街区为例［D］. 上海：同济大学，2005.

［2］邹佳旻. 基于自组织理论的乡村社区营造策略研究［D］. 厦门. 厦门大学，2014.

［3］张勇强. 城市空间发展自组织与城市规划［M］. 南京：东南大学出版社，2006：15-17.

［4］闫海宏. 商业微区位空间竞争模式研究［D］. 上海. 上海师范大学，2005.

［5］刘玉平. 资产评估原理［M］. 北京：高等教育出版社，2015.

［6］冯陶钧. 城市轨道交通车站对土地价值影响范围的研究［D］. 成都：西南交通大学，2012.

［7］刘斌. 宁波轨道交通建设对站点商圈影响研究［D］. 宁波：宁波大学，2015.

［8］孙鹏，王兴中. 西方国家社区环境中零售业微区位论的一些规律（一）［J］. 人文

地理，2002（2）：63-66.

[9] 曹嵘，白光润. 城市交通的零售商业区位效应探析［J］. 上海师范大学学报（自然科学版），2002（3）：86-90.

[10] 马超. 我国零售业演变的影响因素及发展趋势研究［D］. 西安：西北大学，2010.

[11] 潘海啸，任春洋. 轨道交通与城市公共活动中心体系的空间耦合关系：以上海市为例［J］. 城市规划学刊，2005（4）：76-82.

[12] 汪帆. 杭州市下沙大学城商业集群的空间自组织演化［D］. 长沙：湖南大学，2015.

11.1 地铁站域商业空间演变中的自组织现象

站域商业空间的自组织演变是基于地铁站点强大的触媒潜质（良好的交通可达性、大量的客流等），在站点触媒效应作用下进行的商业空间调整。这种调整不是外界"特定"强加的，是商业空间与站点周边环境相互作用的结果，属于自组织的行为。

11.1.1 新的商业空间产生

城市交通的发展提高了相关地区的便达性，交通换乘枢纽也往往成为人口、商业、娱乐等的聚集地，促进城市商业中心发展，因而交通布局与交通的通畅性与可达性指向也是商业选址与空间分布的基本原则之一，对商业空间布局具有重要的引导性作用[1]。地铁的建设对城市商业空间的影响主要有 5 个层面：①在城市建设层面，减少城市商业片区与距市区较远用地的通勤时间，提升城市用地的连通度；②在社会层面，减少交通出行时间会减轻购物者的疲劳程度，提升购物者的舒适度；③在交通层面，地铁能充分发挥它作为公共交通的运输潜力，减轻城市道路的交通负荷，打破制约商业空间发展的交通瓶颈；④在生态层面，地铁交通具有污染少、噪声小、用地布局充分等优点，有利于优化商业空间环境；⑤地铁的建设可达到集约化利用商业用地的效果，提高地铁站域商业用地的价值，使商业资源更合理地被利用。

地铁的发展不仅在很大程度上改变了城市内部人流活动的范围，同时，在城市成熟区，地铁站域地区每日集散的巨大客流量也为商业空间的形成和发展带来巨大的机遇。此类地铁站域地面空间通常没有可供建设的用地，新生的商业空间主要为与地铁站厅相连的地下商业，如与春熙路地铁站厅相连的地下商业街、一般站点内部站厅通道旁的零星商店以及市级商业中心、区域级商业中心连接通道内的商业街。就成都而言，前两类地下商业空间经营状况较差，商店空铺率、撤店率较高，而在市级、区级商业中心连接通道内的商业基于良好的经营运作，商业经营状况较好，如春熙路地铁站与太古里、省体育馆地铁站与来福士广场连接通道内的商业。

不同区位类型的新商业空间往往具有不同优劣势（表 11-1），且新商业空间区位可分为城市核心区、老城边缘区、城乡接合部和郊区新城（图 11-1）。如中心区站点产生的新商业空间一般位于城市原有的商业中心，凭借其交通便捷的优势，可以依托原有的商业设施，吸纳大量的人流。其服务和辐射范围很大，甚至大到整个都市区。

商业空间的出现主要受益于旧城改造导致的工业和居住区外迁给大卖场提供的发展空间，也受益于传统商业业态转型而退出的空间。这些都给新商业业态的进入提供了新的发展空间。

不同区位类型的新商业空间比较　　　　　　　　　　　　表 11-1

区位类型	优势	劣势
城市核心区	客流量大，共享其他商业业态的顾客，交通便利	安全问题、停车问题、租金高、竞争对手多
老城区边缘	停车相对容易、租金相对便宜	人流相对少、交通相对不便捷
城郊接合部的快速干道或城市出入口	租金便宜、交通便利、停车容易、竞争对手少、辐射范围广	距离集中的居民区相对较远
新市区（郊区新城）	客流相对多、租金相对便宜、具有较好的发展前景	顾客到此购物习惯尚需逐渐培养

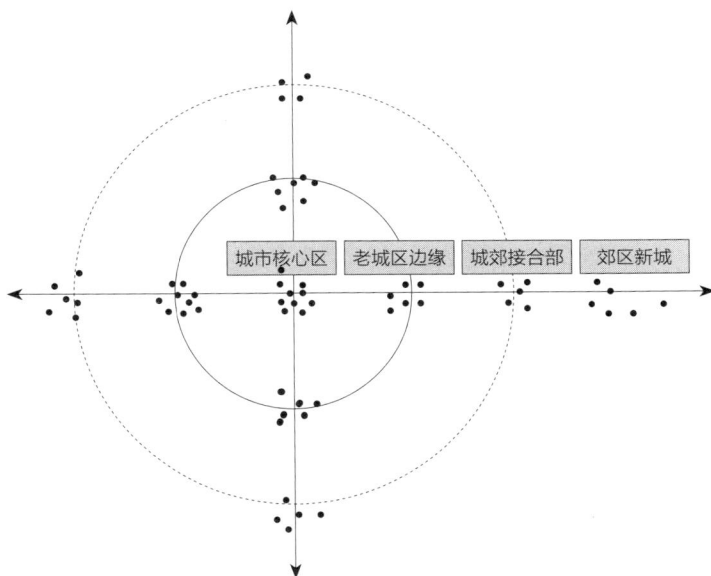

图 11-1　商业空间区位类型示意图

在现今大型社区形成与发展的背景下，大量人口在一定区域内产生集聚效应并且形成某一特定的消费结构与消费偏好。如万年场地铁站二十四城新社区的建立伴随着新商业空间的产生，且商业内部空间结构从原来"一条街"式的单一线形结构向单一核心、多极发展转变[2]，商业类型多以满足基本生活需求的消耗品、必需品为主。

社区型站点站域新商业空间是随着城市新区开发和建设而逐渐形成的，不仅具有良好的区域可达性，同时也具有区域性辐射功能，服务于整个城市甚至更大的区域[3]。

　　在城市郊区，地铁站点提高了周边住宅的入住率并促进了周边楼盘的开发，常住居民数量增多，由此吸引了大量社区商业的进驻及部分社区配套商业空间的建设。在一些重要的城郊地铁站点，商业和人口聚集到一定规模后，将吸引大型商场、公共设施入驻，在站点周边发展形成社区商业中心，如犀浦地铁站旁的百伦购物中心。虽然这些地区的人口密度远不如老城区高，但是由于租金相对较低，并且可以辐射更大的腹地。因此，即便是人流量远远小于老城区，也可以获得较好的收益[3]。

11.1.2　商业业态和等级的演变

　　地铁站点为站域商业空间带来了大量交通客流，改变了商业空间原来的消费人群结构，同时也提高了周边商业空间的交通可达性，致使周边商业地价上涨。商业业态和商业等级与周边消费者特征、商业地价及周边城市环境密切相关，随着地铁站域商业空间消费人群、商业地价的变化，商业业态和等级发生演替。

　　1）商业业态的演变

　　站点周边人口流动性大、数量多、客流涵盖广，使与之相关的商业空间呈现大众化、时尚化、非高档化的特征。但不同类型的站点客流构成不同，站域商业空间的业态构成也存在一定差别（图11-2）。地铁站域商业空间一般由两部分组成，一部分是"基本业态"，另一部分是"个性化业态"。"基本业态"通常是满足日常通勤客流的基本要求，该类业态对大部分站点都适用，以一些即时性和便利性的商品服务为主，如点心饮品、便利店、旅行社等；"个性化业态"则依据站点所处的城市区位、周边环境而形成特定的商业业态。如社区型地铁站域除基本业态外，还需配套与居民密切相关的社区服务商业，如干洗店、宠物店、药店等。一般来说，只有经济发展到一定程度、常住人口及人流量达一定数量和规模的地区才会修建地铁[4]，即这些地区消费群体的消费能力偏强，他们更加关注购物的环境及品质。与此同时，现有的业态类型为适应外界环境会不断进行融合和演化，进而演变为新型的商业业态，形成更加创新、多元的商业形态。

　　城市中心型地铁站域商业空间处于市级核心商圈或者是传统黄金商圈。从主要的业态组成来看，处于这类核心商圈的都市型购物中心主要由高档服饰店、名表、高档餐饮、流行时装店等组成，主要经营时尚的、高品质、高价格的商品。在传统黄金商圈中的都市型购物中心的业态更注重品质和档次，为的是与区域型和社区型购物中心拉开档次，也是为在消费者的心目中形成高消费档次的形象，促使他们进行差异化消

（a）火车北站——餐饮、特产店

（b）春熙路站——商业综合体

（c）万年场站——沿街式社区商业

（d）省体育馆站——商业综合体

图 11-2　不同类型、不同等级的地铁站域商业空间环境对比

费[5]。如春熙路地铁站域商业空间多为像 IFS、太古里等大型高端的商业综合体。城市中心型地铁站域商业空间的业态等级通常优于其他类型的站域商业空间，为了适应经济发展及日益增长的消费者需求，中心型站域商业空间自身会不断优化，逐渐向更高级的商业业态演化。

区域中心型地铁站域商业空间处于区域级核心商圈或城市后期发展的新兴商圈，从业态构成看，处于新兴商圈中的区域型购物中心能够提供比较贴合大众消费心理的品牌，品牌知名度和商品品类丰富度都较好。商圈主要吸引一些新兴时尚的主力店入驻，如大型百货、超市、专业卖场、大型餐饮、娱乐中心、健身中心、影院等。通常这些购物中心把餐饮、休闲娱乐业态作为经营的重点，如人民北路地铁站。

社区中心型地铁站域商业空间与城市中心型和区域中心型地铁站域商业空间的业态构成有所区别。社区型站域商业空间的业态主要以提供大型生活社区的居民日常生活消费及生活配套服务为主，主要目的就是形成大而全的家庭生活一条龙的服务模式，着力突出"服务"二字。其业态主要由社区型百货、超市、专业卖场等零售业态，以及餐饮、健身中心、影院等构成。此外，亦配套有与居民密切相关的社区服务商业，如干洗店、宠物店、药店等。同时，商业地价的上涨会促使站域商业空间中经营效益差、承租能力低的个体杂货店、百货店被经济效益好、承租能力高的新兴商业业态，如连锁便利店、连锁超市、购物中心等取代，进而促进站域商业空间中商业业态和等级提升。

郊区型地铁站域商业空间一般处于城市边缘或郊区，站域商业影响力一般较大，在郊区具有不可替代性，主要是服务商业周边乃至整个郊区区域。业态主要为大型百货、超市、专业卖场等零售业，如犀浦地铁站域的百伦广场、永辉超市等。

一般型地铁站域商业空间的业态多为沿街式针对性的服务商业，根据周边的用地功能来吸引相关的消费者。

此外，对于某些商业打造较成功的站点地下商业空间，客流不仅限于地铁乘客，到地下商业购物的消费者也占有较大比例。地下商业业态主要以零售、小吃快餐为主，规模一般较小。

2）商业等级的演变

地铁带来较高的可达性，对周边的人口具有较强的吸纳能力。部分发展潜力较好的站点对周边的商业资本进行集聚，而一轮又一轮的商业集聚会引发商业空间、规模、业态等逐渐升级。各种类型商业企业在空间上的联合会产生 1+1>2 的综合经济效应。如春熙路地铁站域商业空间是由百货、专卖店、精品店、餐饮、休闲、酒吧、文化、旅游、娱乐、健身等多种业态元素构成的，这样的一站式消费场所既为商业自身带来人气保障，又能吸引更多投资者以获得长期的发展机会，使业态等级得以提升。

对于消费者而言，他们的各种消费会在这个区域实现，而且在该地区的消费一般会超过在其他地区的消费，进而产生消费带动效应。此外，商业集聚通过大规模集中化的商业活动和相关服务，将会带动所在地区金融、房地产、建筑、广告、装饰装修及交通运输的发展，并促进该区域的商业规模化和专业化。而当商业的集聚规模、专业程度达到一定水平，还会引起周围人们思想和消费观念的变化，甚至是消费结构的改变，从而促进消费环境和商业经营的进一步提升。

11.1.3 商业空间的改造升级

地铁站域商业空间的改造升级常见于城市传统商业中心和交通枢纽站域商业空间。城市传统商业中心通常会面临发展空间不足、空间环境品质变差、交通拥堵、客流集散能力差等困境，这些困境阻碍了商业中心的进一步发展。地铁站点的开通一方面缓解了地面交通的矛盾，增强了商圈的客流集散能力及商业客流容量，扩大了商业服务范围；另一方面也为商业中心的改造升级提供了契机，如成都春熙路商业中心借地铁站点的开通推动了传统商业步行街的升级改造。

交通枢纽站域商业空间在已形成一定规模的情况下，一方面，作为交通口岸具有强大的客流聚集力，汇集了周边大量的客流和商流，形成"漏斗效应"，商业得到迅速发展；另一方面，地铁站点的建设开通即对原有商业空间交通配套设施的完善。但这类站点由于交通客流本身的复杂性和不成系统性，周边的商业环境一般较为混杂，改造更新的周期较长。所以对交通枢纽站域商业空间而言，尽管商业空间改造升级的自身动力充足，改造后各类经济、社会效益更好，但由于其改造对站点交通集散功能的影响，改造的现实压力和难度很大。

此外，如今"互联网+"的快速发展已经影响了人们的消费模式，地铁站域商业空间也相应进行了改造升级，商业呈现出多元化的特征，即商业类型不拘泥于传统零售、广告营销和店铺经营等形式[6]，消费方式也从传统的线下消费拓展到线上消费及线上线下相结合的模式，扩大了乘客购物的选择范围，为购物提供了更多便捷。

11.1.4 商业空间维持原有格局

不是所有的地铁站点都能触发站域商业空间的自组织演变，在城市成熟的居住片区和发展动力缺乏的一般地区，站域商业空间很难在短期内发生明显变化，如蜀汉路东地铁站及升仙湖、金周路等城市近远郊地铁站。周边维持原有商业格局的站点大致分为 3 类。

（1）诸如蜀汉路东这样位于城市成熟区的社区中心型地铁站点。站域的商业空间发展历史较长，以周边常住居民及本地办公人群为主要消费对象，商业腹地和商业容量有限，在与消费者长期交互作用中形成了稳定的商业业态结构、商业等级配比及商业规模，商业空间具有良好的稳定性。地铁开通对这样的片区而言，其意义在于方便了居民及上下班人群的出行，对商业的刺激作用较小。图 11-3 为蜀汉路东地铁站域商家对地铁开通前后的经营状况评价，商家认为地铁开通前后商铺的经营状况并没有发生明显变化，这一数据能从一定角度反映地铁对商业的刺激作用是有限的。同时，随着城市内部其他地铁线路的开通，拥有地铁站点的商业中心越来越多，其交通可达性的优势越发不明显，基于地铁站点交通优势而引发商业空间演变的可能性更小。

（2）诸如磨子桥、桐梓林这样位于城市中心的一般型站点。这类站点的站域商业主要出售大众化的衣、食和日常生活必需的方便型商品，满足顾客一次性购足的消费需求，一般服务辐射半径

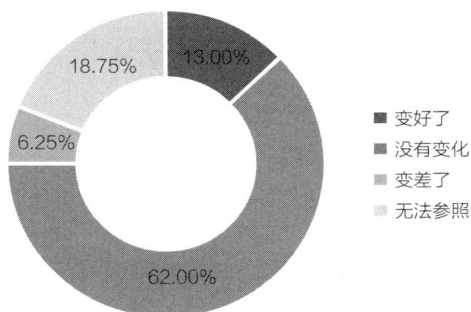

13.00% 变好了
62.00% 没有变化
6.25% 变差了
18.75% 无法参照

图 11-3 蜀汉路东、磨子桥、桐梓林地铁站域商家对地铁开通后相比开通前经营状况的评价

在 3km 以上，服务对象为都市中的大多数消费者。这类消费空间的成本主要是价格成本，消费者的购买模式是追求快捷、实用与方便。一般情况下，消费者不愿意付出过多的时间去搜集相关信息和挑选、评判这类消费空间中出售的商品。附近居住或工作的居民光顾该类购物场所的频率极高。对数个大卖场的问卷调查显示，大部分顾客光顾这类消费空间的频率是 1~2 次 / 周。所对应的新兴商业业态是大型综合超市和仓储商场。在这类商业空间中，有的仓储店虽然仍以销售大众化衣、食、方便型用品为主，但主要是针对中小零售店、餐饮店、批发商、公司、工厂等目标顾客，实行严格的会员制度，并且自有品牌占相当一部分。因此服务辐射范围更为广泛，有时甚至通达整个市区或跨越市区。

（3）诸如金周路这样的城市近远郊地铁站点。这类站点现处于城镇规划发展区以外，自身发展基础薄弱，站点周边的景观现状带有明显的农田或乡镇特色，建筑稀疏、质量差且不存在完整意义上的商业空间（图 11-4），站点客流量少，商业自组织演变的动力缺失，因而站域商业空间将继续保持原来破败的

（a）金周路地铁站周边环境

（b）升仙湖地铁站周边环境

（c）界牌地铁站周边环境

图 11-4 成都近远郊地铁站周边环境现状
来源：百度、腾讯街景

格局。这类站点只有在外界强烈的他组织干预下，如城市规划干预、政府政策影响等，其周边城市空间、商业空间才会发生明显的演变。

此外，商业空间的自组织演变与商家实力密切相关，如果商家的经济实力和社会影响力足够强大，商业空间的演变可以完全按自组织进行发展，即使有他组织的外在干预，他组织也会在尊重商业空间自组织作用的基础上进行引导。如春熙路商圈的升级演变基本是各大品牌开发商自组织作用的结果，规划他组织也是在尊重商家自组织

作用的基础上进行引导。而对于各方面实力都较弱的商家，自组织作用力小、作用范围有限，且常常受外在他组织干扰。

11.1.5　商业空间经济活力增强

在宏观层面上，城市地铁建设对城区经济增长的主要拉动效应分别为直接拉动效应和间接拉动效应，直接拉动效应是指地铁在修建的整体过程中直接创造的经济收入，而间接拉动效应指地铁在修建完成投入运营后所产生的间接经济收益[7]，例如地铁运营所引起的区域第三产业的发展。

在微观层面上，地铁站点对站域商业空间的经济活力也有间接拉动效应。地铁站点的开通提升了地块的可达性，而可达性对土地使用变化的作用是通过改变土地租金而实现的[8]（图 11-5）。地铁站点能吸引更多人流在邻近区域从事大量活动，主要是因为地铁站域内商业物业相对集中、开发利用强度较高，有助于推动地下、地面商业空间的发展，促进邻近区域的经济繁荣。同时，地铁站点的客流量会对沿线土地开发和功能布局产生影响，地铁站域用地的空间布局同样会影响地铁客流量，合理的地铁站域商业空间布局可以实现商业空间与地铁站点交通的高效结合，不仅可以提升地铁站域的商业价值和进一步激活站域的经济活力，而且会提升站点的运输能力，从而促进城市轨道交通的可持续发展。

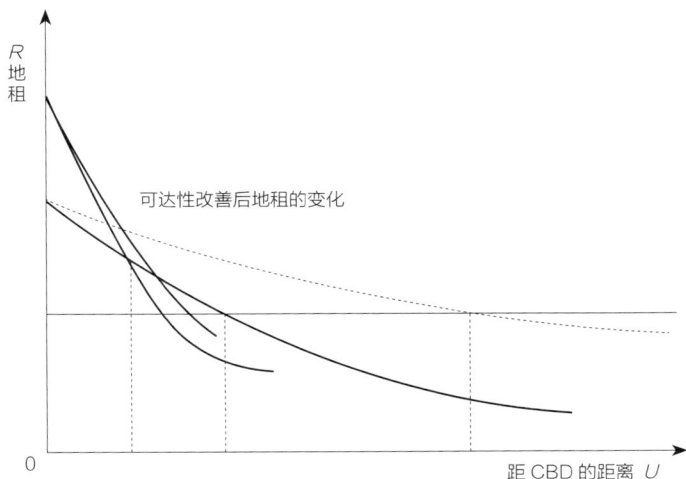

图 11-5　交通可达性的改善与地租之间的关系
来源：郭凯，孟繁茹. 城市高铁站核心区域功能布局研究 [C]// 2012 中国
城市规划年会论文集，2012:1-12.

11.2　地铁站域商业空间自组织演变的空间特征及问题

地铁站域商业空间的演变是自组织和他组织共同作用的结果，其空间形态不同于完全自组织发展形成的商业空间，但仍包含着很多自组织商业空间的人文和场所特征。

11.2.1　地铁站域商业空间自组织演变的空间特征

1）商业空间分布呈规律性

城市地铁站点所在的周边地区，现在或未来都将是片区发展的中心，周边用地是城市规划的重点，站域商业空间大多是规划建成的，其空间形态与历史沿革下完全自发形成的商业空间不同，一般具有形态规整、界面变化小、商铺大小同一、空间肌理感差的特点（图11-6）。同时，地铁的建成使站域空间的商业呈扎堆趋势，很大程度上缓解了传统零散分布商业空间受到的活力限制，传统商业由此得到了更多发展机会。地铁站点的交通优势提升了站域商业空间的区域优势及邻近空间的集聚效应，商业网点高密度分布，地铁商业的区域性特征对人群购物具有较好的导向性，使人们的消费更加有针对性。

此外，地铁站域商业空间并不能无限发展，而是会受各类因素限制，如地理空间、政策改变、商业认同感、商业投资等，其限制机制仍需更多更深入的研究。

（a）天府广场下沉商业街　　　　　　　　（b）春熙路步行街

图 11-6　规划作用下形成的形态规整的商业空间

2）商业业态和规模具有明显的客流相关性

（1）商业业态具有明显的客流相关性

站域商业空间与一般商业空间的区别在于潜在的商业客流较多，且这些客流与地铁站点存在联系。依赖这些客流发展起来的商业空间具有明显的客流相关性，商业业态、等级将随客流量、客流结构、消费习惯的变化而变化。

站域商业空间客流包括站点周边用地产生的交通、办公、购物及居住人群等。一般而言，交通客流会对应一些即时性的消费，如便利店、快餐店、茶饮店等；办公客流主要对应餐饮店，购物人群对应购物中心、超市及专卖店等；居住客流主要对应社区型配套商业。不同类型的站点，周边用地属性不同，客流结构也不同，因此站域商业空间等级具有一定的差异性（表 11-2）。

商业业态与客流结构的关系　　　　　　　　表 11-2

站点类型	消费客流构成	商业业态
商业区型站点	购物、办公、旅游客流、周边居民	中高端购物中心
交通枢纽型站点	外来旅客、本地交通换乘客流、周边居民	餐饮、服饰或专业批发市场
居住区地铁站点	周边居民、办公人群	面包店、便利店、报纸杂志店

（2）商业规模具有明显的客流相关性

城市中某一地区的交通可达性越强，集聚效应也越明显，人流、车流、物流在该地区也越集中。地铁的建设将使沿线的交通可达性得到更大程度的提升，有效地疏解市中心特别是老城区的交通，进而改善商业环境。地铁所聚集的人流以通勤与消费两种出行目的为主，地铁的建成带来了更多人流，若地铁带来的巨大人流能被转化为消费人口，商业活动增多，商业规模即随之变化。但地铁对商业空间的影响在不同类型站点区域不尽相同，具体到各站点，对商业的集聚作用也因所处商业等级层次的不同而不同[9]。位于市级商业中心的春熙路地铁站，因商业功能本来就很强，加上消费者的购物习惯等因素的影响，使得这些地铁站对商业的集聚作用非常明显，适宜于发展大型商业购物中心。位于区域范围内的商业空间服务人流复杂，因此商业集聚作用也较为明显，适宜大型商业与零售共同发展。社区型商业空间的服务范围最小，各站的商业集聚能力也最小。另外，还有一些城郊的地铁站点不属于任何商业中心，其商业聚集水平取决于周边环境，有的商业空间几乎为零，有的商业空间成为郊区的区域商业中心，如犀浦站等。

3）自组织商业空间业态发展多样化

传统商业街以小百货和便利店为主，而地铁站域商业以大型百货和大型超市等更新的功能和更全的业态类型为主。不同类型地铁站点的开通促进了多样商业活动的集聚。如市中心型地铁站点成了大型购物中心、大型百货、专卖店和大型超市的集聚地，地铁上盖自然成了商业空间的首选地址；区域型地铁站域商业空间以便利店、中型百货、仓储商店为主；社区型地铁站域商业中心以小超市、小百货和便利店为主；地铁站的地下商业空间还出现了地下商业集聚、通道商铺等商业类型。此外，地铁商业的发展过程是动态的，是经过数次变化与转型循环上升逐渐成熟的，地铁商业在不同发展过程中产生的新的商业业态也是不同的。多种业态组合不断调整，可以达到互补的状态。地铁商业的业态组合与选择要考虑区域范围内的商业发展基础条件、有效购买能力、周边商业环境、地铁与商业的距离等[10]。随着城市商业的不断生长，地铁站域商业空间必然也会出现商业定位变化的情况，合理的业态组合是站域商业空间繁荣发展的重要支撑。

4）充满活力的商业空间

站域商业空间在长期发展中，与客流关系密切、盈利较好的商家最终得以留存，这些保留下来的商铺是客流在日常生活和经营中对原有商业空间选择的结果，是环境的产物，能满足客流多样化的需求，具有长久的生命力。这样的商业空间不同于规划快速形成的商业空间，是客流、商家有机拼合的、富有活力的生命个体。

商业空间的活力包含公共空间活力及经济活力。在公共空间活力方面，地铁为站域商业空间带来了巨大客流，且集聚的商业个体业态丰富多元，部分地铁站与商业空间之间的合理步行空间组织使人们乐于驻足并进行人际交往活动，为站域空间带来了人气与吸引力。地铁站域商业空间由此成为集聚购物、休闲、娱乐等众多社会活动的场所。在经济活力方面，商业空间原有的价值沉淀及地铁所带来的交通优势互补发展，为商业空间的繁荣带来新的机遇，特别是对于社区型站点，地铁的开通一般同时伴随着新形成的商业空间，促进了周边地价和房价上涨。

5）带有地域环境的特色

商业空间在演变过程中或多或少会带有地域环境的特色，如宽窄巷子、文殊院等地铁站域的商业空间是历史文化遗留下的传统商业区，商业空间在原有基础上不断向外拓展，其中大多数商业空间会成为特色商业街的历史雏形和旅游休闲区的文化依托。又如成都地质局周边临街商业受地质行业专业性的影响，80%的商铺以租售测绘仪器（图11-7），省体育馆站周边80%的商铺以电子数码商业为主。一些商业，特别是邻近社区的商业，商家与居民在长期交往中形成了邻里感情，这样的商业空间对居民而言也是具有归属感的生活场所空间。同时，在城市商业的竞争中，常常会出现商业同质化现象，而同质化往往不利于商业的持续发展，故地铁站域商业空间差异化发展的重要性日渐凸显，商业业态、商业定位的差异化可促进客流流动，从而维持商业空间的活力。

图 11-7　成都地质局周边带有单位环境特色的商业空间

6）地下商业空间的形成

合理的地铁站地下流线设计可对人流进行针对性的引导，地铁作为城市地上与地下的连接点，其大运量的特性也为地铁站点的商业带来了发展机遇。地铁站点良好的交通功能促进商业功能产生，交通功能和商业功能的有机结合，以及不同功能的交叠也为地下空间注入了新的活力。地铁站域商业空间有三大主要类型：①站厅内部的零星商业网点，面积普遍较小，以即时性消费商品和专业交通服务为主；②地铁的商业商场或商业街，一般中心型地铁站内较常见且成规模，以流行性服饰、快餐小食店等中低档商业为主，目标消费人群一般为年轻群体；③拓展地铁优势的大型商业项目，通常为现有的大型商业综合体[11]。

11.2.2　地铁站域商业空间自组织演变的空间问题

1）形成自组织的时间长

相较于他组织而言，由于自组织需要依靠系统自身力量，故其发展具有滞后性。一个稳定、充满活力的自组织商业空间的演变需经历一个从无序到有序、从简单到复杂及组织程度跃升的漫长过程，其演变过程的时间长短与片区的发展活力、客流量、客流与商家相互作用的强度成正相关关系。除城市重点片区外，其他地区商业空间自组织的周期一般较长。

2）存在盲目经济行为

商业空间形成之初，部分商家对商铺的位置、业态都缺乏理性的分析，商业定位与其地理条件、区域定位不符，不可避免地造成商业空间在形成之初出现业态重复、选址不当等商业供给与需求不对口的盲目经济行为，地铁站对站域商业空间的带动作用也未能充分显露，会进一步导致竞争机制失衡，商业空间供给过剩、业态趋同、资源浪费等不经济、不协调的现象发生。

3）场所感缺乏

商业空间的交易发生在很大程度上是无规律的，我们不能决定消费者购买什么商品，也不能强迫消费者必须去固定的场所购物娱乐，即在微观层面表现出一种随机无序的状态[12]。很多站域商业空间基于城市他组织规划建成，是快速城市化背景下营造的标准空间，不同于完全自发有机生长的商业空间，与周边环境联系弱，城市空间精神失落，场所感缺乏。除邻近社区站点的商业空间，其他站点商业空间的流动人口较多，在与商业空间相互作用过程中很难形成相同的价值认同，故难以营造具有场所感的商业空间。

4）商业空间升级改造困难

商业空间自组织演变的载体是商家和客流，但客流并不直接作用于商业空间的改造升级，商家才是空间改造升级的作用者。随着商业模式和居民消费习惯的变化，原有的商业空间结构逐渐不能满足商业发展的内在要求，但内部商家受资金、精力及发展眼光的限制，很少主动对商业空间进行改造，造成整体商业空间升级困难。因而需要他组织的适时引导和干预，推动商业空间的升级改造。

5）部分商业空间浪费与环境品质差

商业空间的自组织是基于商家、消费者的自发行为，形成的空间缺乏一定的他组织干预会造成一些灰色空间，形成的商业空间连续性和一体性较差，也会忽略建筑与商业空间环境的关系等。

自组织商业空间形成的同时也可能缺乏人性化空间：一是功能需求的空间，表现为能否满足和容纳各种不同的行为活动，场所周边的交通是否流畅；二是满足人们心理层面的感知空间，给人以美好、积极的体验感，具体到商业街的空间营建则表现为街区氛围营造是否合理，人工环境是否美观，周边居住区的生活质量是否得以提高，空间场所是否反映了城市地区特色[13]。

消费者的结构、消费水平决定了商业空间环境品质的好坏。如火车站、汽车站等人流量大、客流结构复杂地区的商业空间，客流不成系统，消费水平参差不齐，难以形成统一的消费观念。同时商家撤店转租频繁，对利润最大化的追逐破坏了商家内部同一性的行为规则，商业内部自组织的约束能力弱，在长期发展中不可避免地出现脏、乱、差等空间环境品质问题。

6）商业空间历史文脉影响

自组织商业街一般是在某一契机下开始诞生，在发展的过程中不可避免地吸收城市自身的文化底蕴和人文风俗，商街的形式是历史、文化、技术、经济等各方面共同影响的结果。如今人们对生活的追求已不再只表现在物质生活层面，对精神文化的需求已渗透在日常生活的方方面面中。地铁站域商业空间的文化特色是众多商业空间相互区别的关键所在。故在城市商业的发展过程中应注重维持传统文化与地方特色，在地铁站域商圈规划布局中更应综合考虑历史文化与历史遗产，以期商圈成为富有历史特色的商业区。因此，应在更新和保护共存的前提下进行他组织干预。

7）电子商务对自组织商业空间的冲击

自组织演变是隐性而永久地作用于商业空间发展的，其作用力相对较弱，也难以在短时间内被认识。因此，自组织的商业空间通常难以承受电子商务蓬勃发展的冲击。为此，在自组织的基础上借助他组织的引导是十分必要的，例如调整零售业的比重，增大餐饮业、娱乐业的比重，增加体验式商业以满足人们的精神需求。此外，应重视商业空间自身环境的优化升级以提升顾客的舒适度，并通过他组织干预减少涨落幅度，推动自组织商业空间的有序发展。

📖 参考文献

［1］王国安. 成都市青羊区地铁站点区域影响分析与商业空间布局研究［D］. 四川：成都理工大学，2015.

［2］刘晓倩. 成都市城市商业空间发展研究［D］. 成都：西南交通大学，2008.

［3］管驰明，崔功豪. 城市新商业空间的区位和类型探析［J］. 城市问题，2006（9）：12-17.

［4］甘露. 地铁线路的开发对沿线商业业态空间设计的影响［J］. 工业设计，2018（8）：85-86.

［5］陈嘉伟. 区域型购物中心业态组合研究［D］. 济南：山东师范大学，2014.

［6］冯赫. 地铁换乘站与站域商业的空间整合设计研究［D］. 徐州：中国矿业大学，2017.

［7］苗杰. 西安地铁建设对沿线商业圈的影响研究［D］. 西安：西安工业大学，2018.

［8］郭凯，孟繁茹. 城市高铁站核心区域功能布局研究［C］//2012 中国城市规划年会论文集，2012：1-12.

［9］方向阳，陈忠暖. 城市地铁站口零售商业集聚类型划分的探讨：以广州为例［J］. 经济地理，2005，25（4）.

［10］王先庆. 城市扩张背景下的地铁商业发展研究［J］. 城市观察，2012（5）：5-23.

［11］崔霁. 地铁商业的发展趋势及政策建议：以上海为例［J］. 中国房地产，2011（4）：23-26.

［12］张燕飞. 快速城市化背景下城市商业空间发展与规划研究［D］. 厦门：集美大学，2014.

［13］王颖. 城市自组织商业街空间形式探索研究［D］. 合肥：合肥工业大学，2013.

第

12

章

建议与展望：自组织与他组织的同向复合

12.1 协同与优化

12.1.1 自组织与他组织的同向复合

完整意义上的城市空间组织是内生的自组织与外生的他组织共同作用的结果。随着时代的不断进步，社会经济的蓬勃发展，尤其是市场经济所带动的资本运作使得城市的建设主体越来越多元化，进一步导致城市空间尤其是商业空间的竞争日益激烈。在这种情况下，城市空间的自组织特性也逐渐凸显出来。在环境资源有限的情况下，城市空间在系统内外涨落的作用下，通过长时间的竞争逐步演化。相同类型的空间集聚并一体化发展，而不同类型的空间之间相互协同共存，进而促进系统集体运动的协同关联。除此之外，这种协同所产生的效应会进一步在城市内部的各个子系统中扩散，使系统进入交叉循环和超循环链。

城市的发展是自组织的，自组织是城市系统演化的内在规律。但并不是说城市发展是完全靠自组织完成，也不是其发展不可控制或不必要控制。因为城市在发展过程中，总离不了人有意识、有目的、有计划的各种活动。尤其是工业革命以后，科学技术使城市系统的复杂性空前增大，同时伴随着同一性的瓦解和竞争的失调，造成了一系列的社会、文化和经济问题，这些问题导致依靠单纯的城市自组织能力满足不了系统的有效调节要求。在这种情况下，城市规划作为城市他组织的一个主要形式演化出来，通过协调控制系统内部的各个子系统来解决面临的问题。我们更应辩证地看待城市规划他组织与城市自组织发展的关系，发挥各自的关键作用和核心优势，来推动城市向更高级发展。

地铁站域商业空间的演变也是自组织和他组织的共同作用结果，是相互制约、相互补充的关系。自组织作用是站域商业空间演变的内在动力，他组织是站域商业空间演变的外部作用力，是人们在特定阶段对商业空间发展的具体干预（图 12-1）。在整个地铁站域商业空间系统中，他组织与自组织是相互包容、协同共生的。我们需要在充分了解

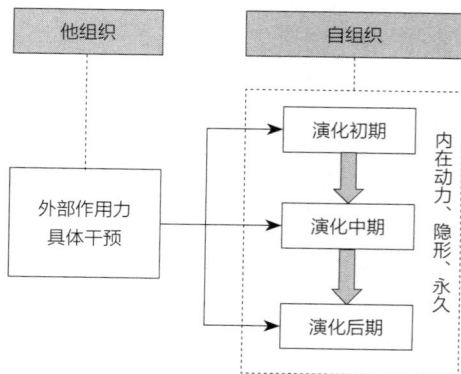

图 12-1　商业空间演变中他组织与自组织特点

自组织与他组织相互关系的基础上进行研究，进而提出相应的策略以促进二者的和谐发展。所以，他组织与自组织要达到同向复合才能使两者出现相互促进、相互依存的良好共生关系。自组织与他组织的同向复合可以体现在地铁站域商业空间系统中的多个方面，本书选取自组织和他组织的影响因素与内容、影响层级与范围、影响程度与阶段三个主要方面来表现二者的复合发展，并提出相应的复合发展建议。

1）影响因素与内容的复合

地铁站域商业空间自组织和他组织在影响因素与影响内容上存在显著的差异。他组织更多地体现在地铁站域商业空间的外部影响因素上，主要影响商业用地和商业类型。自组织则更多地体现在地铁站域商业空间的内部影响因素上，主要针对商业的等级和业态。但是，自组织与他组织在影响因素和内容上的复合体现了具体的内在联系（图 12-2），如商业用地、商业类型的特点与商业等级、商业业态的相互对应关系等。商业用地规模决定了对应的商业等级，同时由于商业等级的限定，其用地规模也会受到严格的限制。商业类型影响商业业态的发展方向，商业业态同时也是商业类型的体现。为了充分认识自组织与他组织是地铁站域商业空间内在联系的基础，本书通过具体实证分析，提出自组织和他组织在影响因素与内容复合方面的发展建议。

在他组织方面，地铁站的开通作为一种他组织因素导入原有的商业空间，引起该地区商业用地比例的变化。同时，地铁站作为轨道交通的节点，在商业空间中与交通相关的服务设施用地也会增多。相关用地规划对地铁站域商业空间来说也是一种他组织的介入，同样会引起该区域商业空间的变化，表现在商业业态、商业类型等方面。这些他组织因素影响的空间产生了具体的改变之后，商业用地类型也会随之变化。例如，春熙路商业空间的改造过程伴随着多个阶段的演变，在每个阶段的初始都是由他组织首先介入打破原有的平衡状态，再由自组织引导商业空间逐渐趋于有序。21 世纪初，春熙路的改造主要是对原有街道的拓展并形成特色商业街道，通过规划的调控对站域商业空间用地产生影响，从而使春熙路商业的等级得到提升。2004 年通过《成

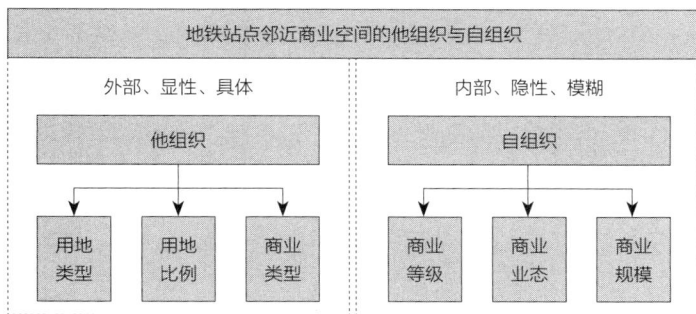

图 12-2　地铁站域商业空间自组织与他组织的影响因素

都市春熙路—大慈寺片区城市设计及历史街区保护整治规划》改造商业用地，进而实现了商业等级的提升。该规划明确提出将传统的春熙路商业范围进行扩张，从而形成包括大慈寺片区在内的春熙路综合商业片区。这表现了他组织主导与自组织辅助来共同引导的商业空间发展模式。另外，除有依托型地铁站域商业空间的演变外，一些因地铁站点的导入而形成的站域商业空间，他组织对其具有显著影响。如犀浦站域商业空间，由于轨道交通的带动，商业空间的范围大幅增加。

在商业业态及商业形式的转变过程中，自组织扮演着重要的角色。但由于自组织的特性，其对地铁站域商业空间的影响较为隐形。例如，春熙路商业空间在经历了多次改造后，其商圈升级与商业中心东移都体现了自组织的主导作用，商圈升级主要是商业形式从原本的低端步行街升级为商业综合体。犀浦站域商业空间的商业业态也发生了部分转换，轨道交通的发展带动了站域及周边住区的建设与发展，从而使该站域商业空间的商业类型逐渐向社区服务类转变。

他组织与自组织在影响因素与影响内容上要同向复合、相互协同发展，如若其中一方出现与另一方不对等的情况，就需要进行相应的调整。调整手段可以通过政府政策、规划等他组织的形式来体现，同时自组织也会相应做出反应与调整，从而达到自组织与他组织的进一步平衡（图 12-3）。

2）影响范围与层级的复合

从地铁站域商业空间的自组织与他组织的影响层级与影响范围来看，当他组织占主导时，自组织也具有一定影响。同样地，当自组织占主导时，他组织也具有一定影响。两者从来都是相互协同与共存的关系（图 12-4）。

地铁站域商业空间的自组织与他组织在影响层级和范围上具有不同的特点和作用，要相互结合辩证看待（图 12-5）。从地铁站域商业空间的自组织影响范围来看，自组织影响空间范围较广，且空间范围是不确定和动态变化的，同时也具有平面化与

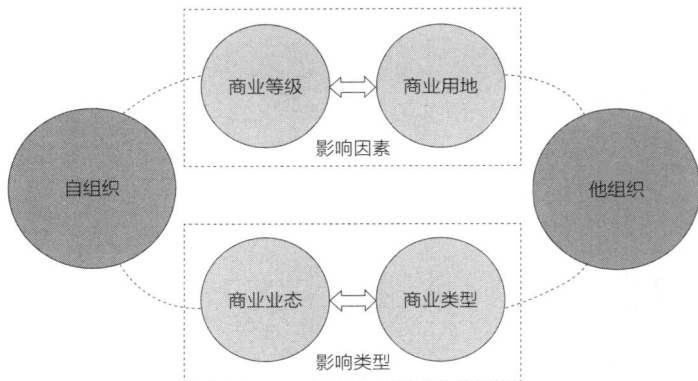

图 12-3　自组织与他组织的影响因素与内容

自组织与他组织作用的相互关系

自组织主导

共同主导

他组织主导

自组织影响及作用

他组织影响及作用

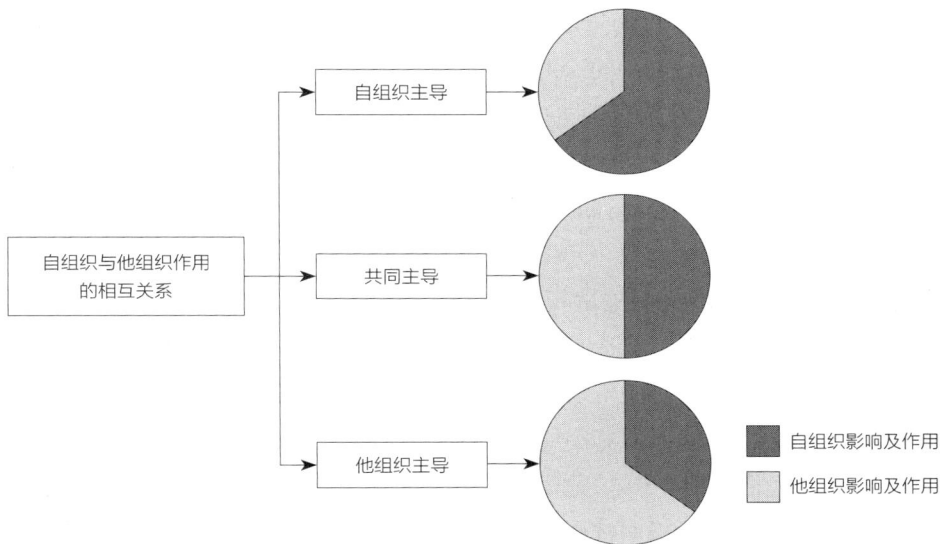

图 12-4　商业空间演变中他组织与自组织特点

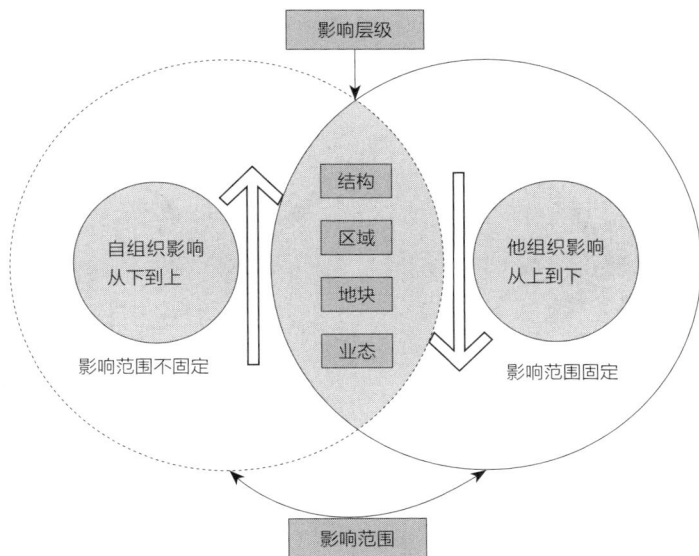

影响层级

结构

区域

地块

业态

自组织影响
从下到上

他组织影响
从上到下

影响范围不固定

影响范围固定

影响范围

图 12-5　自组织与他组织对地铁站域商业空间的影响层级与范围

持久性的特点。从地铁站域商业空间自组织的影响层级来看，自组织影响层级是自下而上的过程。地铁站域商业空间最初的自组织影响等级较低，空间范围较广，但随着这种影响的积累与加剧，引发层级的逐步上升，因此这种影响更为具体与敏感。从地铁站域商业空间他组织的影响范围来看，其影响范围比较固定与具体，尤其体现在物质空间角度，同时他组织对地铁站域商业空间演变过程的影响有明确的界限，不会无故扩散。从地铁站域商业空间他组织的影响层级来看，影响层级是自上而下的，起初多是较高层级的影响，随着影响的深入，逐渐深入到较低层级，并且伴随着快速的空间变化，因此这种影响更为直接与彻底。

通过总结归纳自组织与他组织在影响范围、影响层级方面的特点和作用，可以知道必须注重二者的衔接与补充，从而弥补和改善整个地铁站域商业空间的演化弊端，促进演化过程中自组织与他组织相互交替主导的演变达到协同。同时，这也表现出自组织与他组织相互融合和依存的关系，以达到自组织与他组织同向复合的发展形式。例如，通过分析犀浦地铁站域商业空间的形式、规模、演化过程，发现地铁站建设作为一个他组织要素进入整个商业空间时，以主干道两侧相应商业为主体的传统轴向发展模式向以地铁站点为中心的点状圈层扩散发展模式转变（图 12-6）。自组织与他组织在这一演化过程中发挥着不同的作用，他组织主导商业空间的发展范围与发展形势，如犀浦地铁站的规划建设对站域用地结构和商业空间范围产生了直接的影响。自组织影响的直接表现形式就是住宅房屋的价格，通过对犀浦站周边住宅价格的统计分析可知，越是靠近站点的住宅，平均价格就越高（表 12-1、图 12-7）。

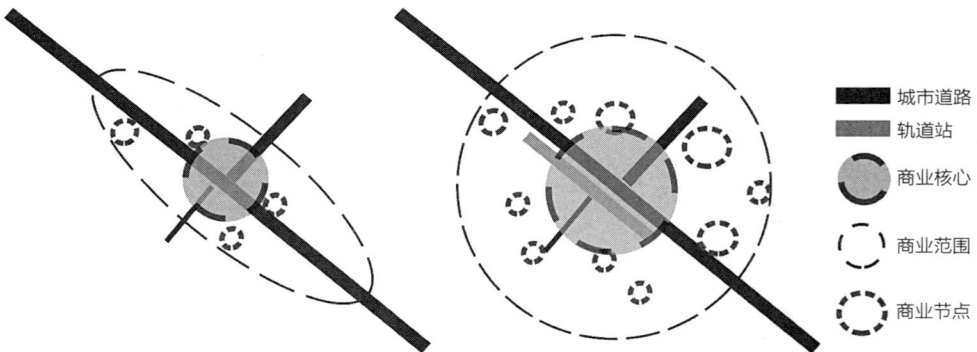

图 12-6　犀浦站域商业空间商业发展模式的演化图

犀浦站周边商品房信息　　　　　　　　　表 12-1

距离 / m 单价 / 万元	<500	500~800	800~1200
1.0 以下	19	7	33
1~1.2	57	44	223
1.2~1.4	30	21	94
1.4 以上	18	6	16

续表

单价/万元　　距离/m	<500	500~800	800~1200
平均值	1.175	1.167	1.151
最低	0.8	0.75	0.6
最高	1.83	1.65	1.92

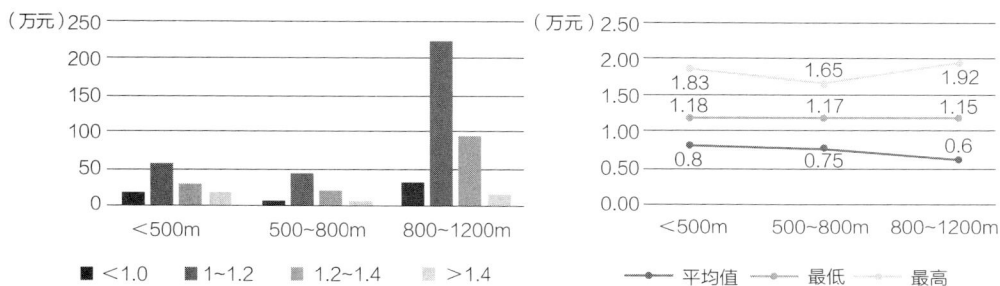

图 12-7　犀浦站点周边地价柱状图及曲线
来源：房天下

　　自组织与他组织的影响过渡层级是相反的，二者呈现出一种交错的演化模式。因此自组织与他组织需要综合考虑，同时评估二者对商业空间的影响，以达到共同促进发展的目的，从而体现发展时序上的同向复合而非具体影响方向上的同向（图 12-8）。

　　由此看来，地铁站域商业空间自组织与他组织的影响层级的次序和影响范围的大小及范围本身存在较大差异。自组织影响层级从小到大，范围也随着变大，但在物质空间上没有具体的影响范围，属于概念性范围而并非实体。他组织的影响层级则是从大到小，影响范围逐渐深入具体。另外，自组织的扩散具有不可控性，他组织是可控可度量的。因此，自组织与他组织在影响范围与影响层级上的同向复合是很有必要的。

　　地铁站域商业空间同向复合时，应综合考虑到自组织与他组织的共同作用。当自组织主导时，不能以站点周边用地规划或其他他组织的规划范围来确定站域商业空间的影响范围，要根据具体的站域商业空间等级来进行相应的扩大，甚至上升到更大区域范围。在影响层级方面不仅要从较高的影响层级考虑，也要考虑较低的影响层级，从而促

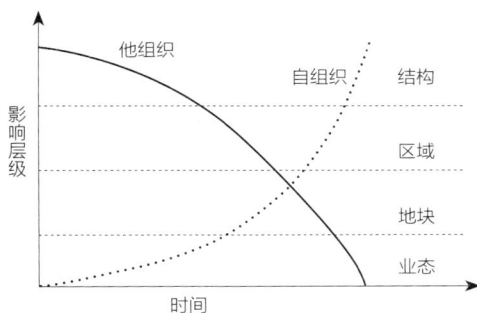

图 12-8　他组织与自组织对地铁站域商业空间影响层级关系

进地铁站域商业空间自组织的产生与发展。当自组织主导时，要对其进行相应的控制，尤其对于盲目的扩张、土地资源的低效使用等进行导向控制。在影响层级方面，较低等级的影响积累需要耗费大量的时间，可以通过有力的他组织引导来加快自组织影响等级的提升，从而加快地铁站域商业空间的演化速度。

3）影响程度与阶段的复合

他组织与自组织呈现周期式交替主导影响商业空间的演化特征。从具体影响来看，在地铁站域商业空间演化过程中，当自组织占主导地位时，商业空间趋向于稳定，引入他组织将引起系统的不稳定，从而促进商业空间的再次演化，他组织就占据了主导地位。

地铁站域商业空间存在明显的阶段性规律，可以根据商业业态、商业空间等特征进行划分。但地铁站域商业空间演化阶段的划分有别于一般商业空间演化阶段，要考虑地铁的修建以及站点的区位与性质，因而不同的站域有着不同的阶段和分类。但从地铁站域的普遍发展规律来看，主要有两个方向：有依托型——商业空间的形成早于站点的修建，无依托型——站点的修建早于商业空间的形成。

对于有依托型的地铁站域商业空间来说，在地铁修建前的商业空间演化过程符合一般商业空间的演化规律。商业空间最早的形成一般是经济规律作用的结果，来自商业的集聚效应。商业集聚在物质空间表现上一般包括：团组块状形态、沿街条状形态（一般称为商业街或专营商业街）、分散多点形态。无论哪种形式的商业集聚都是以自组织为主导的阶段所形成的。当商业的发展从简单集聚发展成片式商业空间时，商业空间范围、业态、经济等开始发生演变。商业空间的演变如同城市发展，到一定阶段就会有外力的介入从而到达另一个阶段或层级。地铁站域商业空间也具有同样的发展规律，商业集聚这一阶段是由自组织所主导，在商业空间演化为更高级的商业空间时，他组织会介入其中并引导商业空间发展进入下一个阶段。不同的是，地铁站域商业空间中地铁建设这一因素所导致的影响是长远性的。在这个过程中，自组织与他组织显现出一种相互交替主导商业空间演化的螺旋上升式发展模式。因此可以看出，在整个演变过程中自组织与他组织在不同的阶段有着不同的影响，可以从影响程度来体现自组织与他组织在这一过程中的同向复合。

对于无依托型的地铁站域商业空间来说，地铁修建后形成的商业空间在发展前期受他组织影响较大，这种影响是直接的，远强于自组织的影响。这种影响呈明显的正向作用，当发展到一定规模时他组织的影响才会逐渐减弱（图12-9）。

可以看出，在整个商业空间发展的阶段中，自组织与他组织在不同的阶段有着不同的影响程度。在整个地铁站域商业空间演化的全程中，他组织与自组织的同向复合主要是通过加强某一影响因素在该阶段的作用来达到同向复合的目的。因此，可以通过在不同阶段采取相应程度的加强来促进地铁站域商业空间的演化。

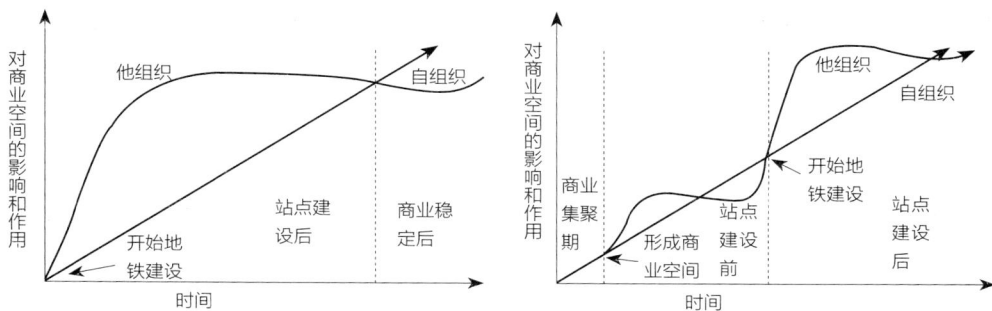

图 12-9　自组织与他组织对两类站域商业空间的影响

　　总体上说，自组织作用力更为稳定、持久，是站域商业空间演变的根本动力，政府他组织规划能否发挥作用及作用效果如何，关键在于他组织规划是否考虑到商业空间自组织作用的影响因素与影响内容、影响层级与影响范围、影响程度与影响阶段三个方面的匹配，三个方面的匹配就是三个方面的同向复合，三个方面的同向复合才能达成他组织与自组织相互的协同作用，加快地铁站域商业空间健康发展。

12.1.2　他组织对地铁站域商业空间影响作用的优化

　　城市作为一个复杂系统，在自组织发展过程中经常会受到他组织外力的干预。对于城市管理者来说，应该在充分认知城市发展过程中的自组织机制的基础上，再采取适当措施来促进城市的可持续发展。对于地铁站域商业空间，从他组织导入的时间与程度、物质空间的规划、政策与发展规划三个方面来解析并提出相应的发展意见（图 12-10）。例如，政府管理者要通过合理的上层政策设计来介入城市空间的发展，起到对城市空间的引导和控制作用。地铁建设本就是他组织介入原本商业空

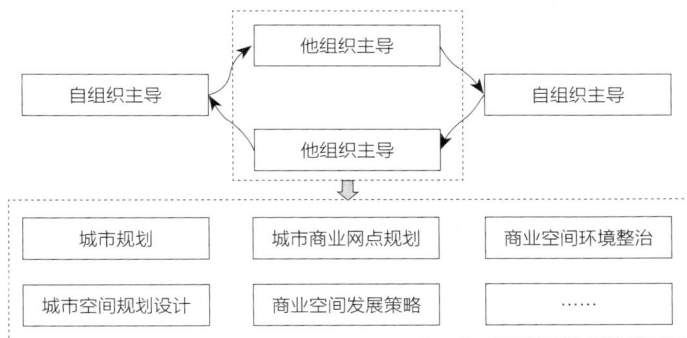

图 12-10　他组织的影响模式与类型

间演变的行为，他组织会对地铁站域商业空间发展过程产生明确而直接的影响。因此，要正确地运用他组织手段对地铁站域商业空间进行调整，以促进商业空间的优化发展。

1）他组织应适度、适时地进行干预

每个城市都有自己的发展阶段，在不同阶段都有其所承担的角色与作用，他组织对于各个城市空间的介入与干预也应该具有明确的目的和导向，干预城市空间发展的手段也应该适度与适时。城市管理者对城市建设实施的引导控制政策一定要符合城市自身的属性，正确认识城市自组织发展规律与城市他组织之间的关系，利用好城市自组织和他组织的作用，达到两者的同向复合。

城市发展是一个动态过程，选准时机适时引入他组织，提高城市空间的自组织机能，可有效引导城市各子系统协同健康发展。如若过于重视规划控制，不尊重商业演化规律，使他组织过早介入演化，有可能会导致商业空间演化涨落过度，以及自组织机制无力适从等困境。当前部分地铁站域商业空间的商业体系还未完善，强力导入他组织引导商业空间的发展，虽然会在一段时间内加快该地区的商业空间演化，但同时也会丧失更多的可能性。从长远发展角度来看，可能会不利于商业空间的长期发展，故应为城市的自组织发展预留一些可能性，以保证系统的多样性。在必要时才通过适度的他组织进行调节，调节的前提是把握好自组织演变的节奏、原有商业空间的功能、结构机理及内部秩序，使原有商业空间的脉络得以延续，保持自组织机制旺盛的生命力。

2）物质空间规划的优化

（1）详细规划

详细规划分为修建性详细规划与控制性详细规划：修建性详细规划主要决定商业空间的具体形式，控制性详细规划主要规定商业空间的土地指标、建筑密度、容积率等具体内容。地铁站域商业空间与其他商业空间的规划设计存在一定的差异性。

首先，对于地铁站域地下商业空间应合理开发，以达到地下与地上综合开发的目的。不同类型的地铁站域地下商业空间的开发程度不同，一般来说郊区中心型开发强度大于一般型，市中心型开发强度大于郊区中心型。另外，根据站域土地利用、服务人口数量等指标确定地下商业空间的开发强度及商业类型。例如，相较于其他类型地铁站域的地下商业空间，天府广场等市中心型地铁站域的地下商业空间开发强度较高（图12-11）。一般型地铁站没有地下商业空间或是地下商业不成规模，对于此类地下商业空间，他组织规划设计应先于其自组织的影响，避免自组织的盲目性带来的弊端。

其次，引入 TOD 的开发模式，提升站点的多样性，街道底商密度是其重要体

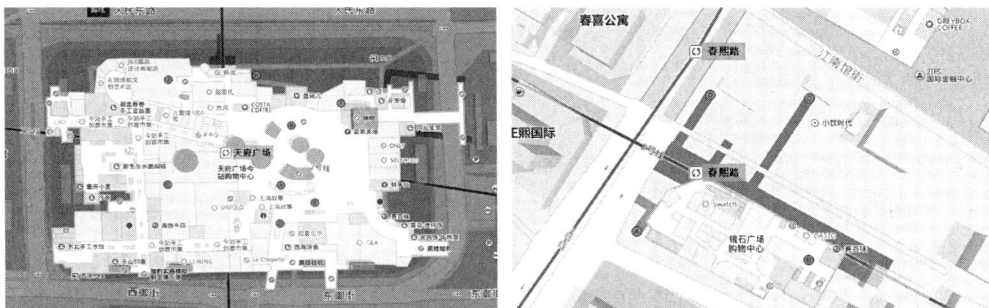

图 12-11　成都天府广场与春熙路地铁站地下空间

现。宇恒可持续交通研究中心联合美国麻省理工学院和北京数城未来科技有限公司，根据 TOD 理论，对现状轨道与城市的关系进行了分析。其中街道底商密度排名中成都、上海、深圳、昆明、西安五座城市以每百米 7 个底商排名前列（表 12-2），但还远未达到扬·盖尔提出的适合步行街道的底商密度。

全国城市地铁站域的街道每百米商铺数量　　　　　　　　　　表 12-2

城市	每百米底商数量 / 个	城市数量 / 个
上海、西安、成都、昆明、深圳	7	5
郑州、长沙、哈尔滨、天津、武汉、大连、广州、青岛、石家庄、沈阳	6	10
南昌、宁波、重庆、杭州、佛山、北京	5	6
无锡、东莞、苏州、南京、长春	4	5
扬·盖尔提出适合步行的街道	13	—

来源：北京数城未来科技有限公司、宇恒可持续交通研究中心

　　TOD 的开发模式不仅体现在商业空间中的商铺密度，更重要的是体现圈层发展模式，不同的圈层配比不同的商业用地份额。距离站域越近，人流量越大，商业空间的氛围越容易形成，距离站域较近的地块商业价值也较高。较远的地块随着人流的疏散，商业价值骤减，两者形成一种斥力。总的来说，地铁站的人流量与商业空间存在很强的关联性，两者互相吸引。TOD 开发模式本就含有自组织的身影，不是完全的他组织形式，它综合考虑了自组织与他组织的在具体空间开发模式上的共存（图 12-12）。

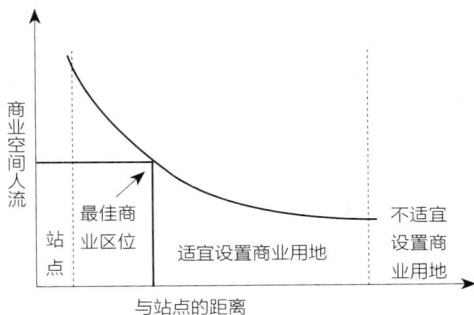

图 12-12　地铁站点与商业空间人流的关系

　　最后，根据站点的区位、服务人口等对站域商业空间的用地规模、布置形式进行合理的规划设计，主要体现在控制性详细规划中。商业地块设置的形式对站域商业空间的具体形态起着重要作用，可以设置单独的商业地块或与居住底商结合等形式。单独设置的商业地块呈点状分布，结合底商的商业地块会形成街道形式的线形商业空间。不同的商业规模也会形成不同等级的商业空间，其中，服务的人口数量对其规模影响较大。对于市中心型的站点，可扩大相应商业用地规模。商业用地的规模、布置形式都对商业空间产生最直接的影响，采取何种形式还要根据站点的具体区位与定位进行明确（图 12-13）。

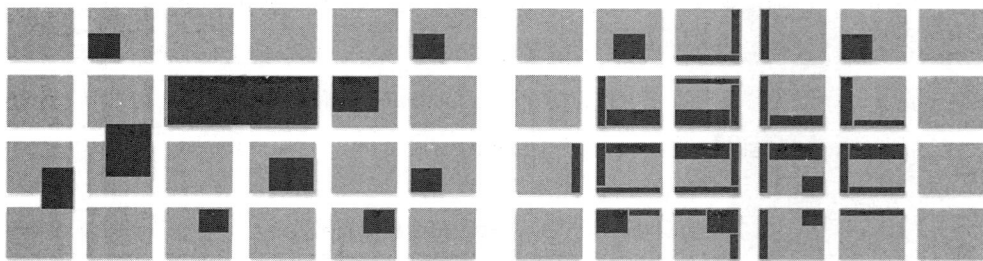

图 12-13　两种地铁站域商业形式

　　详细规划主要是对数据与指标进行细微控制，牵扯的范围具体到实际地块。因此，对商业空间设计、商业的配比应考虑到自组织的作用，结合站点本身进行相应的规划设计，在不影响其自组织发展活力的基础上，采取合理的设计对地块进行具体指标的设定。

　　（2）城市设计

　　城市设计是介于城市规划、景观建筑与建筑设计之间的一种设计。相较于控制性详细规划，城市设计是在三维的城市空间坐标中化解各种矛盾，并建立新的立体形态系统。城市设计更多地关注城市的公共空间、外部环境等规划设计。其中，外部环境又分为自然环境与人工环境，地铁站域商业空间中最主要的是人工环境。

　　对于地铁站域商业空间的天然环境，主要是在功能上与天然环境和景观相配合。成都属于亚热带季风性湿润气候，热量丰富，年平均气温在 16℃ 左右，常年最多风向是静风。结合这些特点，城市设计需设计通风廊道，地铁站域商业空间人流量较大，对通风廊道的设计很有必要，保证商业空间中风的流畅，从而营造一个舒适的外部环境。因此要对地铁站域商业空间的建筑进行相应的规定，顺应城市的主导风向来布局建筑与道路，把握合适的建筑密度。

　　对于地铁站域商业空间的人造环境，应适当配合街道环境和功能，如方便行人、人性化设施、空间感建立等。同时，城市设计不应做出过分严格的限制和规定，而应造就有创意的设计。可以通过结合当地的特色对商业空间进行优化，以实现与地区文化的协调，建设具有地方特色的商业空间。

例如，春熙路站域商业空间中的太古里是典型的商业空间与城市设计相结合的代表，采用了多种设计手法。太古里比邻千年古刹大慈寺，以人为本的"开放里"概念贯穿始终。通过保留古老街巷与历史建筑，融入 2～3 层的独栋建筑，搭配川西风格的青瓦坡屋顶与格栅，配以大面积落地玻璃幕墙，展现出既传统又现代的建筑风格，营造出一片开放自由的商业空间[1]（图 12-14）。

图 12-14　成都太古里
来源：左图，http://mts.jk51.com/tushuo/5970843.html

商业空间作为一种常见的公共空间，是城市设计工作的重点，设计时要考虑到他组织与自组织的共同作用。当城市设计符合该区域的商业空间发展时，自组织会在其中良好、自发地运行。对于人群来说，良好的购物环境会提升该区域商业空间的氛围，这种良好的氛围又会提升自组织的活力，从而循环提升商业品质，加快商业空间的良性发展与演化。

3）商业发展规划的优化

（1）发展定位

宏观上，通过市场分析和该地铁商圈所承担的城市功能，先行确定整体定位，依据城市与周边街区供求关系和容量控制建设规模。微观上，对周边的商业状况、居民消费水平等进行研究。要遵循满足消费群体需求为宗旨，以获得良好经济效益为目的，经营的产品和服务档次要与本地服务水平相适应。对商业服务设施进行定位主要是为了准确地找出潜在的消费需求，从而确定合理的商业业态、价格水平等。

由于各地铁站点的区位、周边环境、客流量及客流结构不同，站域商业空间的结构、业态的构成也存在差异。依据成都地铁站站点的分类，结合地域及影响范围的特点可提出多样化的发展策略。例如，市中心站域商业空间适宜发展大型商业及商业综合体，对于原有的商业空间，应提高商业区位、改变商业形态，向综合化、全面化、高端化的商业空间发展。同时，原有的商业空间应弥补商业公共设施及服务设施的不足，尤其是站点建设后带来了大量人流，要满足人们商业需求、交通需求、休憩需求等。而郊区型地铁站域商业空间的影响范围相对较小，人群较为固定，有相对稳定的受众，商业空间适宜发展社区类商业业态，不宜发展大体量商业。但与市中心型的社区类站域商业空间不同，由于此类站点在郊区范围内区位优越、地价较高、交通较为便利等，可适当发展体量较大的商业空间。总的来说，站域商业空间在形成和发展中应对自身区位条件、周边功能用地组成、原有商业环境、客流结构等进行分析，找准自身定位，避免盲目发展。

（2）商业网点布局

自组织影响下的商业网点布局往往存在着分布不合理、业态等级悬殊较大、商业网点过于集中等问题。例如，某些城市的核心地区拥有最大的人流量和商业贸易交流机会，但由于核心区多为老城区，其商业发展主要是以较低档次的业态为主，导致周边环境混乱，土地利用率低等问题，对城市功能的合理布局也有较大影响。

针对以上问题，可以从商业区位论、商圈理论、聚集经济效益理论等分析角度对商业网点的布局提出建议。商业网点布局规划（图12-15）主要受人均GDP、人口因素、交通状况和历史因素影响。地铁站域商业空间都拥有良好的交通优势，在整个商业网点中能否快速发展取决于其他三个因素对其的影响。同时，为了考虑网点的合理布局，避免同等级商业网点的重叠分布。对地铁站商业空间中网点等级的确定亦主要依据

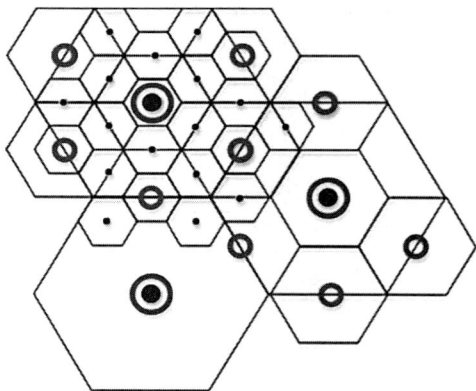

图12-15　商业网络模型

这三个影响因素。例如，郊区中心站点一般位于地铁交通的首末站，同时处于城市的边缘，地铁是城市非中心区进入城市中心区最方便快捷的交通方式。地铁站域商业空间的地价相比城市中心低，因其交通区位优势吸引了大量年轻及收入相对较低的人群，从而激活了郊区商业空间的活力。为了满足在该地区居住人群的生活需求，站域内形成了以餐饮、超市、家政、医疗等服务聚集的商业业态。郊区型中心站点在整个城市商业网络中的等级较低，但明显高于郊区一般型站域商业空间。

（3）商业发展策略

商业发展策略方面一般分为4个步骤。①遵循市场的原则，梳理发展思路；②结

合现状并明确发展目标，通过一套完整的控制指标表现出来；③将目标分为若干小阶段，有步骤、有阶段地实现发展目标；④提出发展措施，主要包括宏观决策和微观决策两大类。宏观决策是指从社会统一市场发展考虑，微观决策主要是指有关区域范围内的一些局部性措施，也包括将全局规划具体落实到中、长期计划和具体工作计划中去，把远景规划和当前的具体行动统一起来。

发展思路主要是依托地铁站域商业空间的优势，结合所处的城市区位发展满足这一区域人群需求的商业空间，营造良好的商业氛围，促进及带动区域商业的发展。在发展目标方面要具有前瞻性，借鉴其他同类型站域或其他城市同类站域的商业发展经验。例如，市中心型地铁站域商业空间一般发展综合商业，以满足区域的人群或整个城市的需求。郊区中心型地铁站域商业空间主要的服务人群较为固定，适宜打造温馨活泼的区域性商业中心。在发展步骤方面主要体现商业空间发展的不同阶段。商业空间形成之初，政府应对该商业空间的定位、商业业态的组合等进行合理引导，避免由于部分商家盲目的经济行为造成发展低效等问题。商业空间发展变革之时，政府应该对商业空间的商业业态、商业规模进行预测与规划，避免盲目扩张，通过法律、规定等对地铁站域商业空间进行限定与指导，提出具体干预措施。例如，商业空间发展前期引导商户入驻，就可以通过减免税收、降低租金来吸引商家加盟；通过市政、交通、公共服务设施来提升地区的附加值；通过提升区域品质以吸引人群，人群产生的消费就会促进商家进一步入驻（图 12-16）。

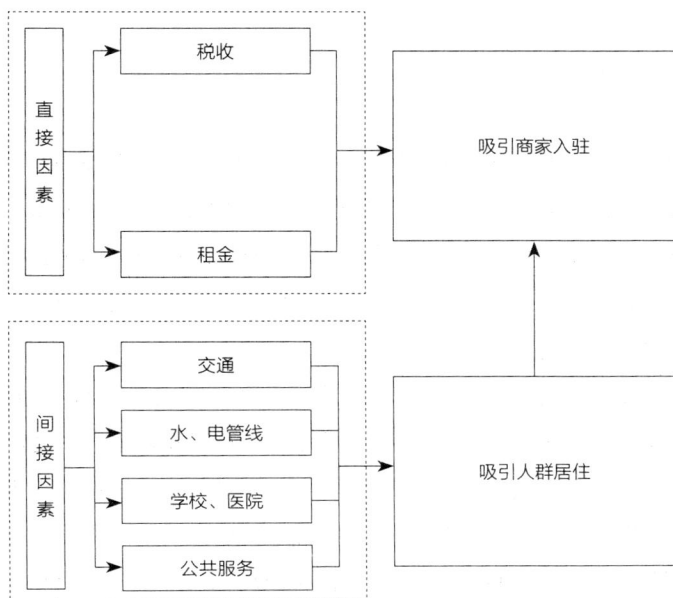

图 12-16　吸引商家入驻的因素分析

（4）商业环境治理

商业环境治理是一种强有力的外在他组织。对于地铁站域商业空间来说，在商业模式大变革或商业空间亟待升级的阶段应进行商业环境治理。由于自组织具有滞后性、稳定性，演变过程具有隐性、变化缓慢的特点，他组织应适时引导商业空间的改造升级。商业环境的治理主要是通过对原有商业环境的整改和升级改造等，将原本利用率较低的商业模式改为高利用率的模式。例如，春熙路地铁站域商业空间在 2000 年进行的街道整改，拓宽城市道路、改造商业环境，将低矮的临街商业升级为高端商业大楼，以及近年来将原本的商业大楼逐渐更新为商业综合体。通过整治，商业环境品质得到了提升，容纳的商家与消费人群进一步增多，从而提升了商业空间的经济转化效率。

12.2　成果与展望

本书是以城乡规划学科背景来研究地铁站域商业空间的自组织演变，重在将自组织理论、自组织城市理论学说运用于商业空间演变的研究、商业自组织演变空间特征的分析总结等，从消费者和商家的行为主体角度对站域商业空间自组织演变机制进行研究，并由此对地铁站域商业空间提供发展建议。

12.2.1　主要成果

1）地铁站域商业空间的演变是自组织和他组织共同作用的结果

在地铁站域商业空间演变中，一方面政府通过他组织规划，从宏观层面自上而下引导商业空间发展，组织协调各子系统；另一方面，商业空间基于自组织特性，对自身的商业结构、商业功能进行调整，自下而上地作用于商业空间演变。

2）地铁站域商业空间具有自组织性

通过对地铁站域商业空间的开放性、非平衡性、非线性、涨落等特征进行分析，得出地铁站域商业空间是耗散结构系统；同时，对站域商业空间演变的起源、过程进行分析，发现此类商业空间的演变不需受到外界的"特定"干预，是系统内部各子系统相互作用的结果。因此，地铁站域商业空间是具有自组织性的系统。

3）成都市不同类型地铁站域商业空间自组织演变的特征及问题

以成都地铁 1 号线、2 号线、3 号线、4 号线、7 号线上五种典型站域商业空间为例，分析了不同类型地铁站开通前后站域商业空间的自组织演变及特征，并总结归纳了相关空间特征及问题。

4）地铁站域商业空间的自组织演变机制

通过之前的分析，以自组织理论、自组织城市理论学说为出发点，探索了地铁站域商业空间自组织演变的机制，包括自组织演变产生的原因、演变的动力、外部环境作用及演变的阶段性特征等，并基于空间活动主体构建了自组织演变机制。

12.2.2　研究不足

（1）自组织理论源于热力学、分子生物学等自然科学，自组织城市理论学说是将自组织理论的重要思想及核心概念运用于城市发展研究而形成的重要理论成果，对于城市这个复杂大系统，子系统间的关系很难量化，通常以现象列举、案例分析及经验总结等定性手段对城市的自组织演变进行研究。本书也是在现象观察、案例研究、问卷调研及作者经验知识的基础上，对地铁站域商业空间自组织演变进行研究，缺少定量分析的支撑和补充，研究成果带有一定的主观色彩和局限性。

（2）由于自组织理论体系涉及的内容、概念驳杂，将自然科学理论运用于站域商业空间自组织演变这一社会领域的研究也存在一定难度，加上研究对象本身的复杂性，理论分析部分与研究对象并没有实现很好地融合，一些内容略显生硬。

（3）在本书的典型案例研究中，仅以阶段性的商业业态和商业等级的变化对地铁站域商业空间演变进行判断。若能将商业业态、商业等级的变化与商业空间的人流量、营业额等数据结合起来分析研究则更好，但这些数据难以获得。

12.2.3　展望

（1）城乡规划学科的首要任务是认识城市，掌握城市发展的内在规律，从而对城市的空间资源进行配置。自组织理论作为研究复杂事物的有力工具，对研究城市这一复杂系统有很好的借鉴意义，规划学界现已开始引入自组织理论对城市系统进行研究，但大多停留在概念借鉴等定性研究方面。

在之后的研究中，一方面应继续挖掘自组织理论的丰富内涵，加深对研究对象的认知，找到更多的契合点；另一方面也要加强对多学科（如社会学、地理学、经济学、物理学、数学等）知识的融合运用，加深自组织理论应用于城市规划领域的研究。

（2）地铁站域商业空间由于优越的交通区位和充足的人流量，是城市商业空间争夺的热点，也是站点周边重要的功能用地。在一些地铁交通发展比较成熟的城市，如

（a）20 世纪 90 年代天河城地块　　　　　　　　（b）如今的天河路商圈

图 12-17　地铁站点推动着广州天河路商圈的形成和发展

来源：中国首个购物中心天河城引领天河路商圈 20 年蜕变 [EB/OL]. http://epaper.oeeee.com/epaper/G/html/2016-08/18/content_68025.htm.

北京、上海、广州，很多地铁站域商业空间发展成了城市新的商业中心（图 12-17），引领着城市原有商业空间结构的变化。

地铁站域商业空间的发展壮大，需要很长一段时间（几年到几十年不等）及多个发展阶段，并需具备天然的区位优势和政策支撑等条件。本书仅以成都为例对站域商业空间演变进行研究，而成都地铁正处于蓬勃的发展建设期，多数站域商业空间的演变仍处在演变初期，目前还无法对站域商业空间成长成熟的整个阶段进行研究。希望在今后的研究中，能持续不断地对此类商业空间的演变进行跟踪，分析总结各个阶段商业空间演变的特征及其对城市商业空间结构的影响。

12.2.4　结语

如果将对城市空间发展内在规律（城市发展的自组织）的研究比喻成医学中的"生理学"，那么城市规划（城市发展的他组织）可视为"药理学"，医生需在熟知生理学后，才能运用药理学的知识为病人治病。同时，药理学行为的原则是维持、维护身体的正常生理机能，而不是对身体进行药物控制，否则，人的身体将会失去正常的生理机能，城市亦然。如果城市空间发展的各个层面完全且长期受城市规划他组织的计划和支配，其原有的自组织机制将被破坏，城市的生机和活力就不可能很好地释放。因此，城市研究者和城市规划工作者要加强对城市发展内在规律的研究，从"城市生理学"的基础视角来认知城市。

基于这些思考，作者致力于对城市空间发展的内在规律进行认识和研究。本次选取了地铁站域商业空间这一研究对象，对其演变的自组织现象和机制进行研究。研究和写作倾注了作者团队大量心血，团队前期也尝试运用量化仿真模型开展研究，试图对地铁站域商业空间演变过程进行模拟，最后受数据获取能力和研究水平所限无疾而终，期待在今后的研究中能有所突破。本书目前虽已付梓，但仍有很多地方有所疏漏，恳请读者朋友批评指正！

参考文献

［1］　太古里［EB/OL］．https:// baike. baidu. com/ item/ 太古里 .